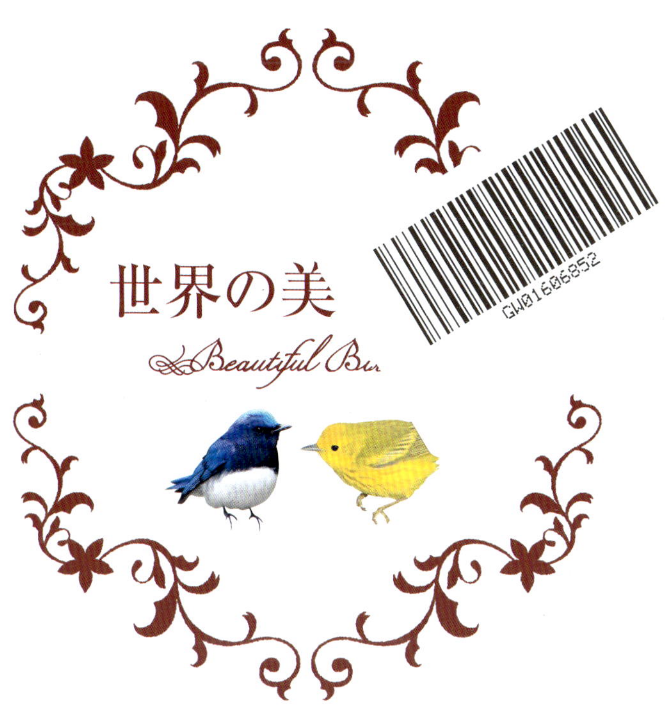
世界の美
Beautiful Bi

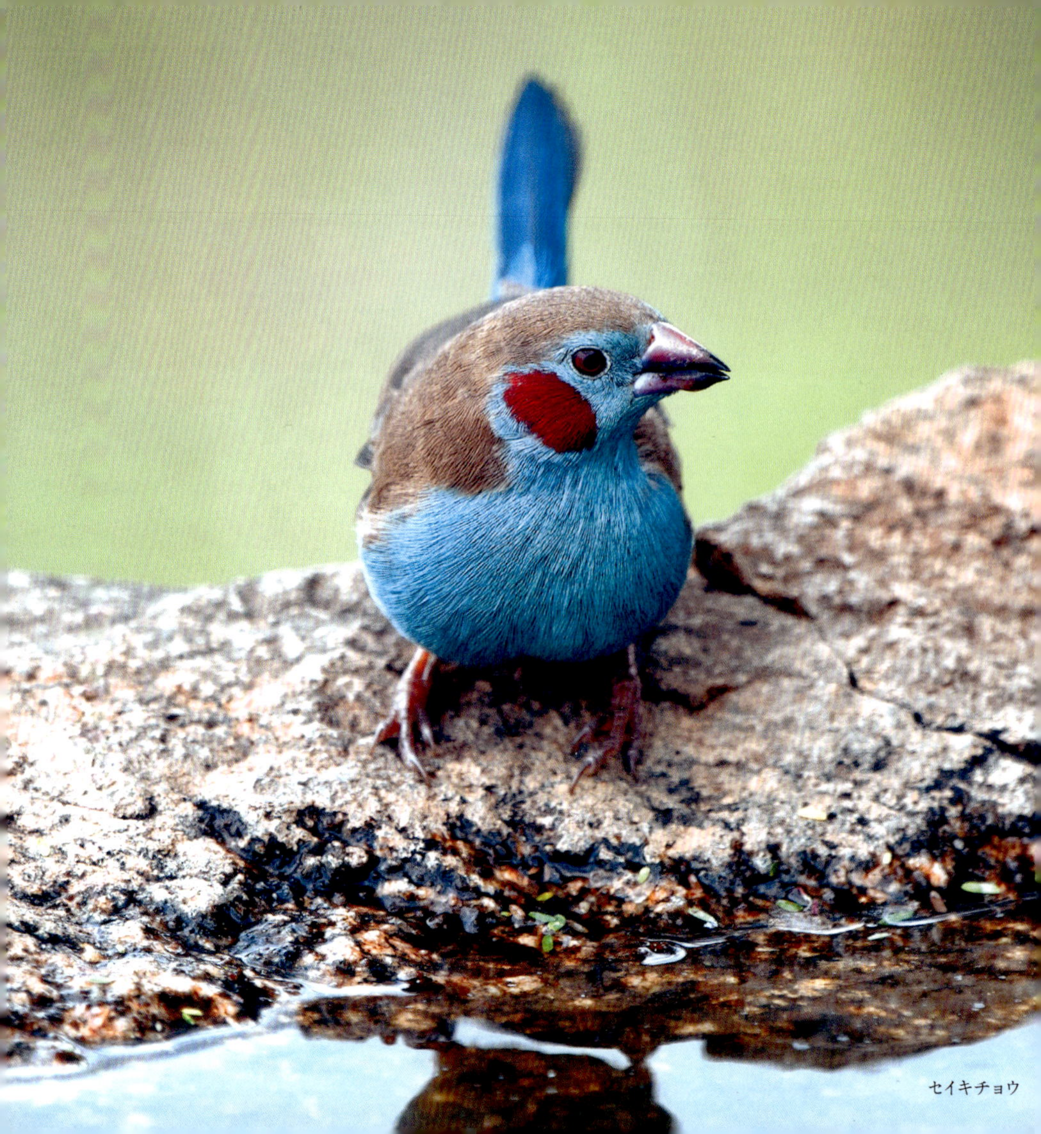

セイキチョウ

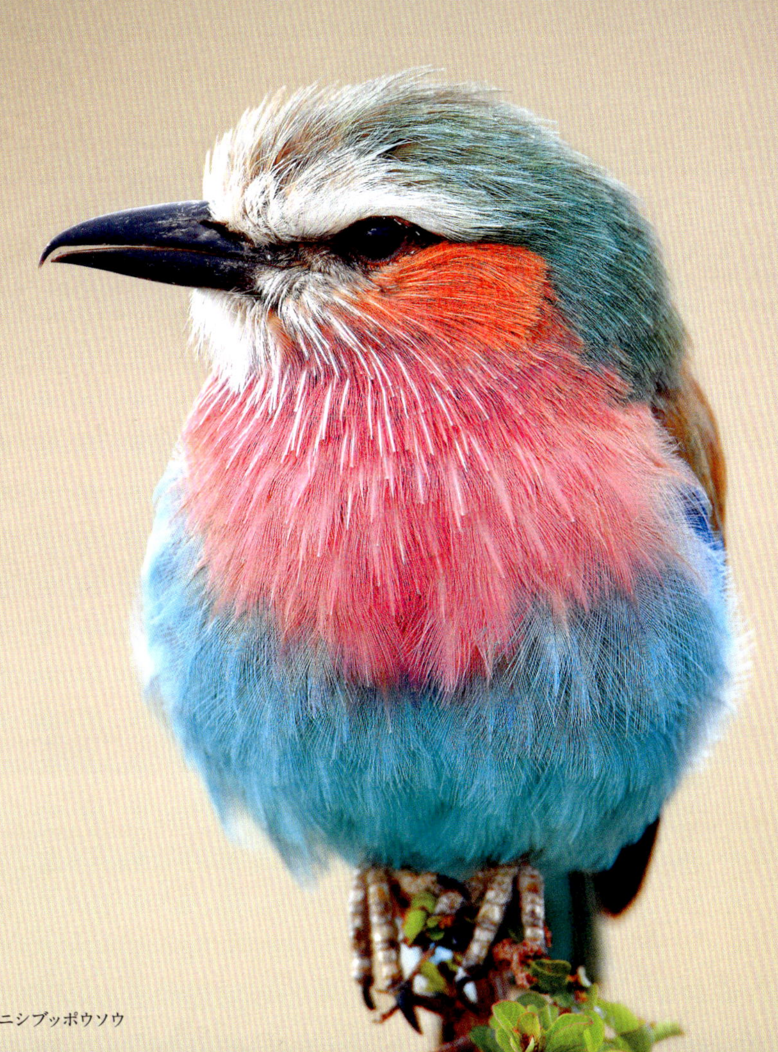

ライラックニシブッポウソウ

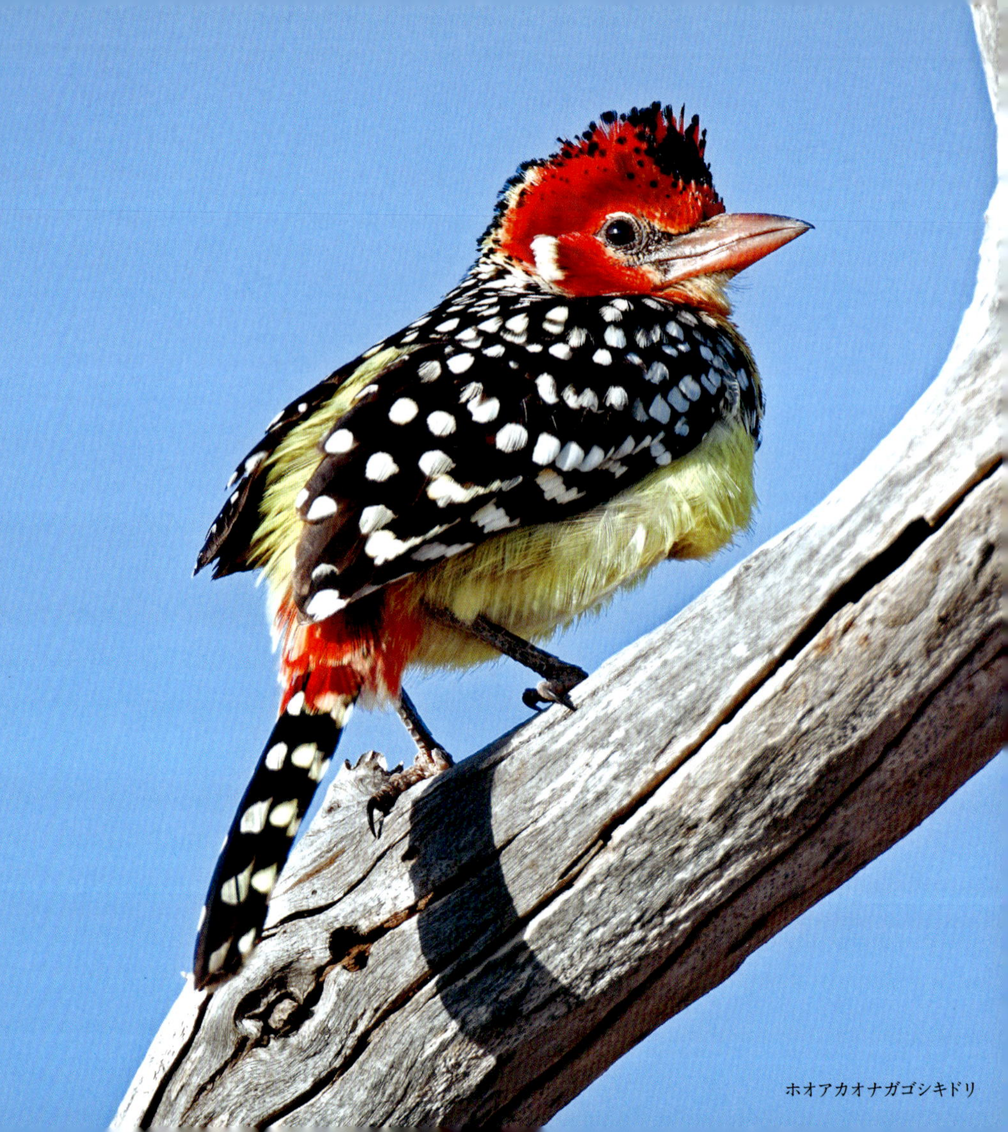

ホオアカオナガゴシキドリ

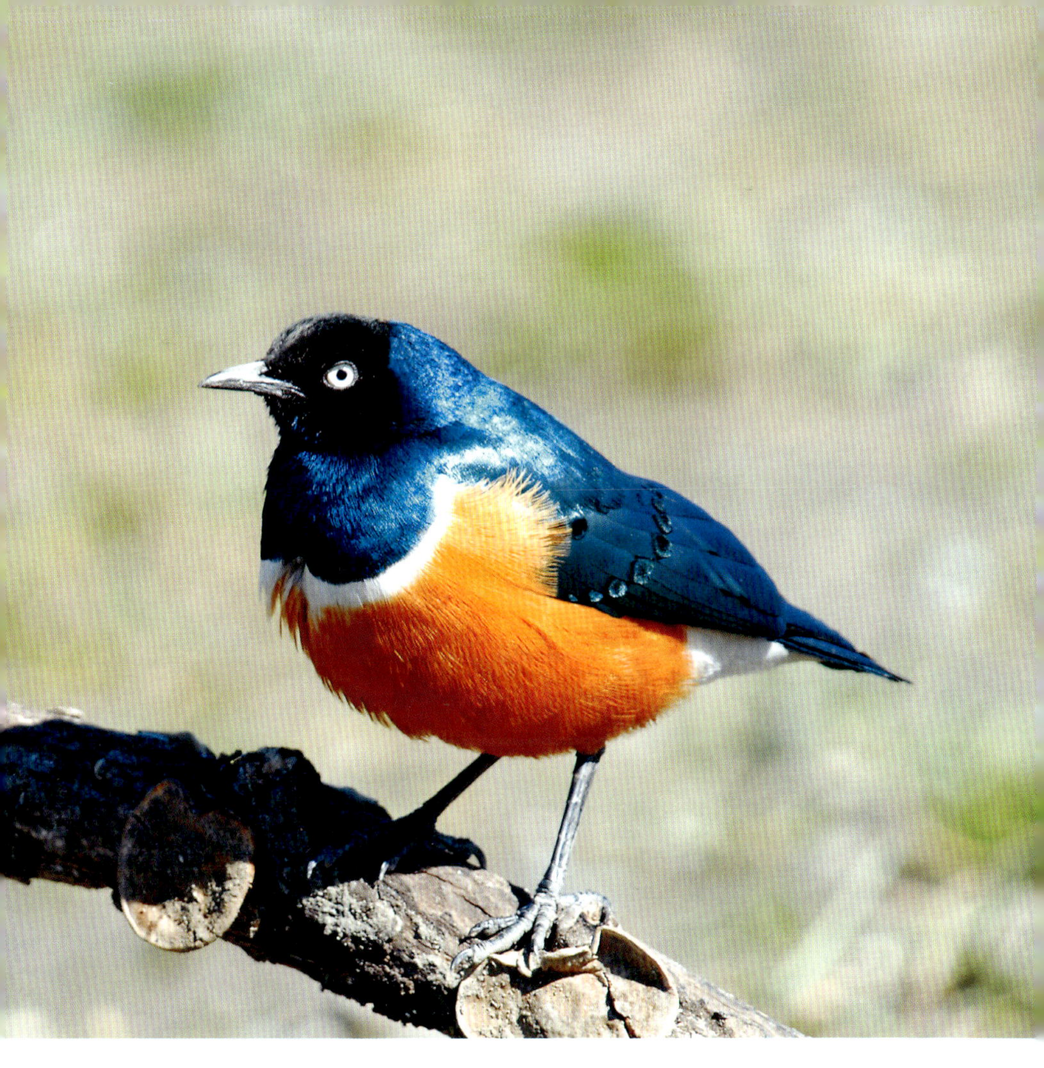

ツキノワテリムク

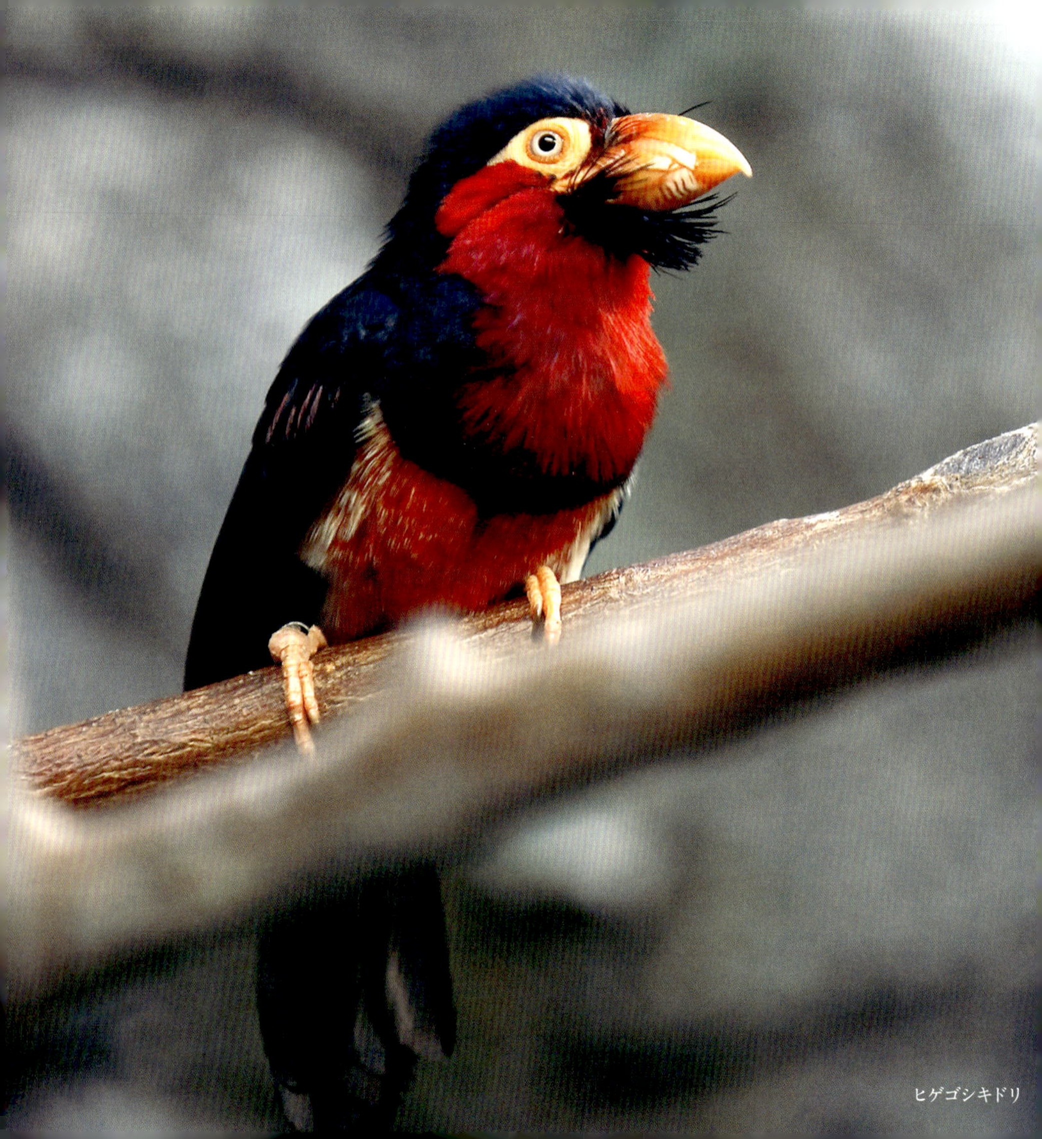

ヒゲゴシキドリ

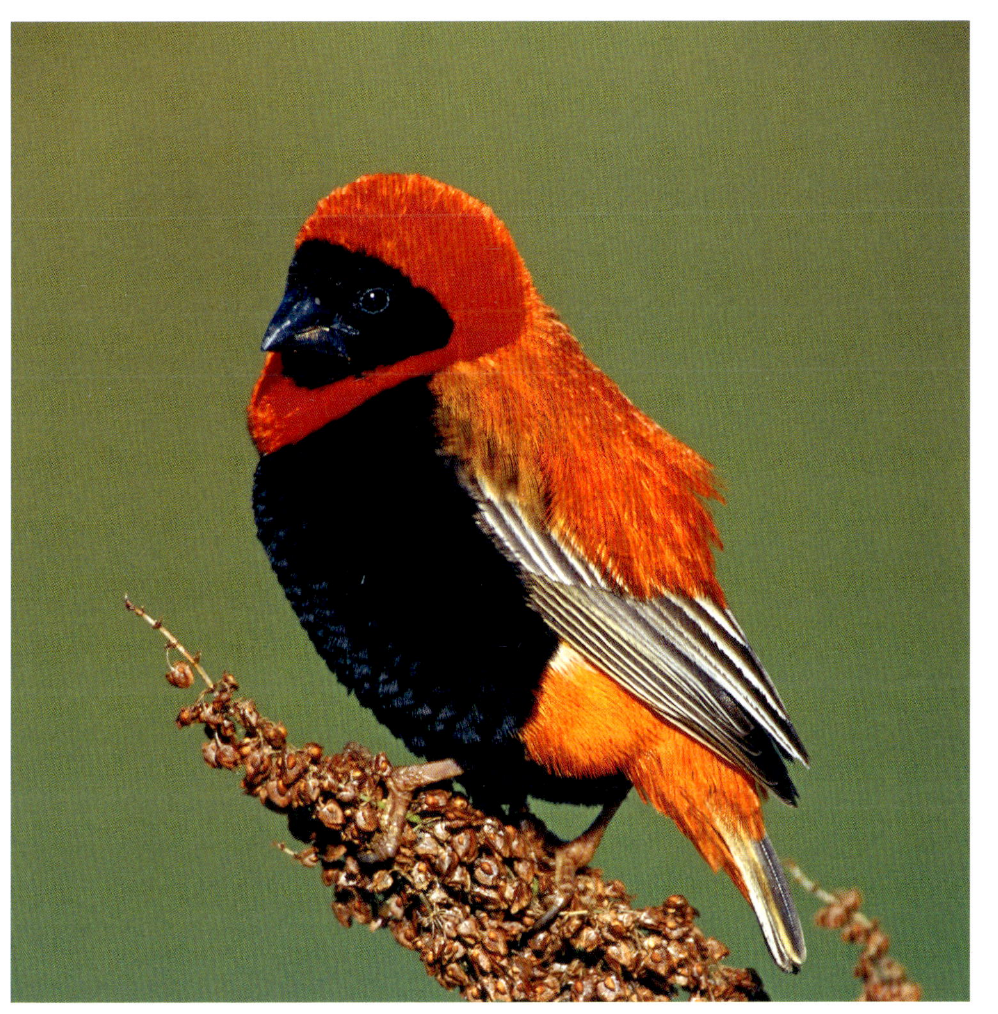

キンランチョウ

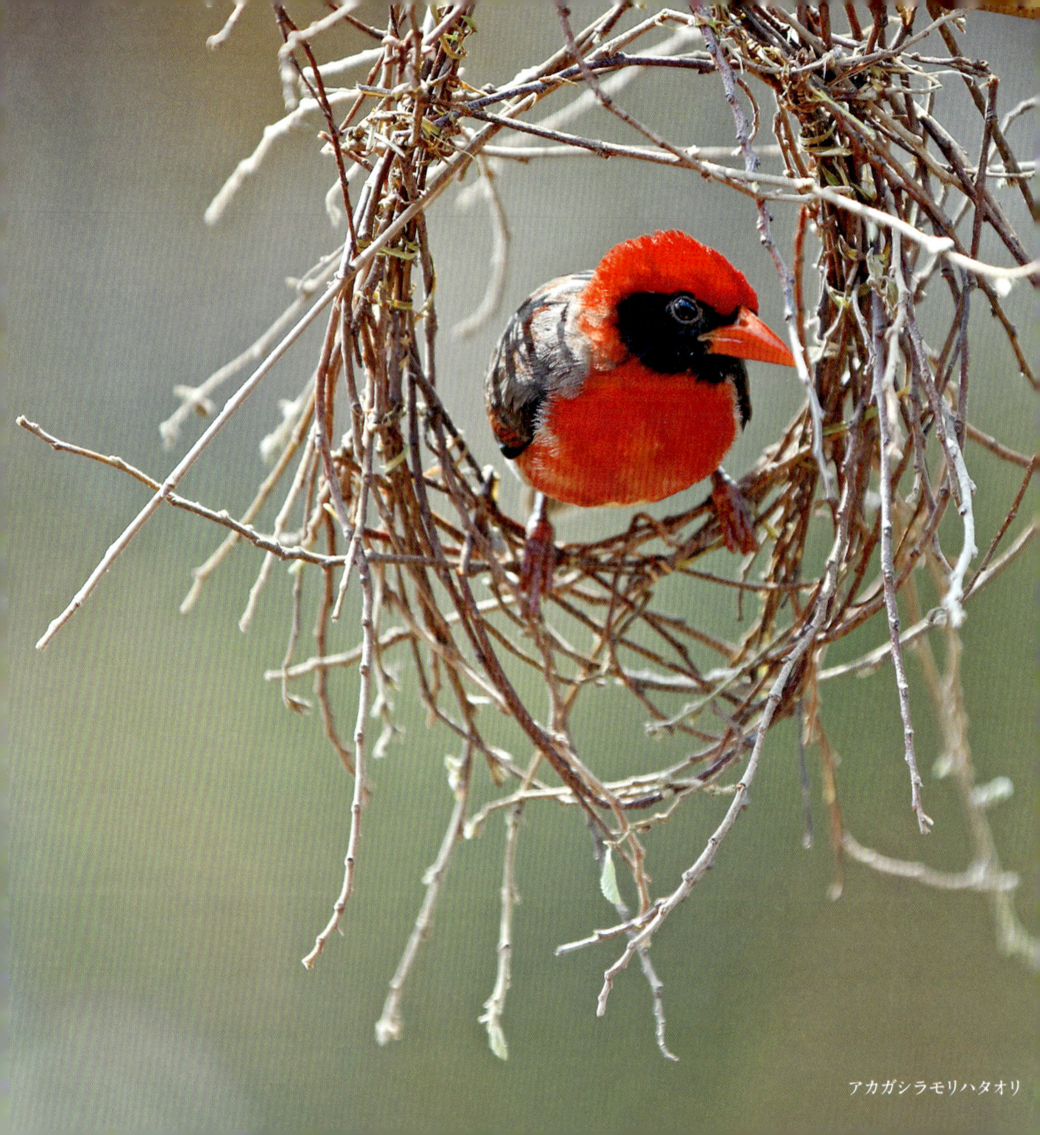

アカガシラモリハタオリ

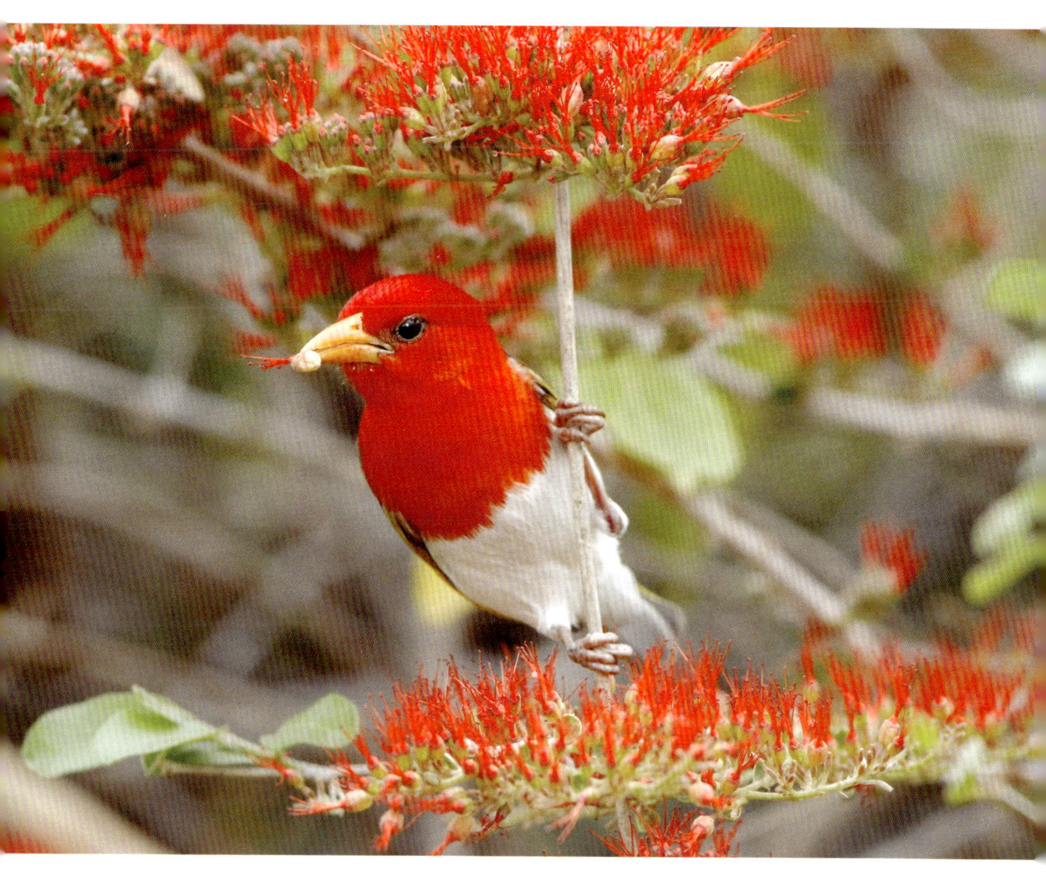

アカガシラモリハタオリ

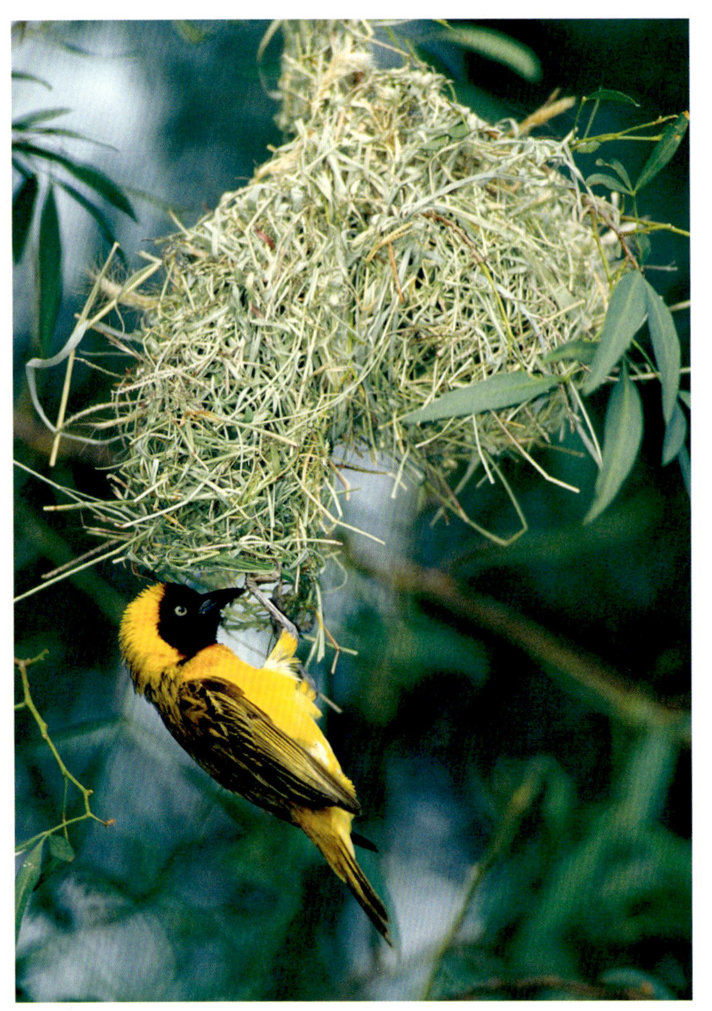

メンハタオリドリ（コメンガタハタオリ）

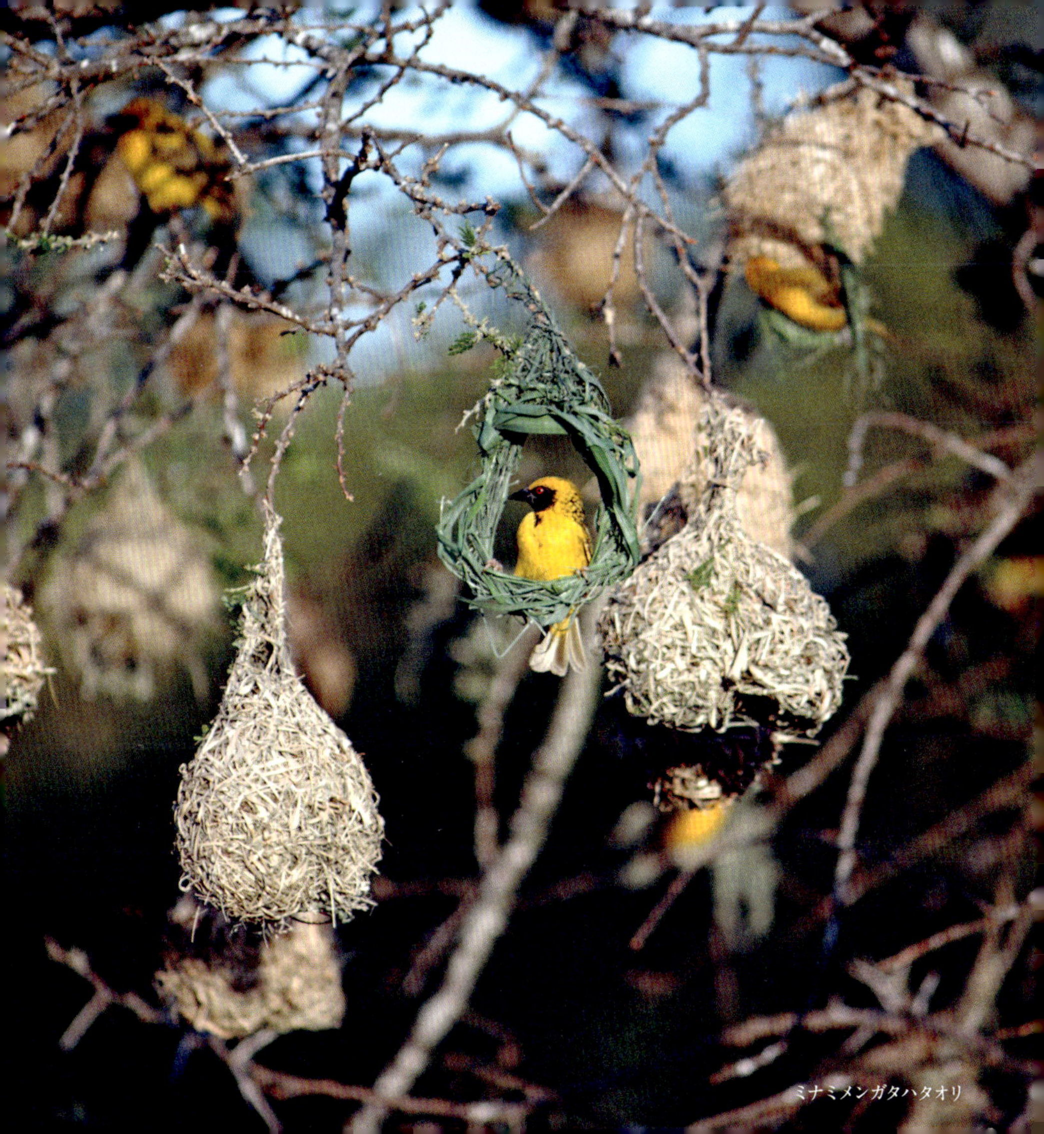

ミナミメンガタハタオリ

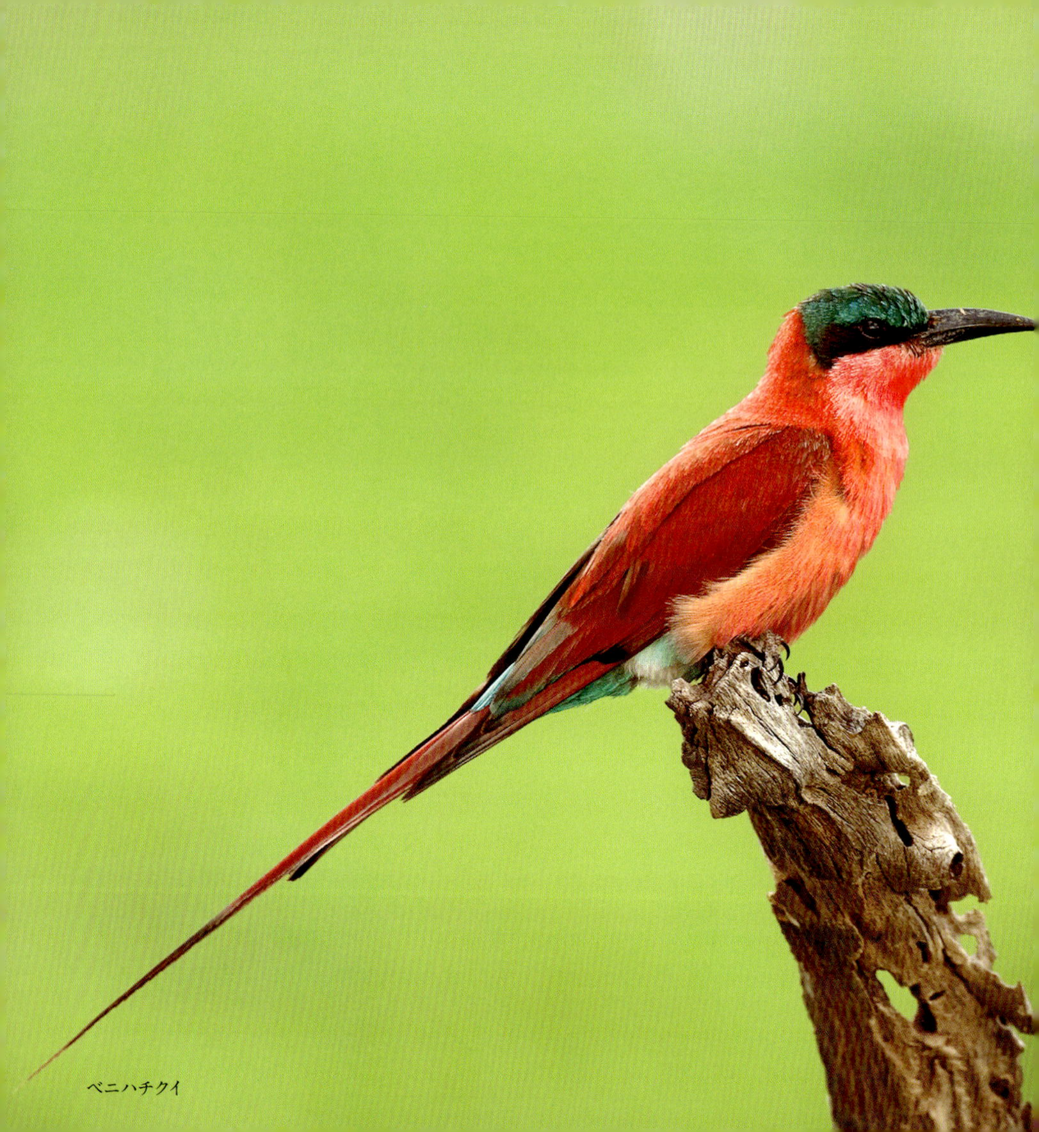

ベニハチクイ

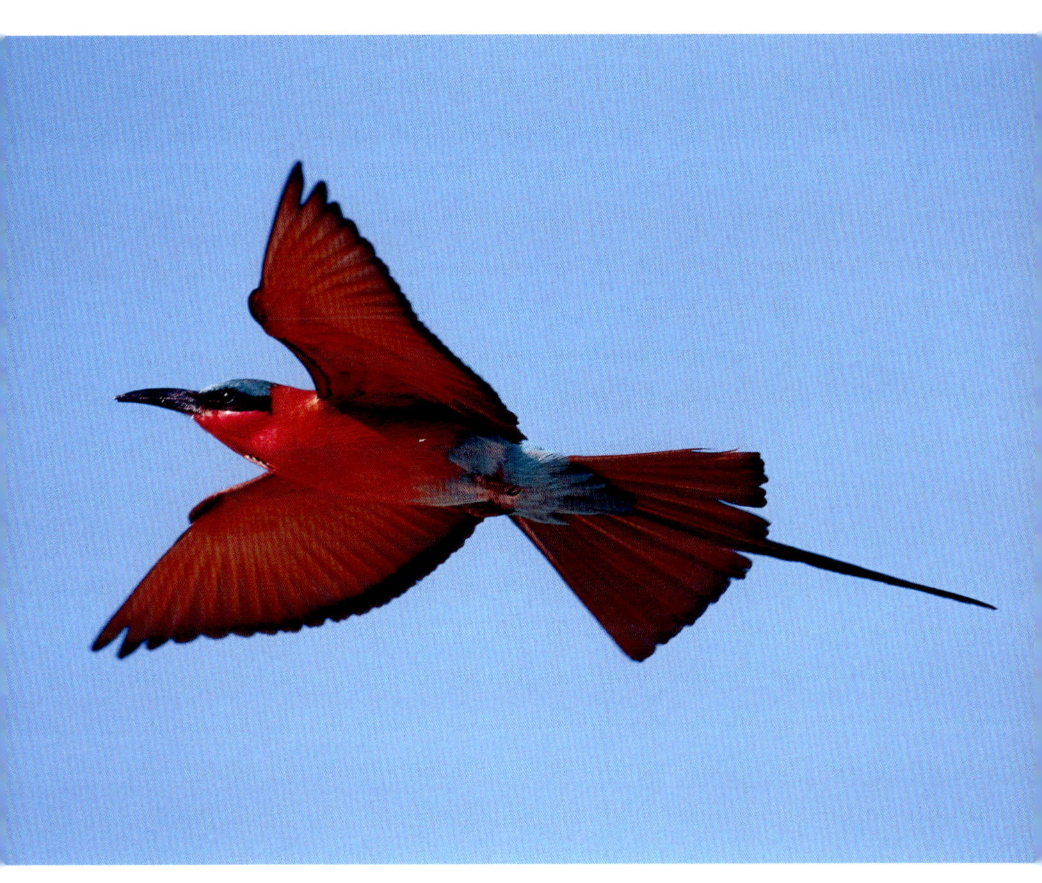

ベニハチクイ

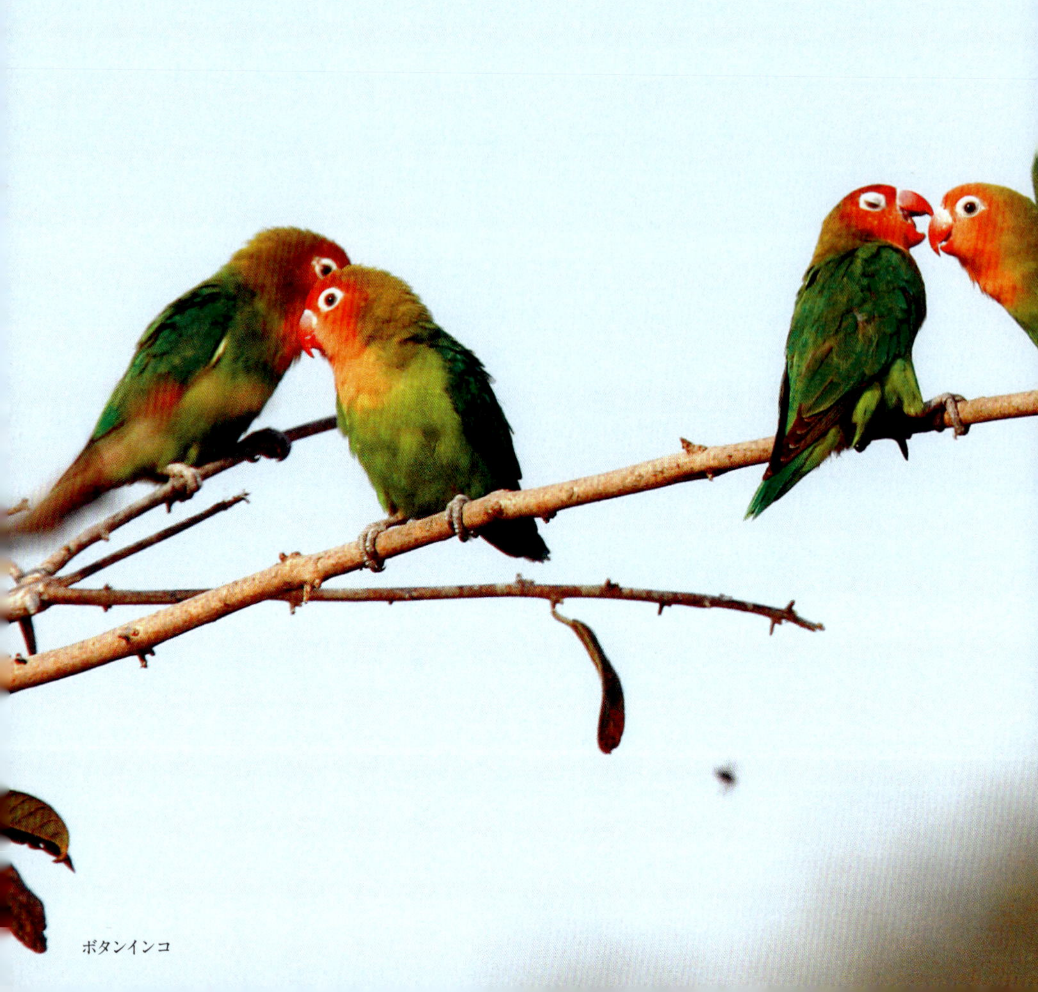

ボタンインコ

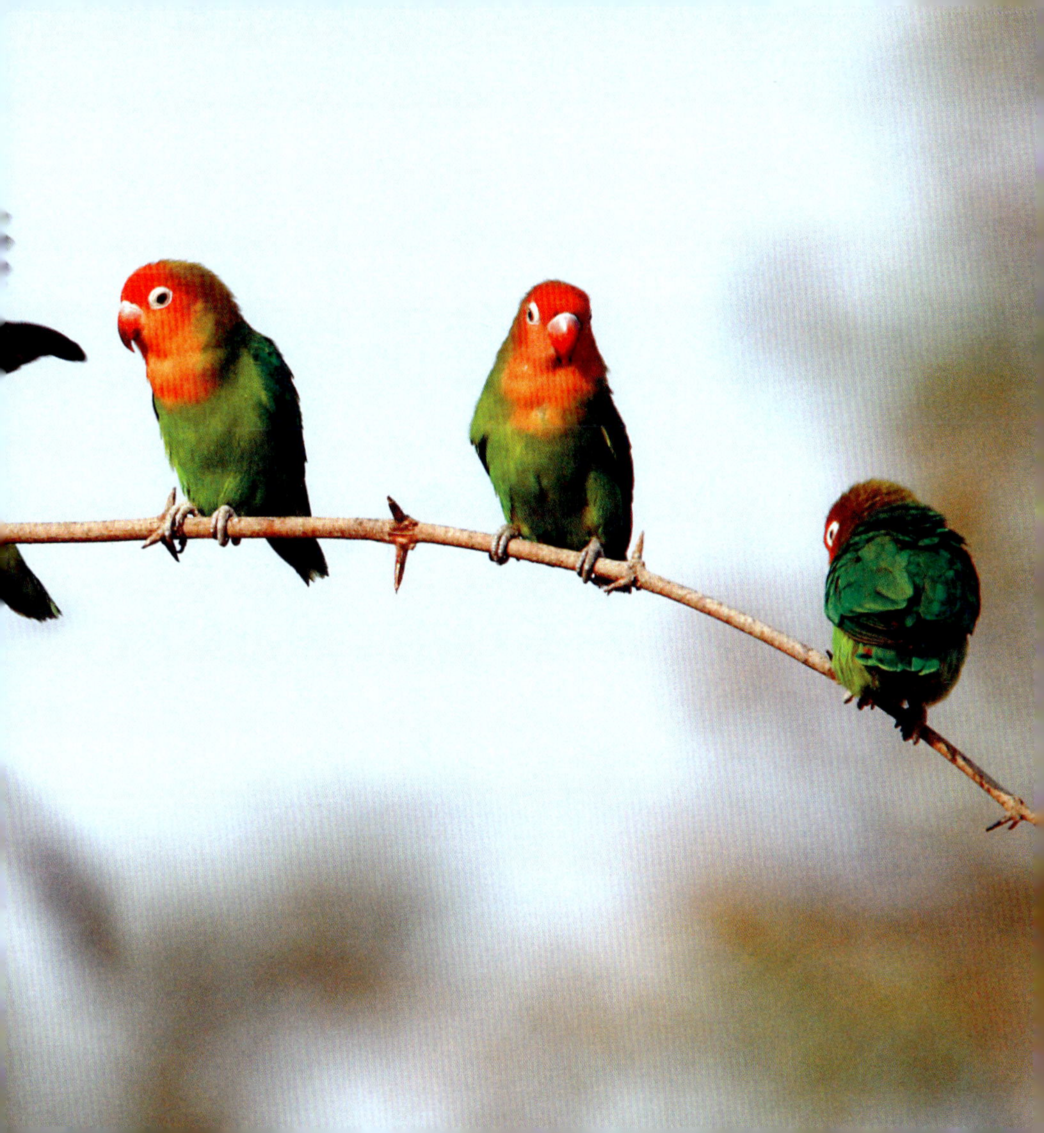

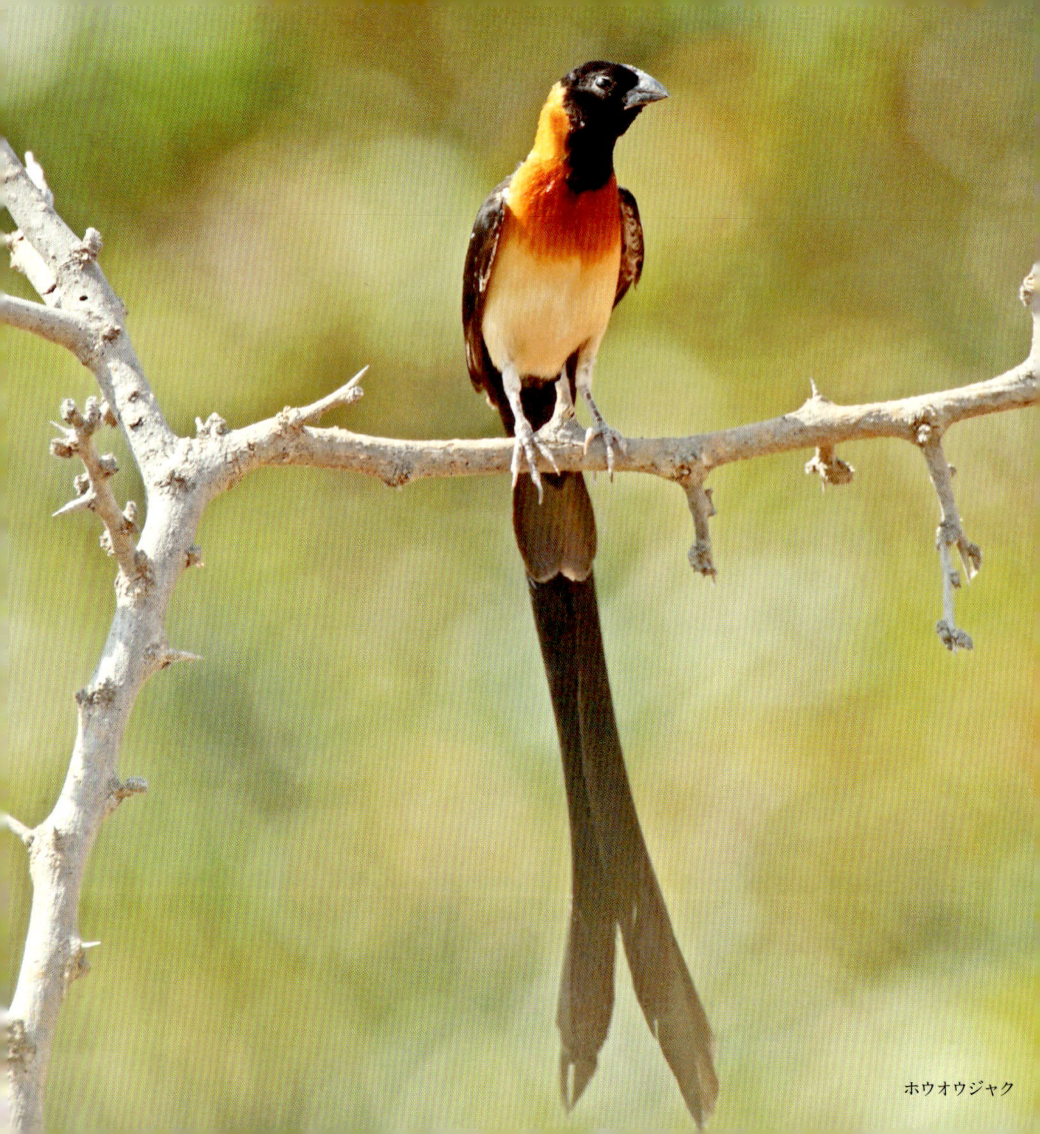

ホウオウジャク

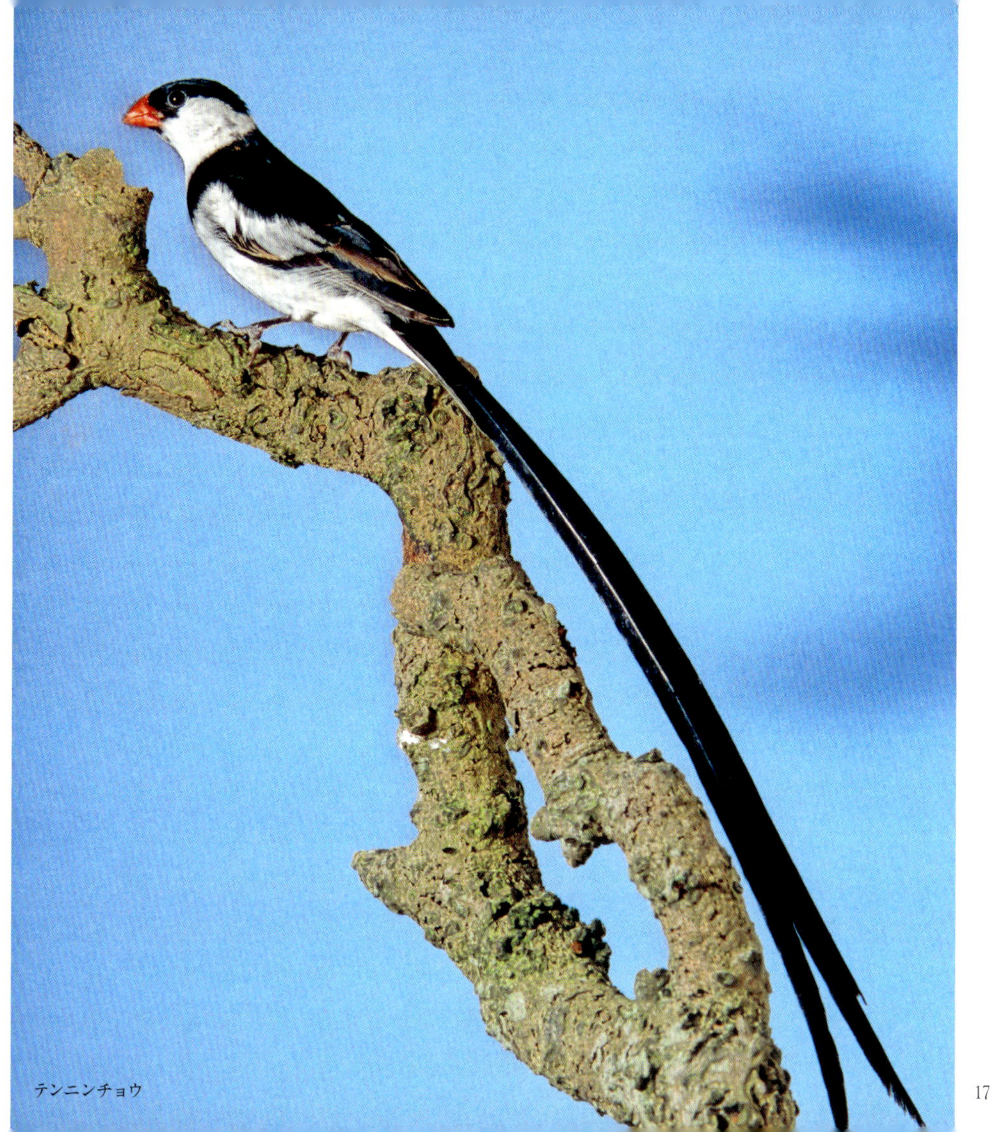

テンニンチョウ

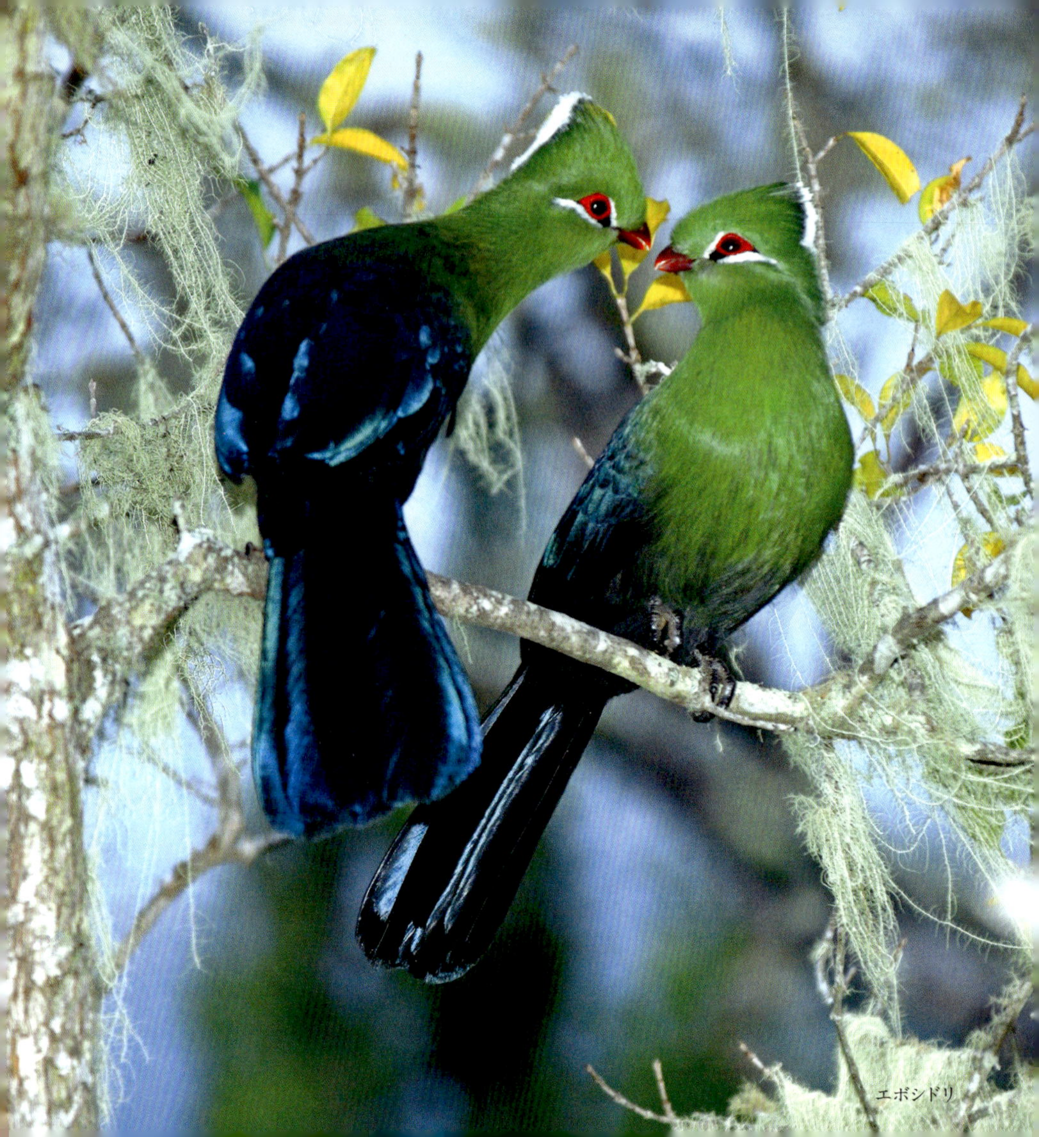

エボシドリ

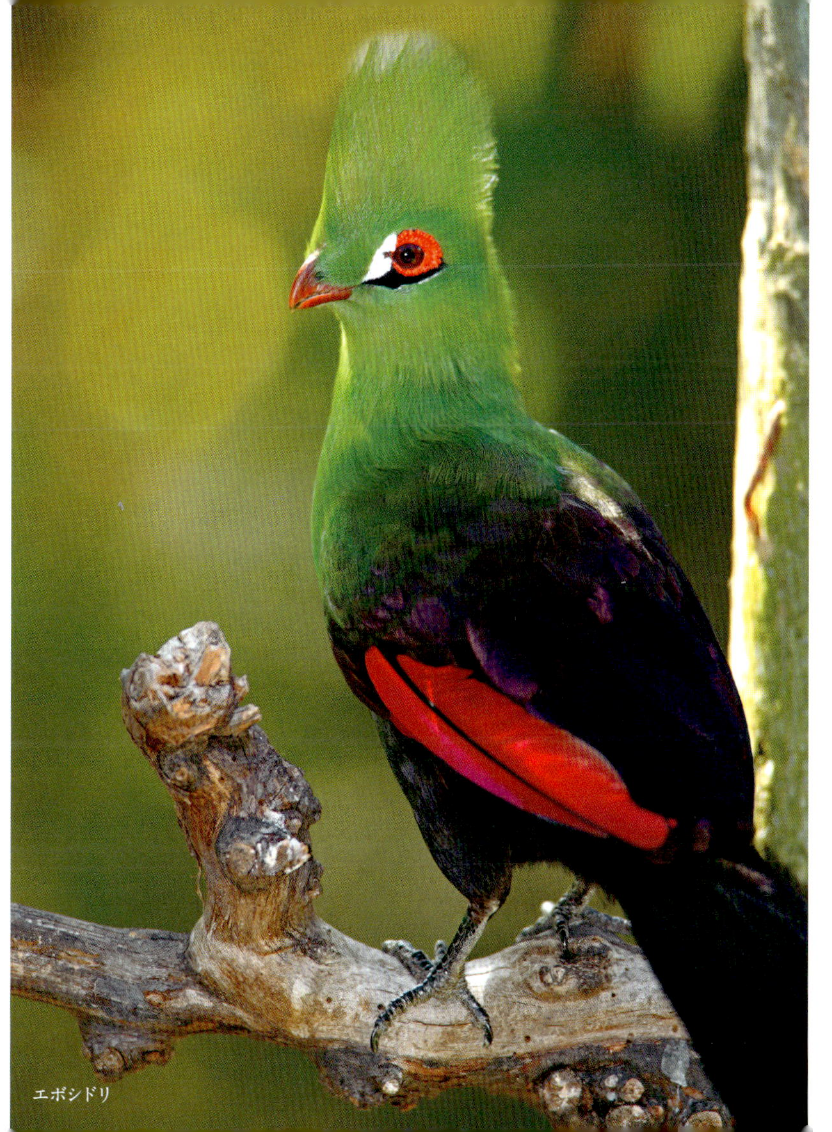
エボシドリ

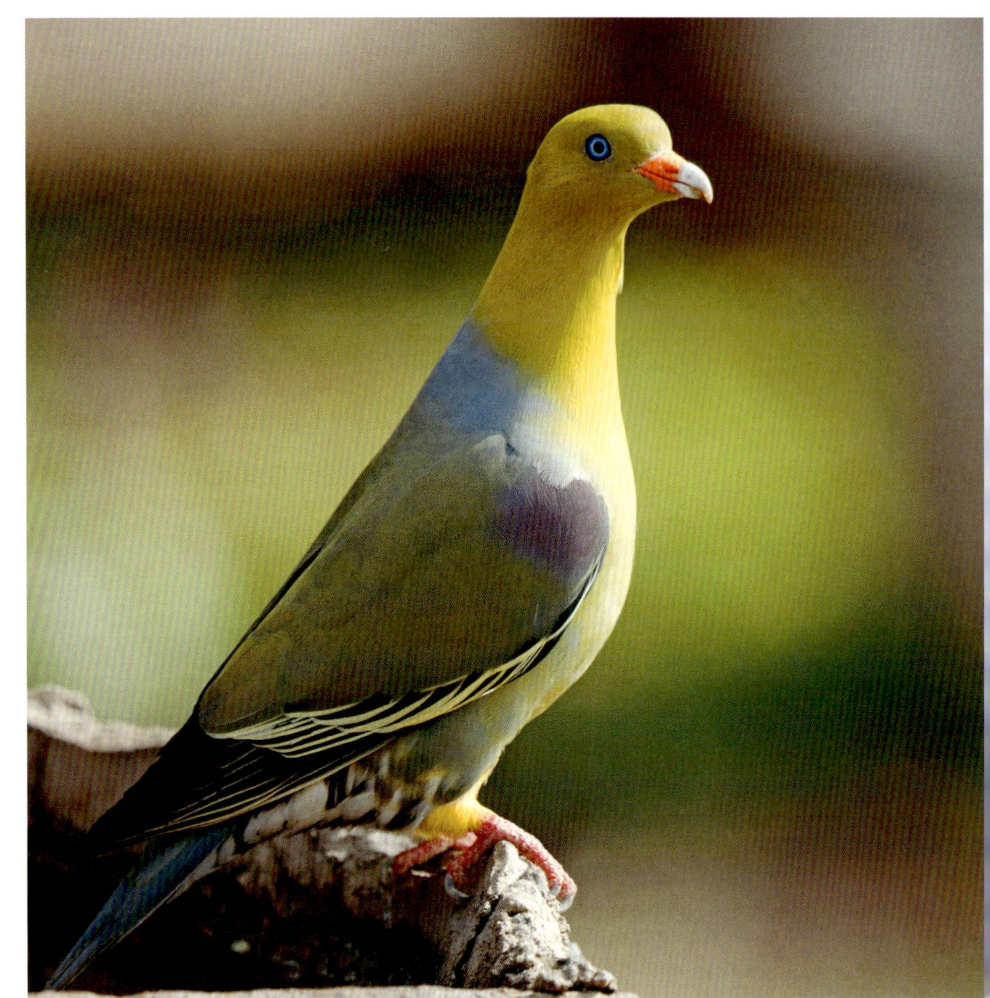

アフリカアオバト

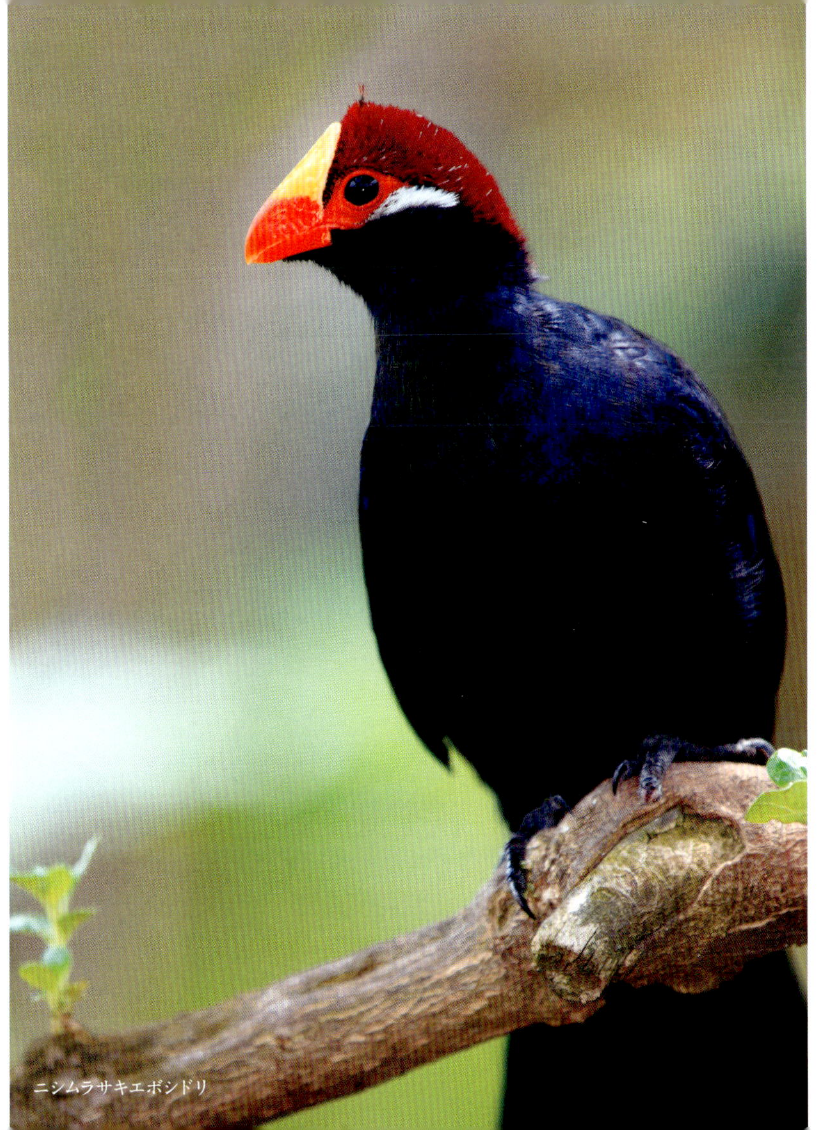
ニシムラサキエボシドリ

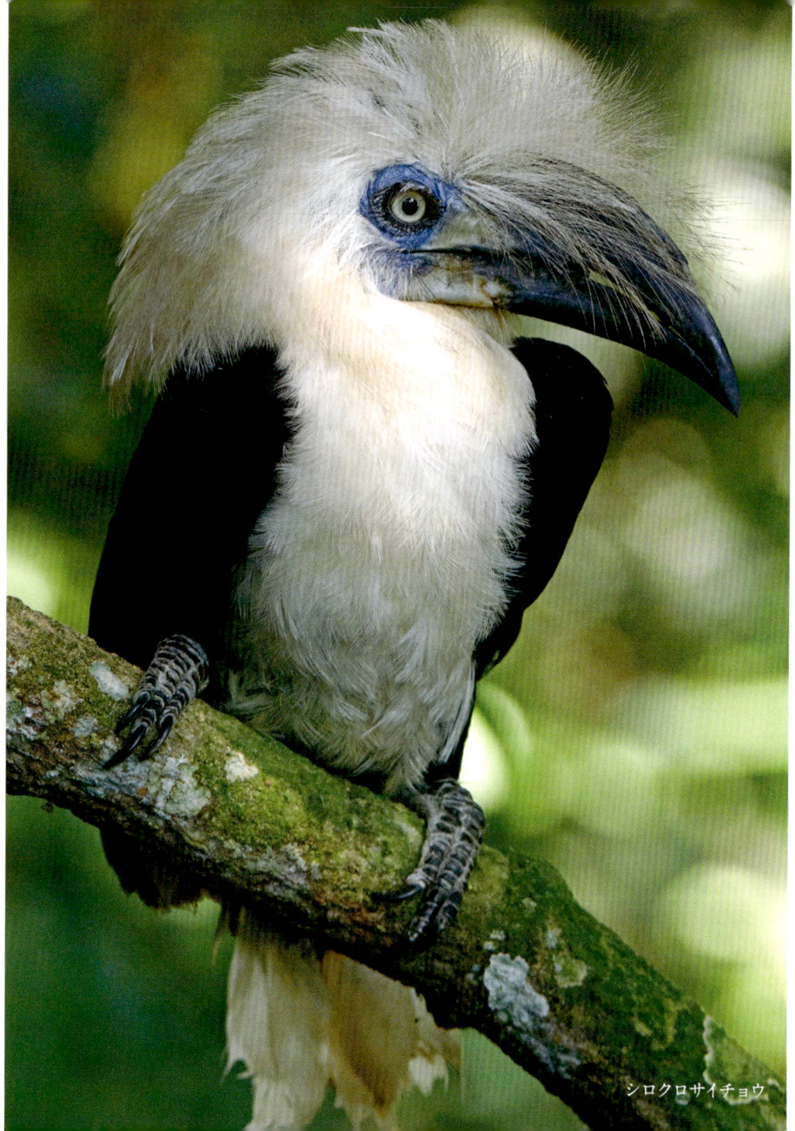
シロクロサイチョウ

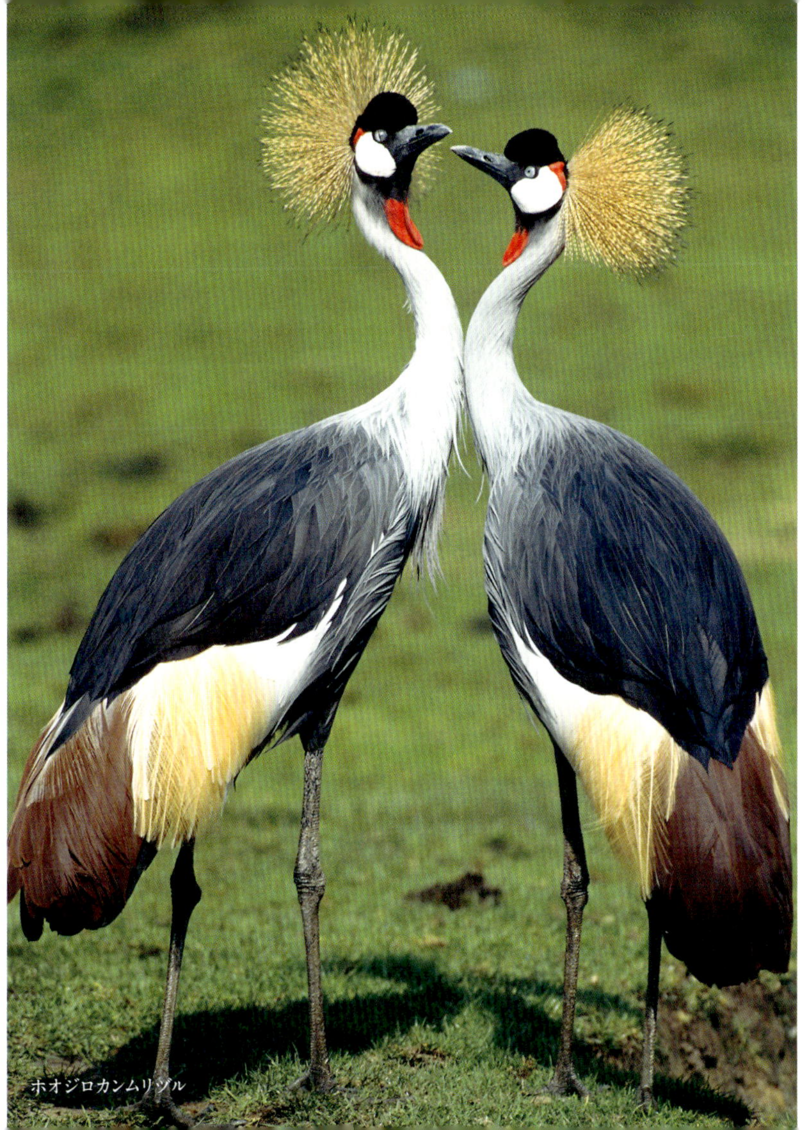

ホオジロカンムリヅル

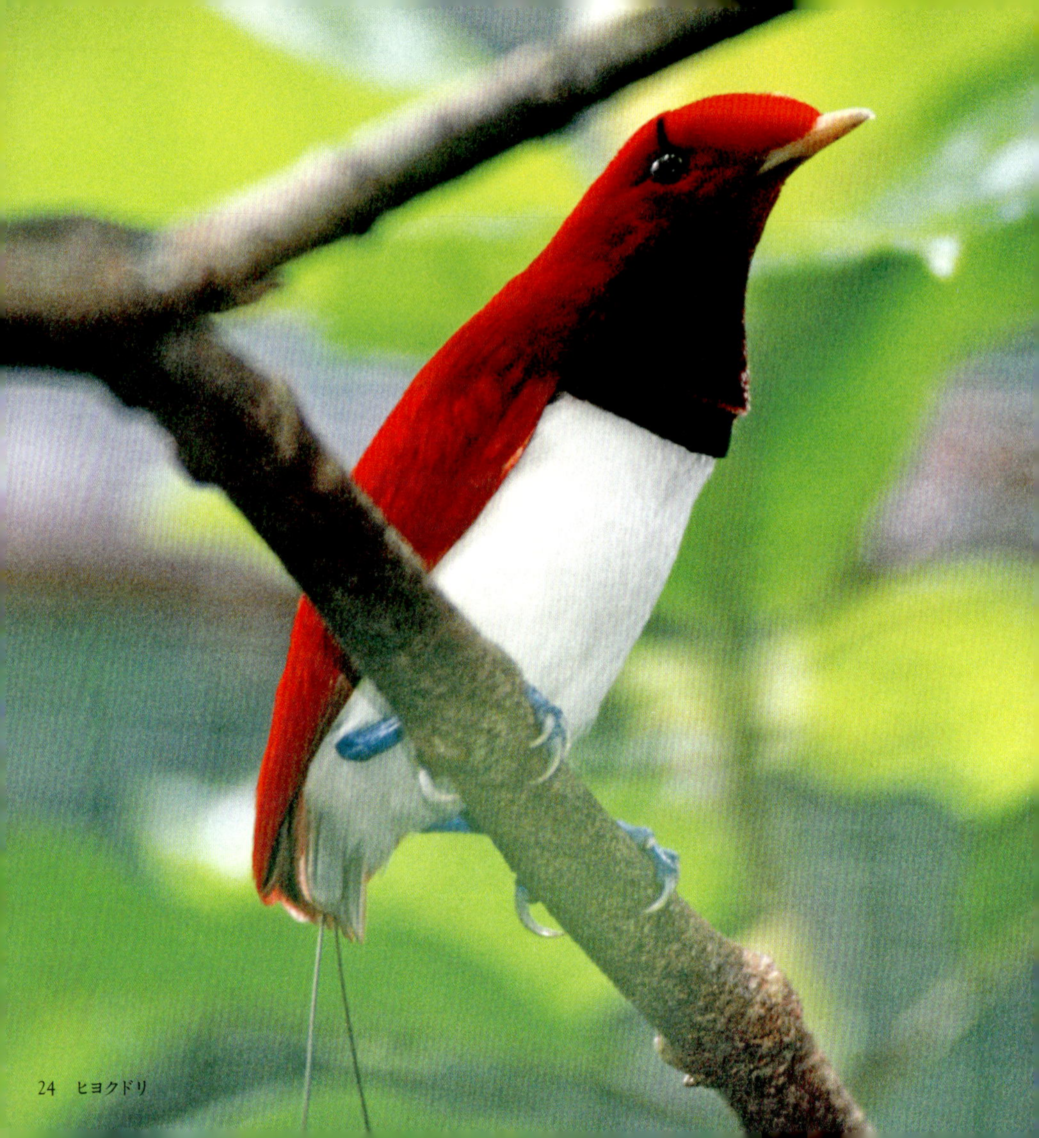

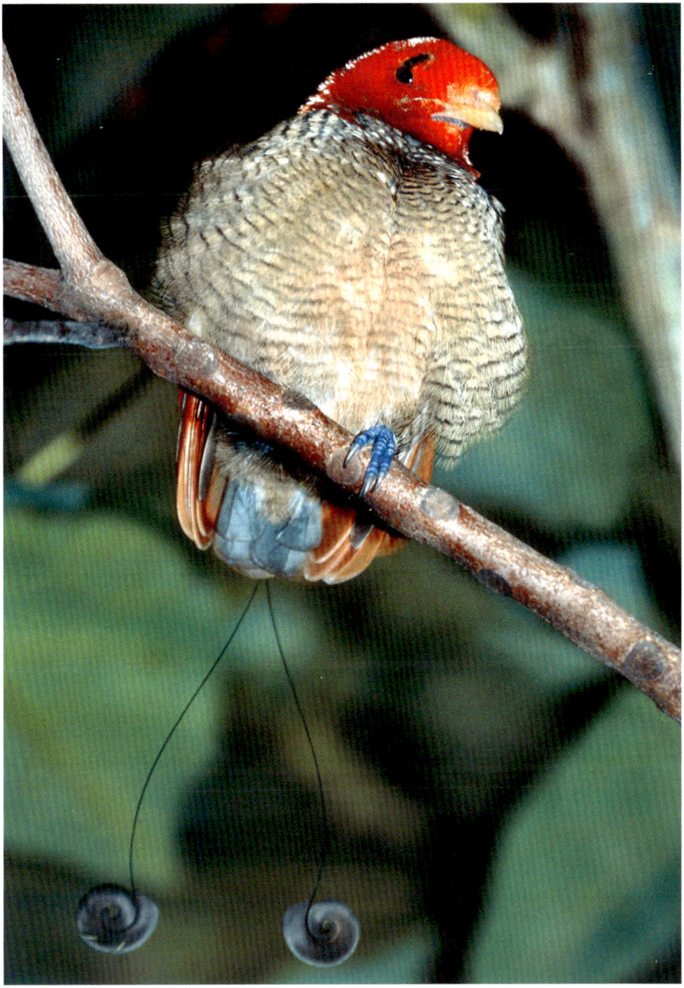

ヒヨクドリ

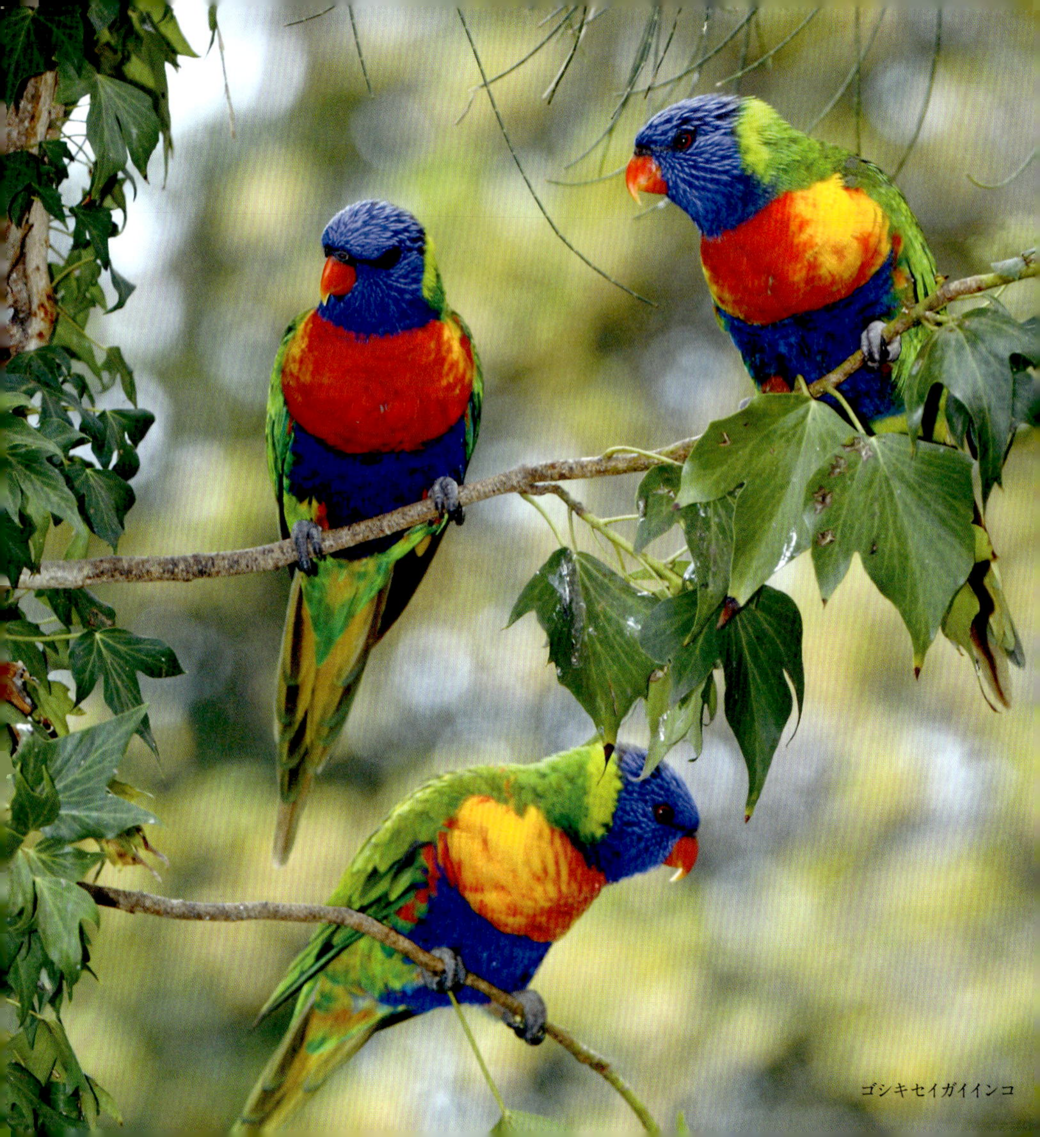
ゴシキセイガイインコ

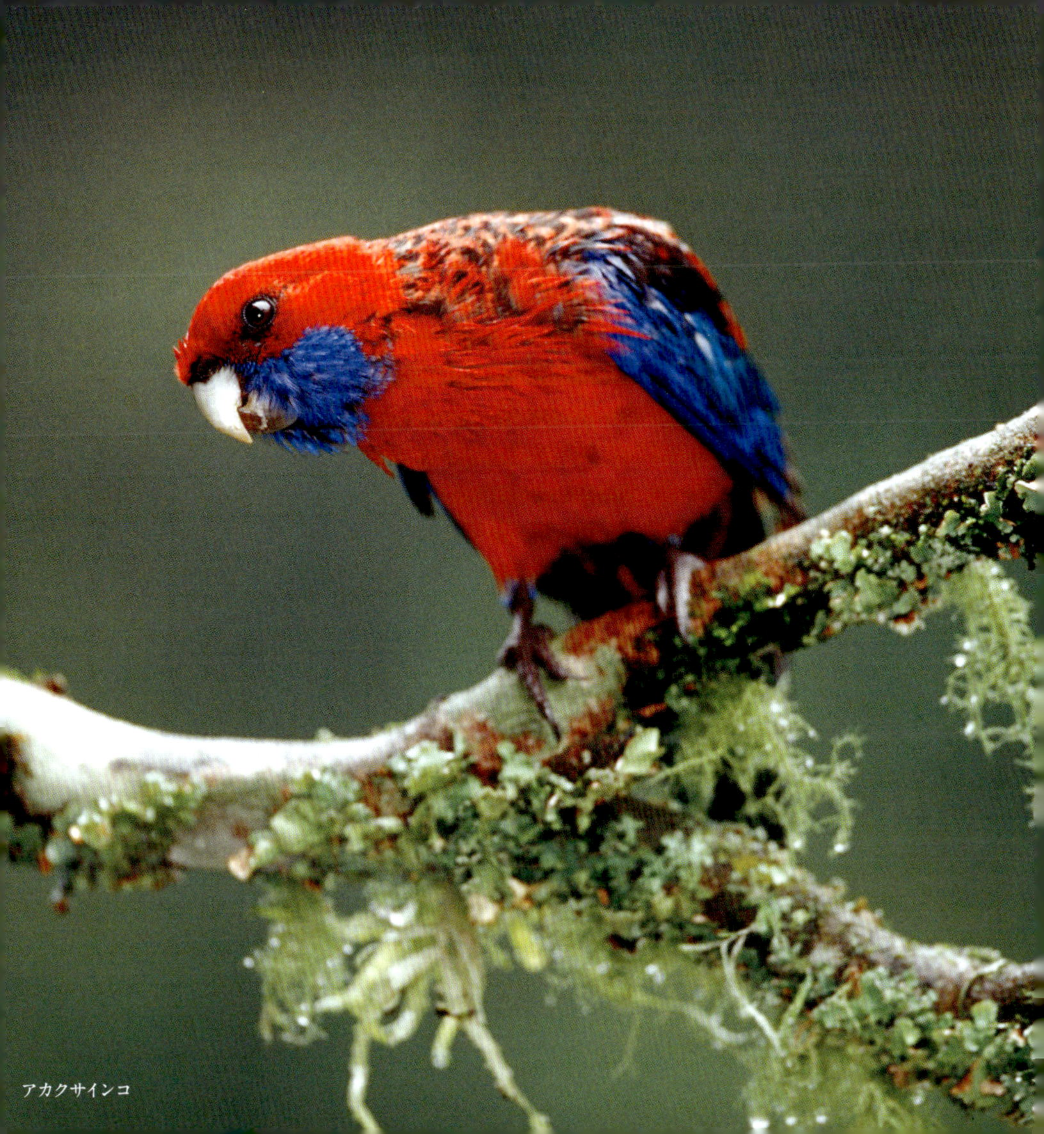

アカクサインコ

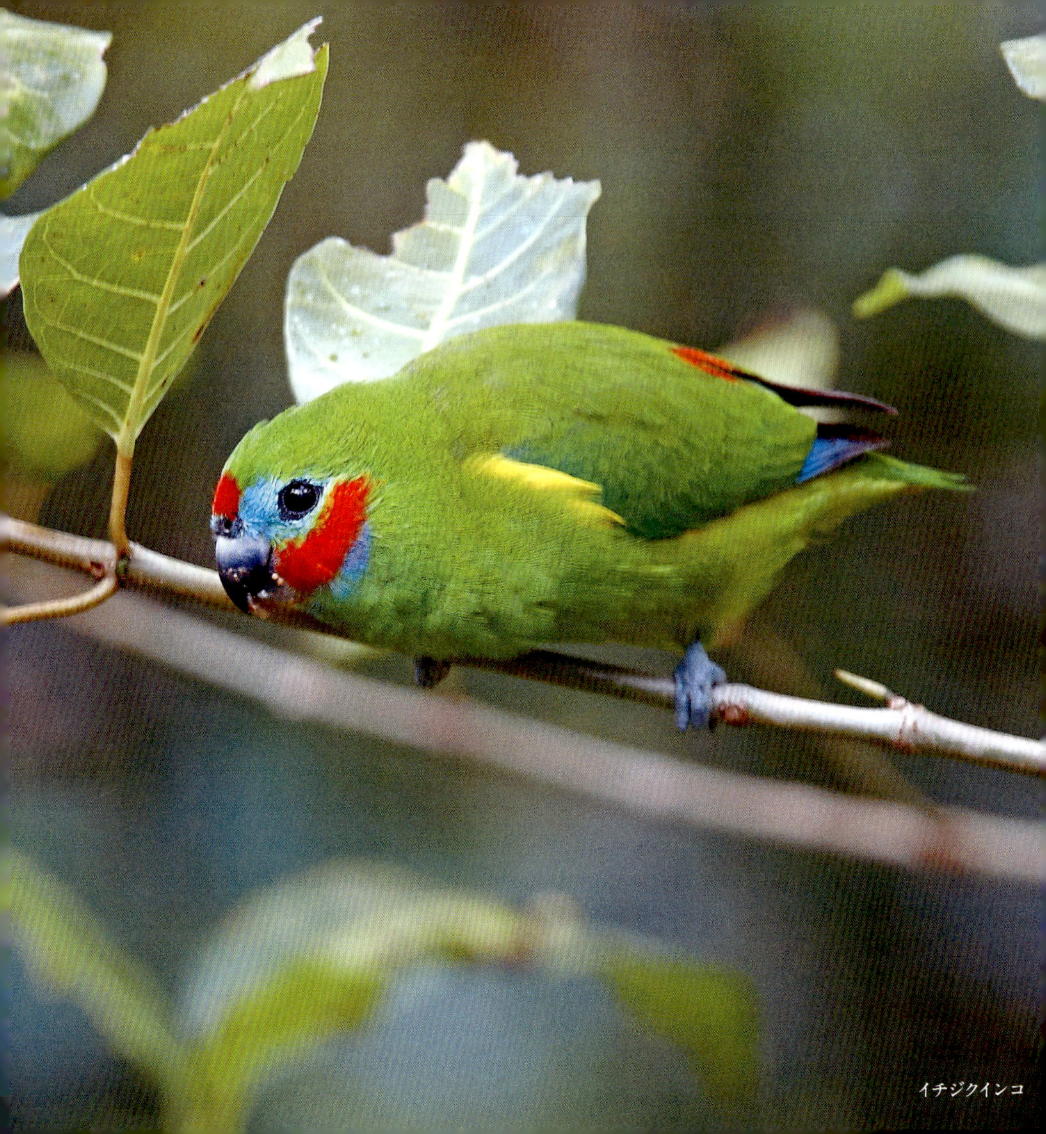

イチジクインコ

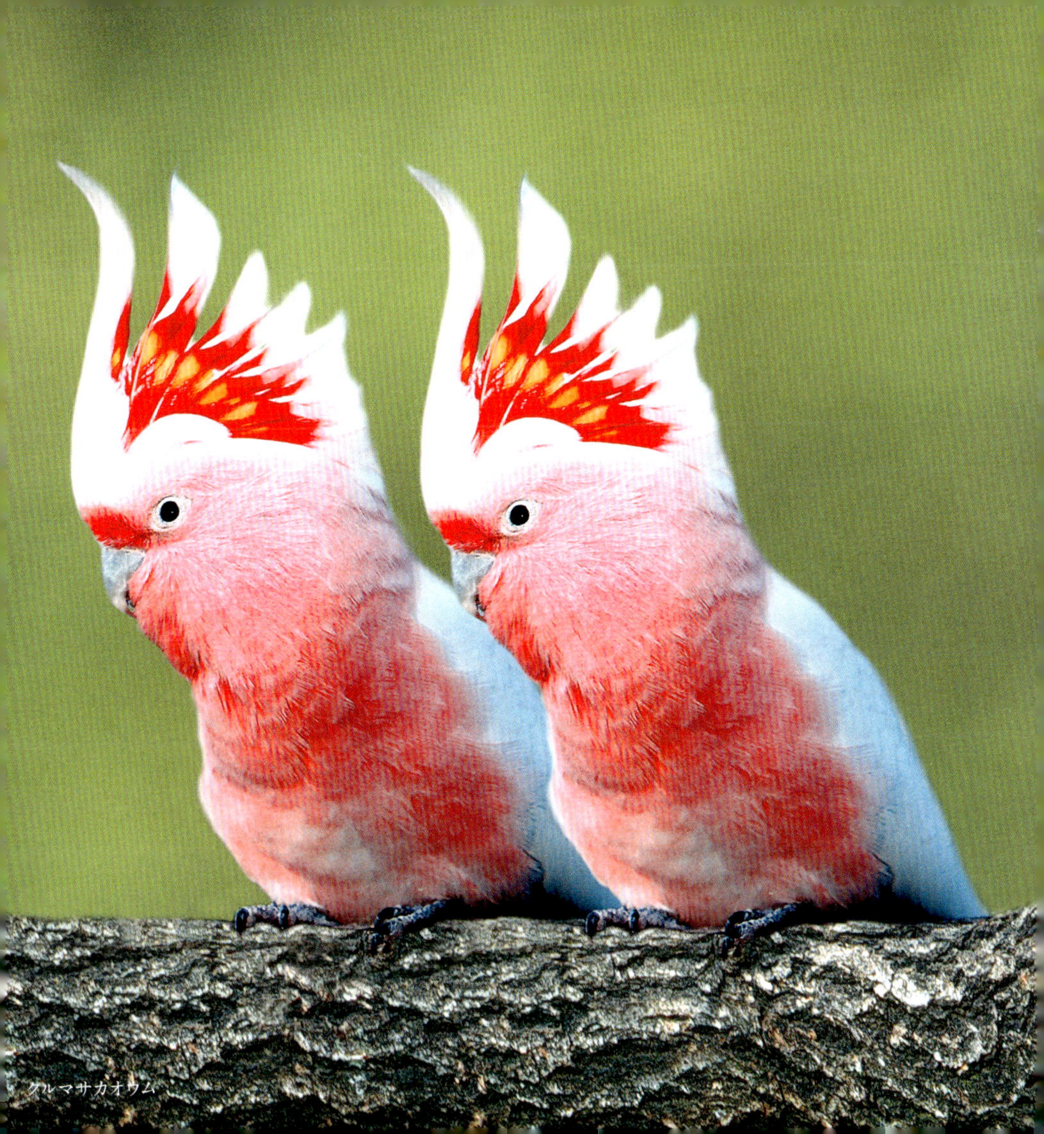

クルマサカオウム

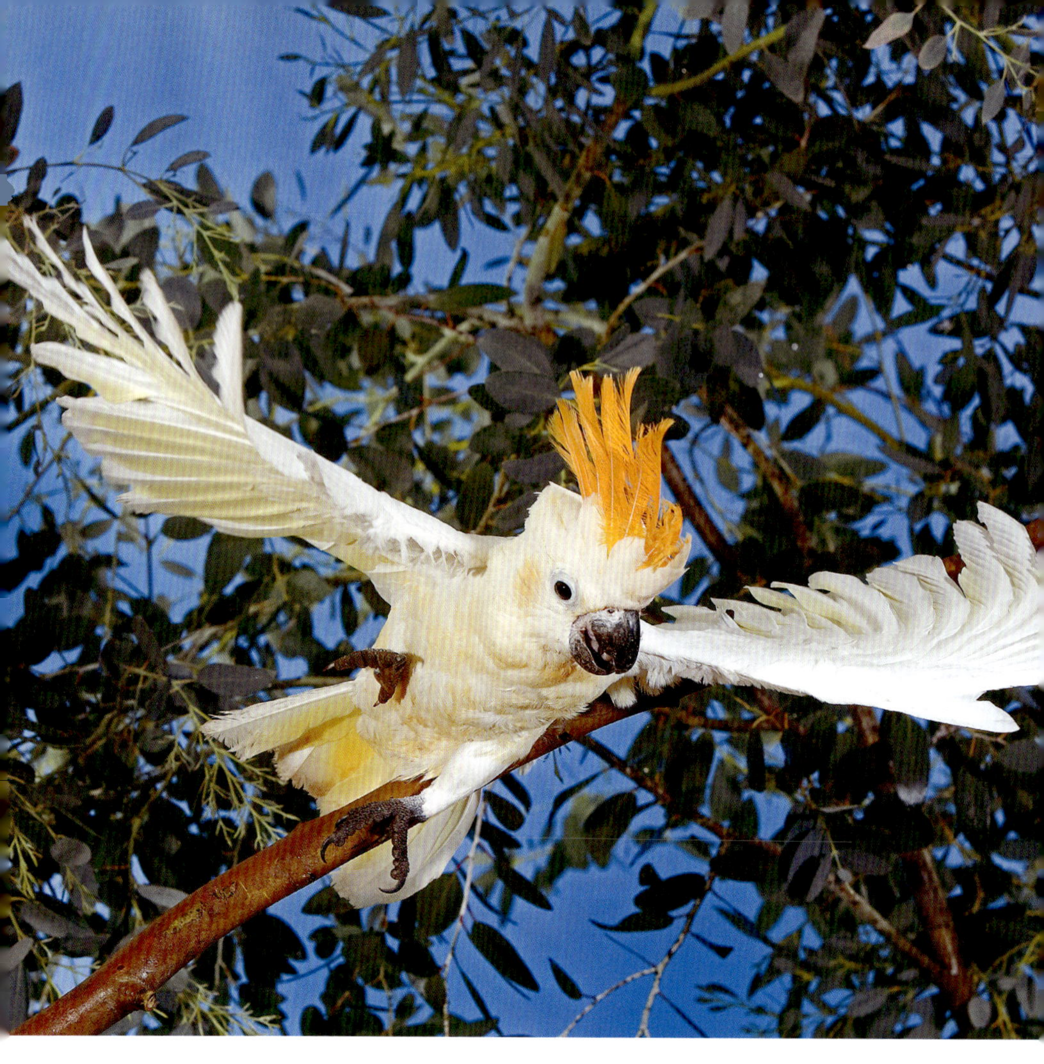

キバタン

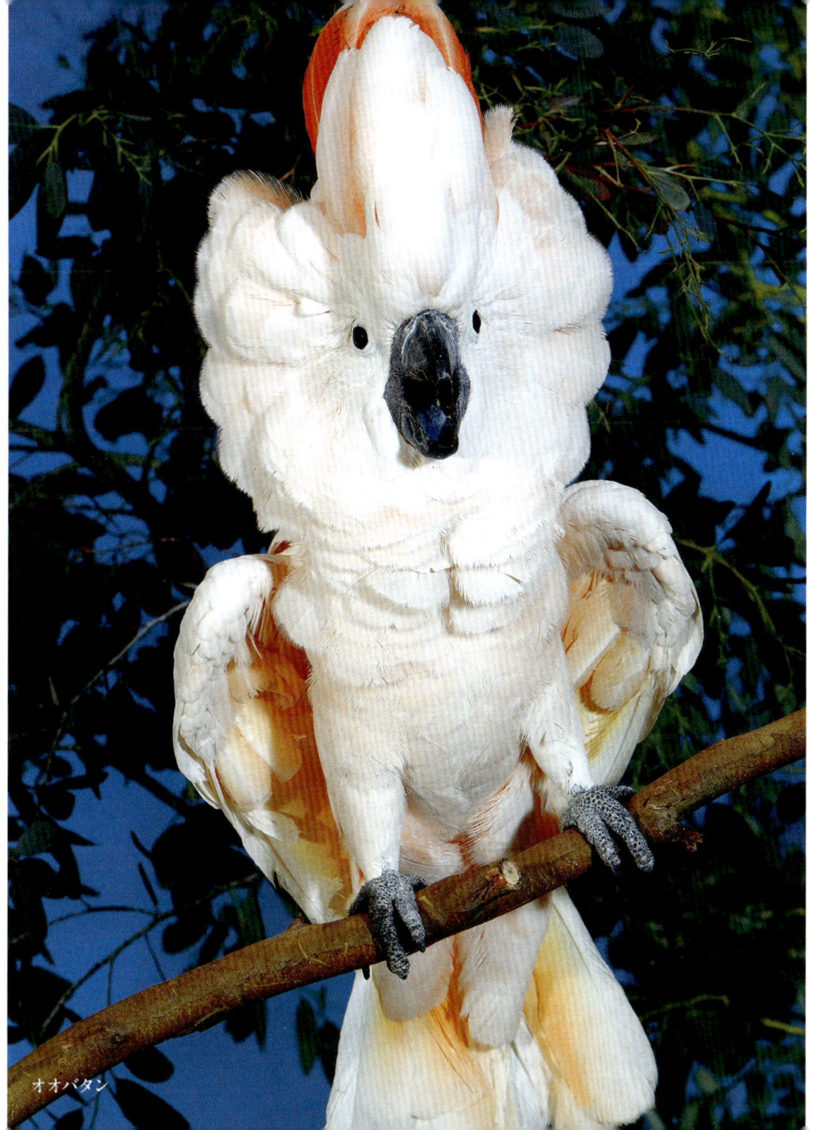
オオバタン

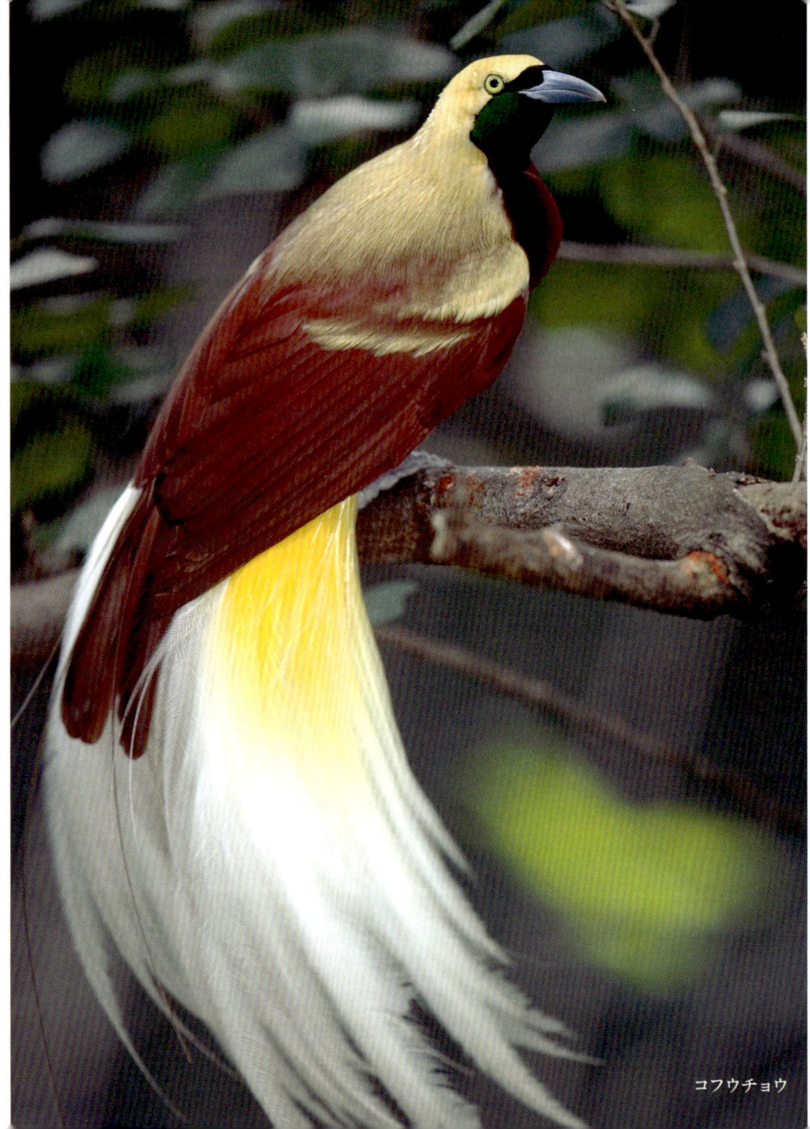
コフウチョウ

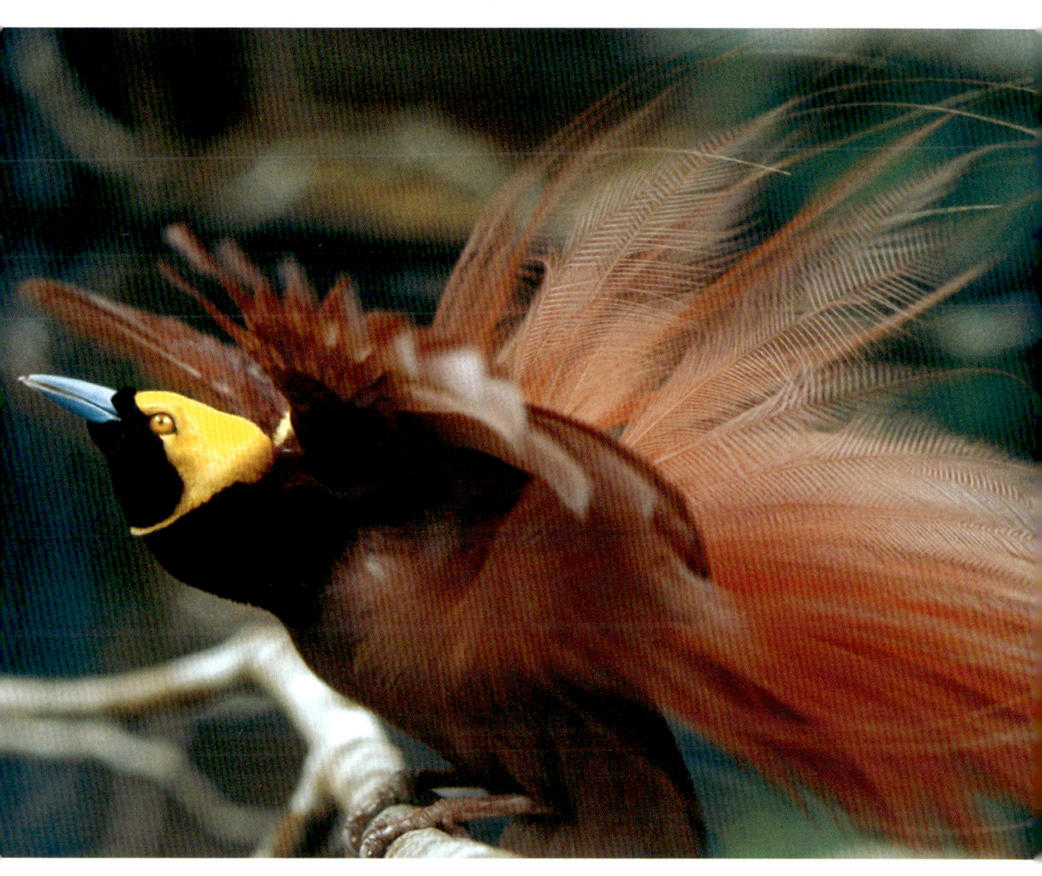

アカカザリフウチョウ

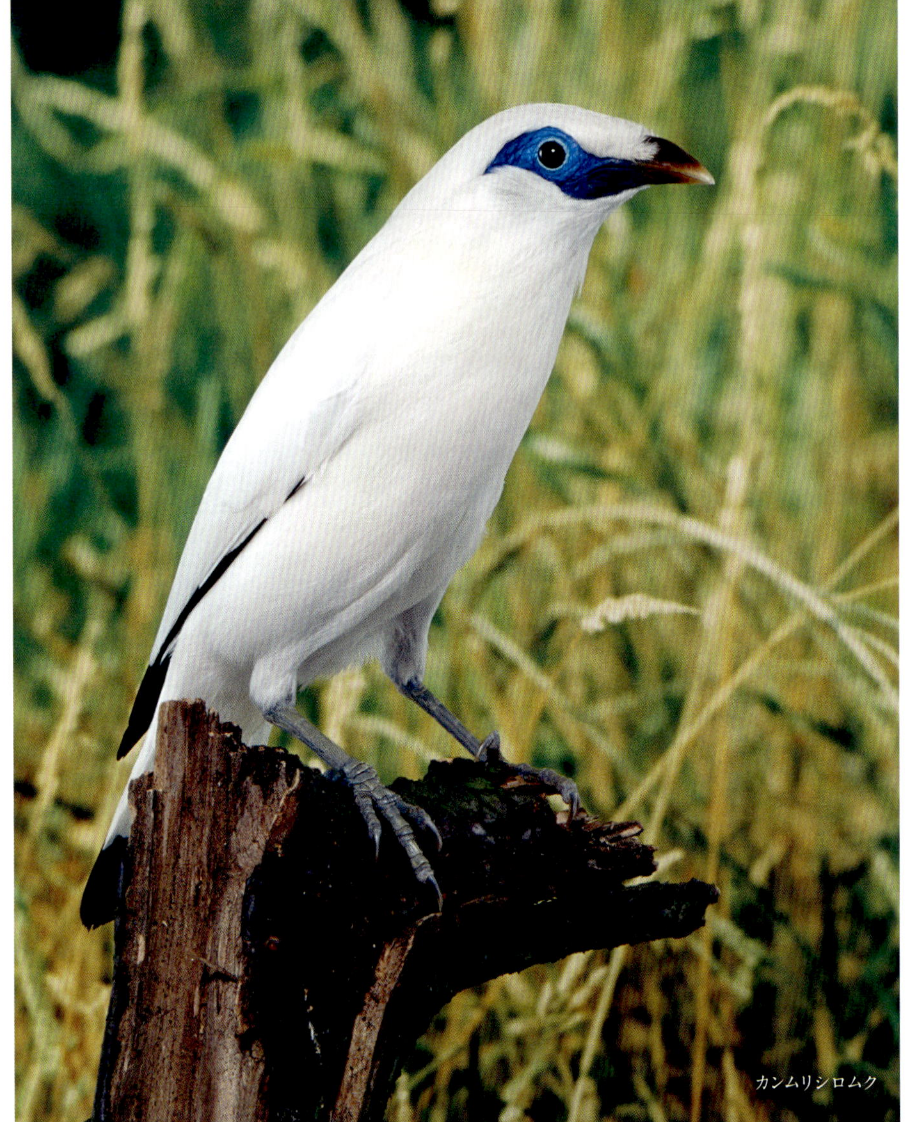

カンムリシロムク

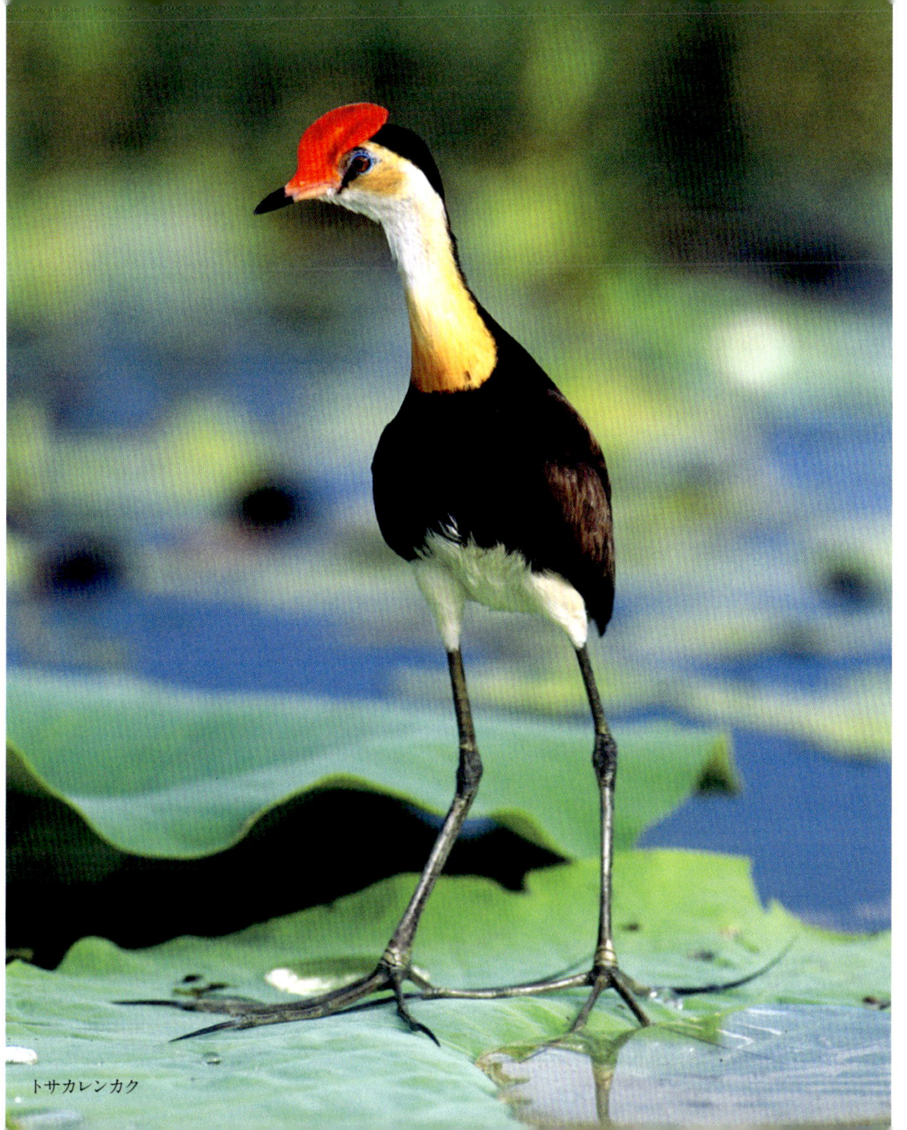

トサカレンカク

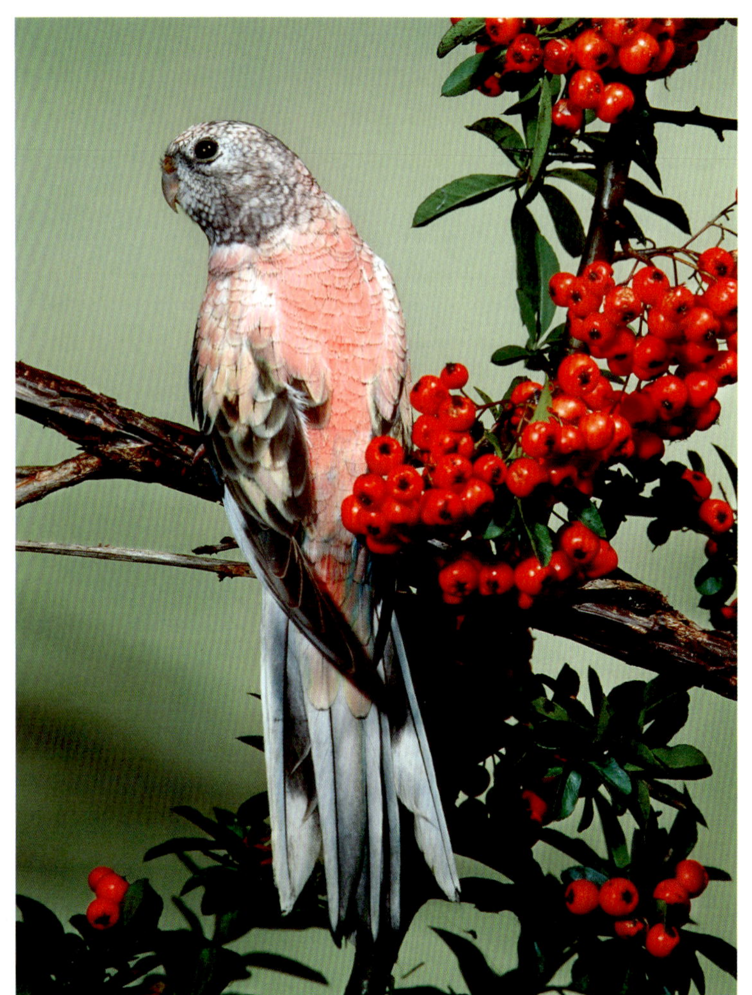

アキクサインコ

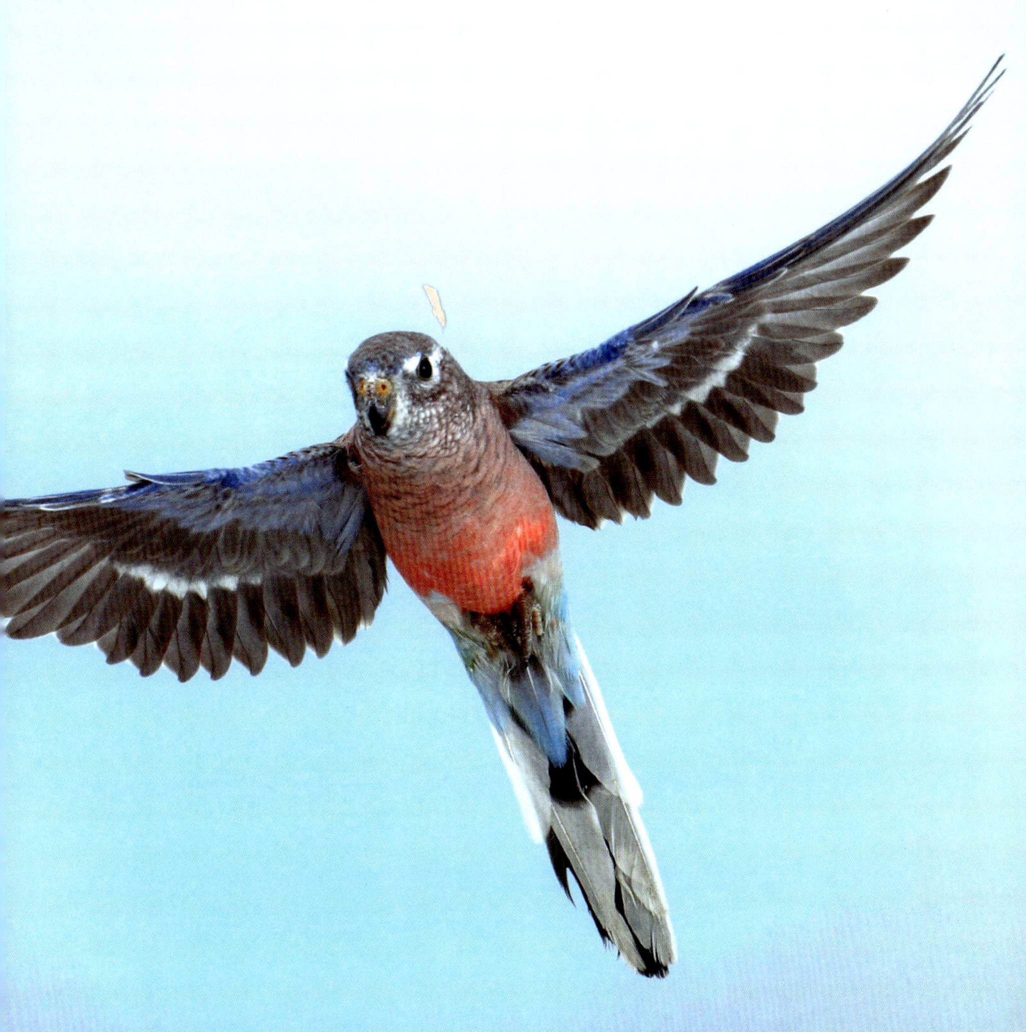

アキクサインコ

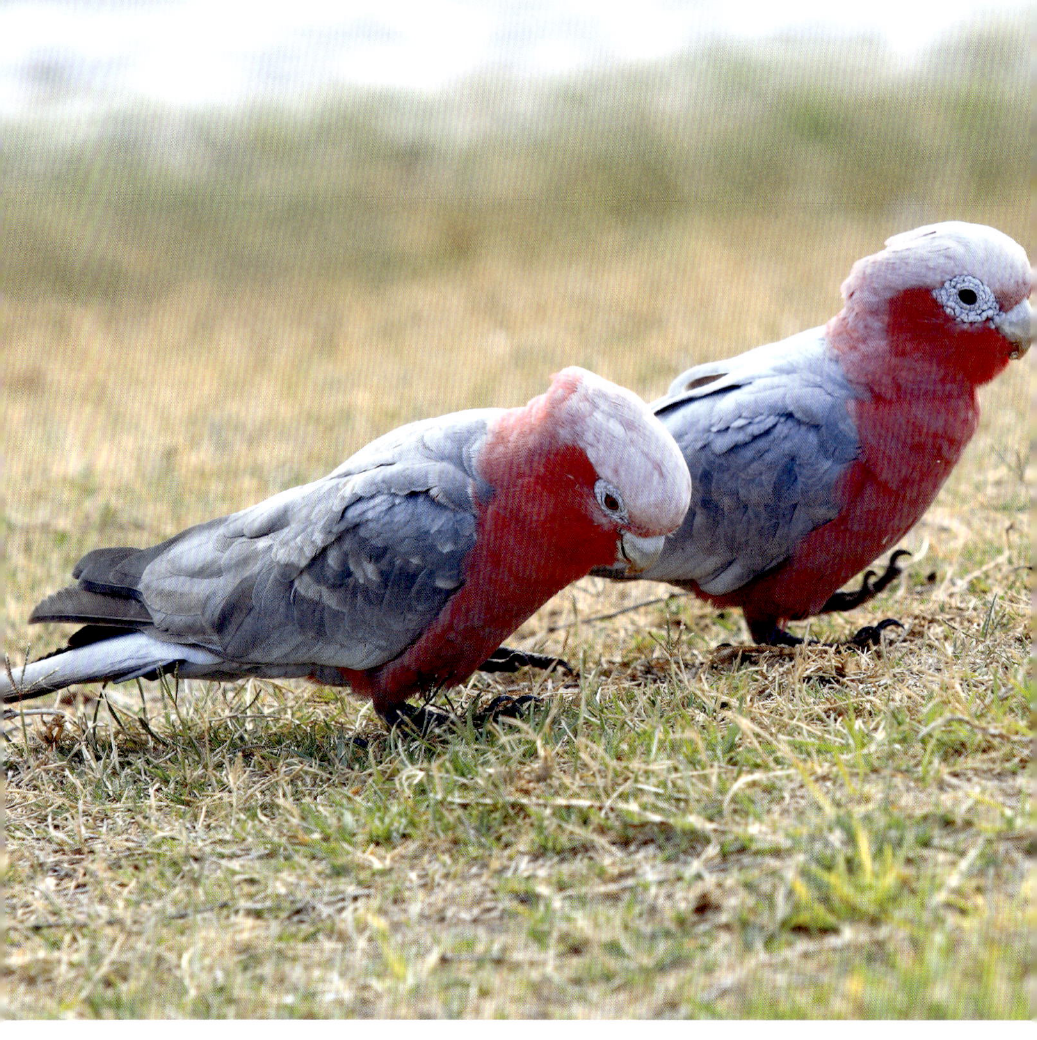

モモイロインコ

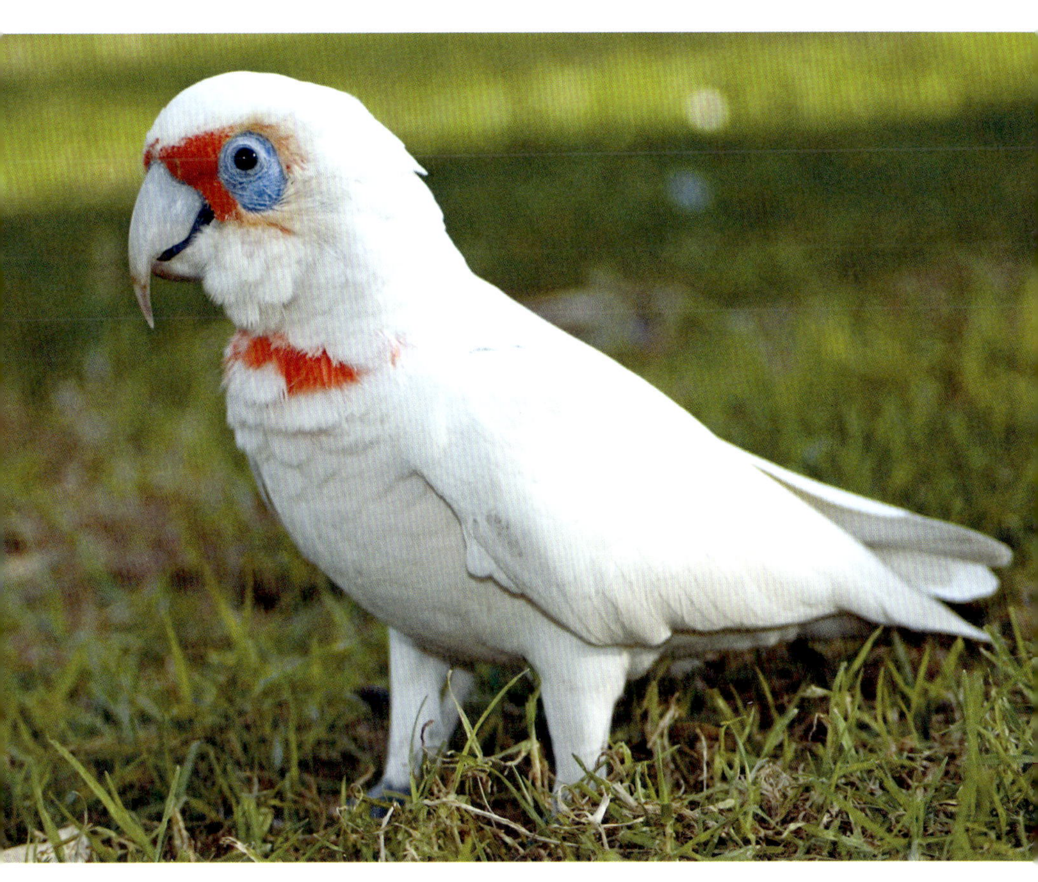

テンジクバタン

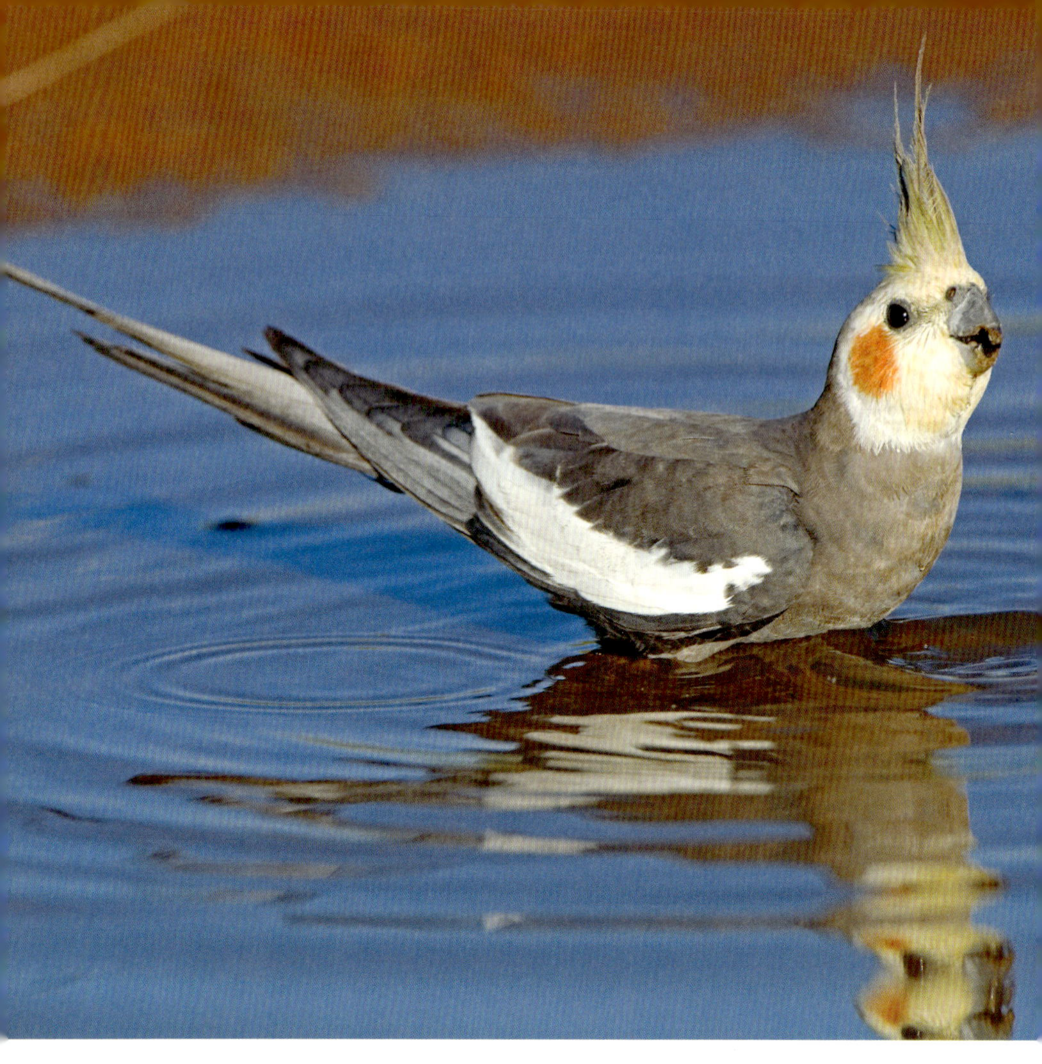

オカメインコ

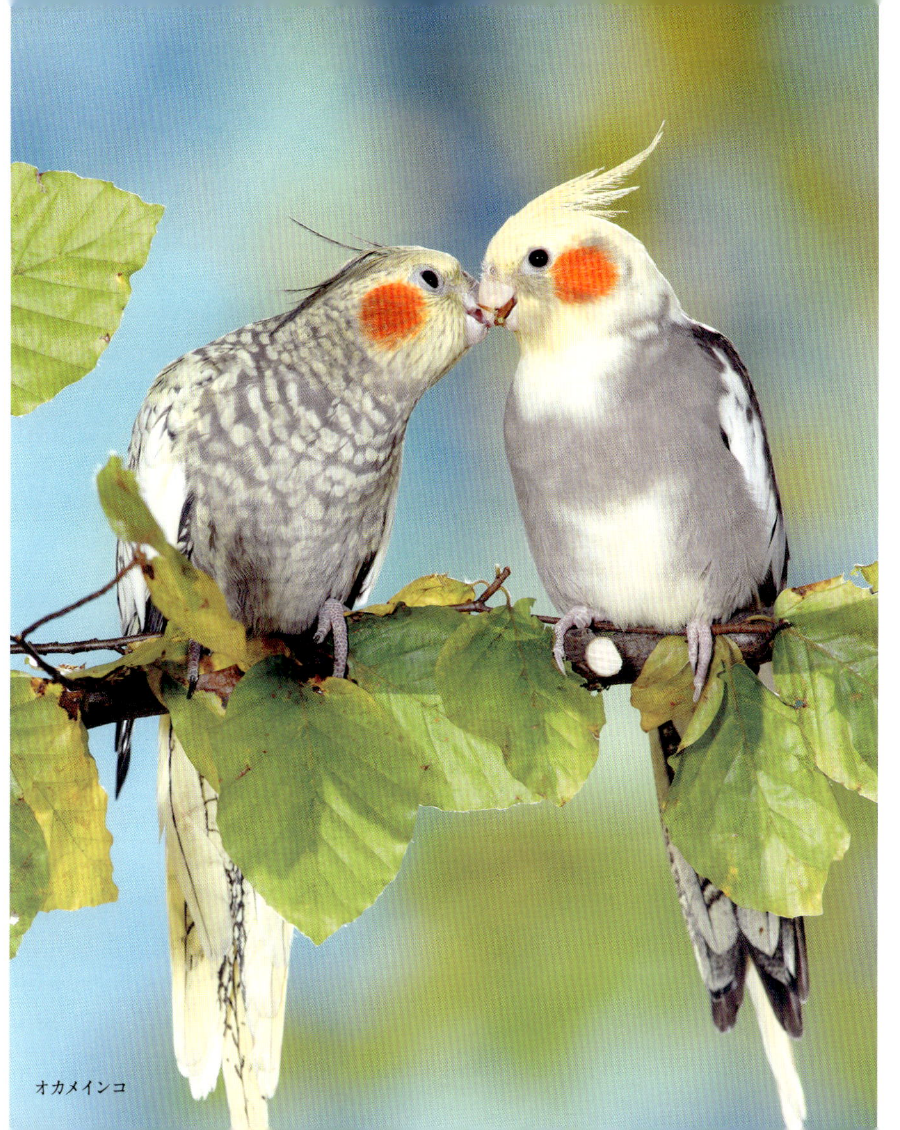

オカメインコ

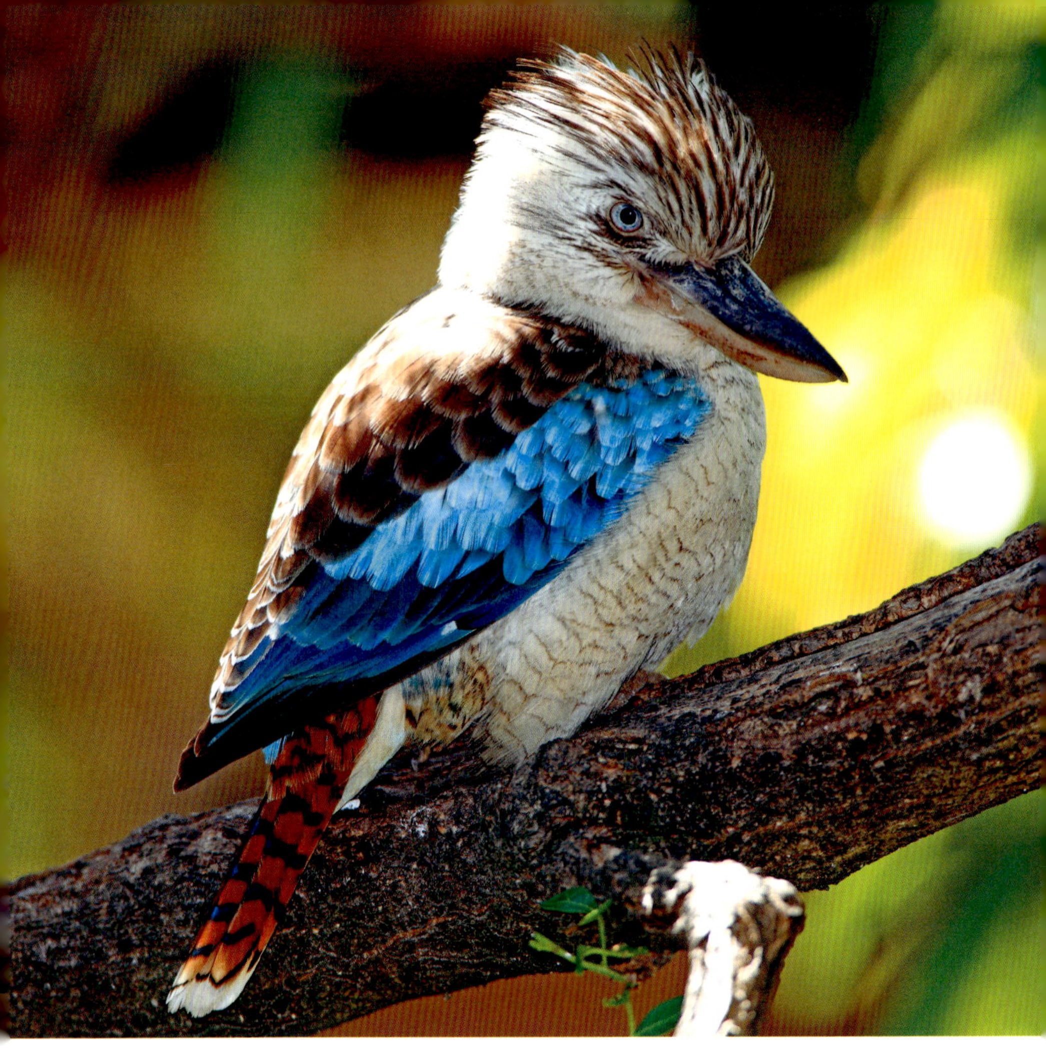

アオバネワライカワセミ

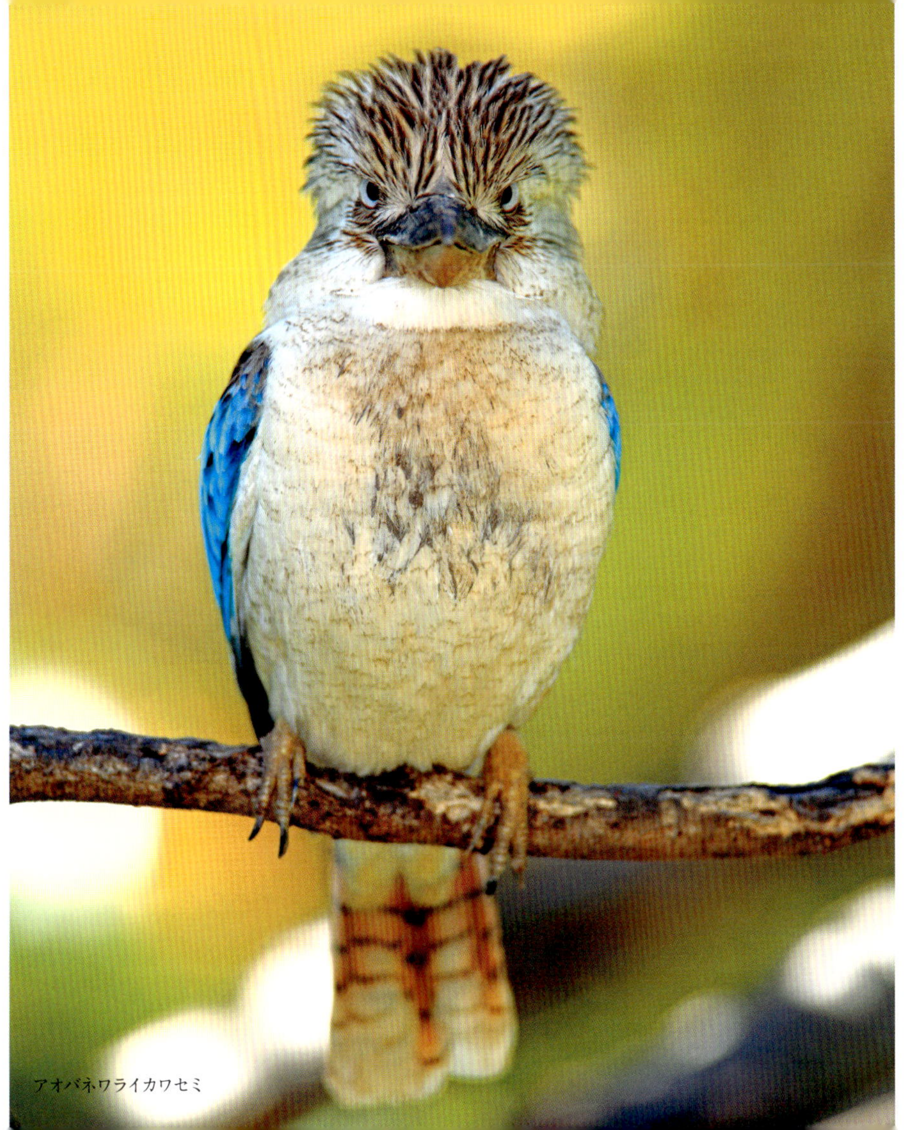

アオバネワライカワセミ

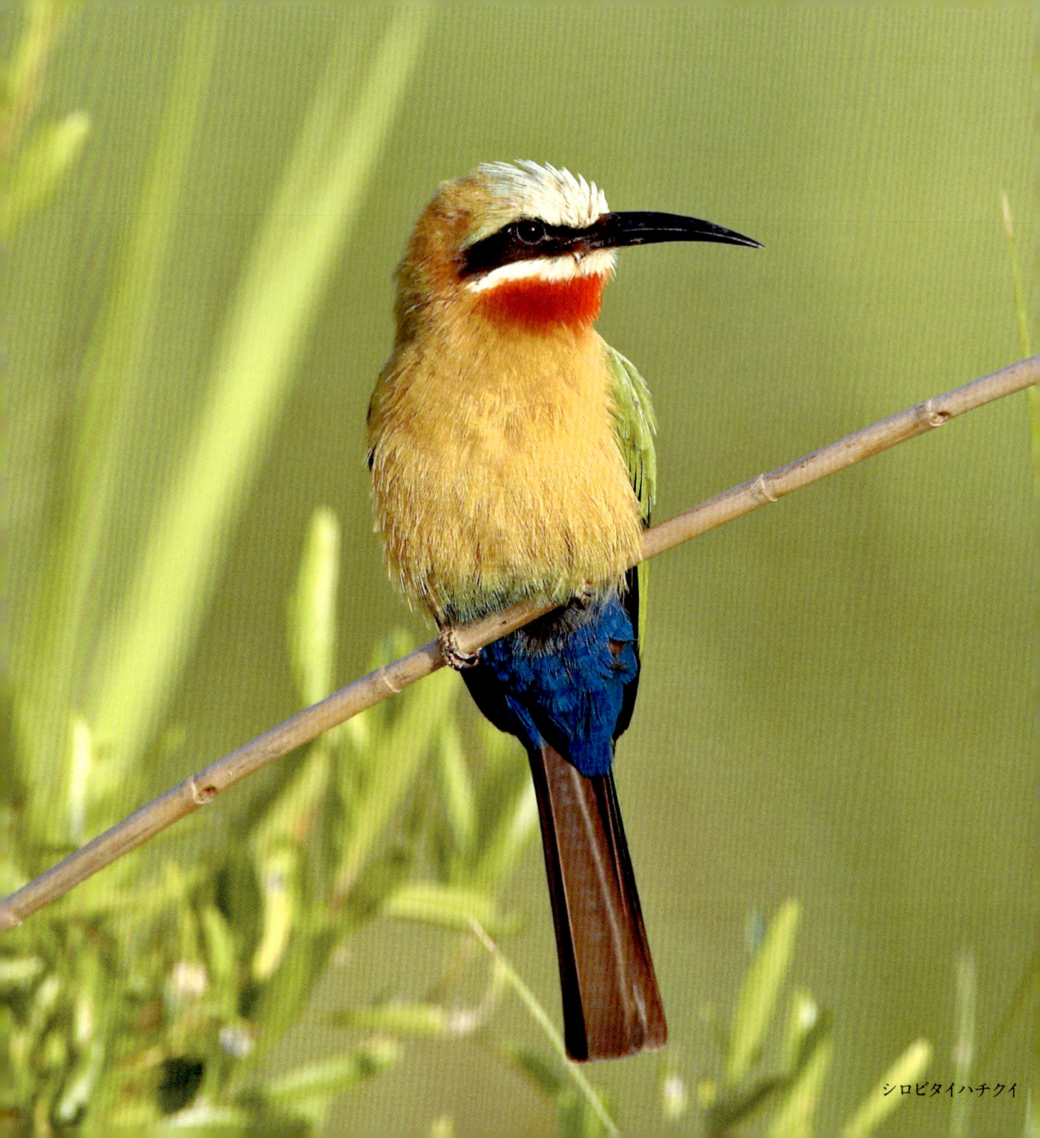

シロビタイハチクイ

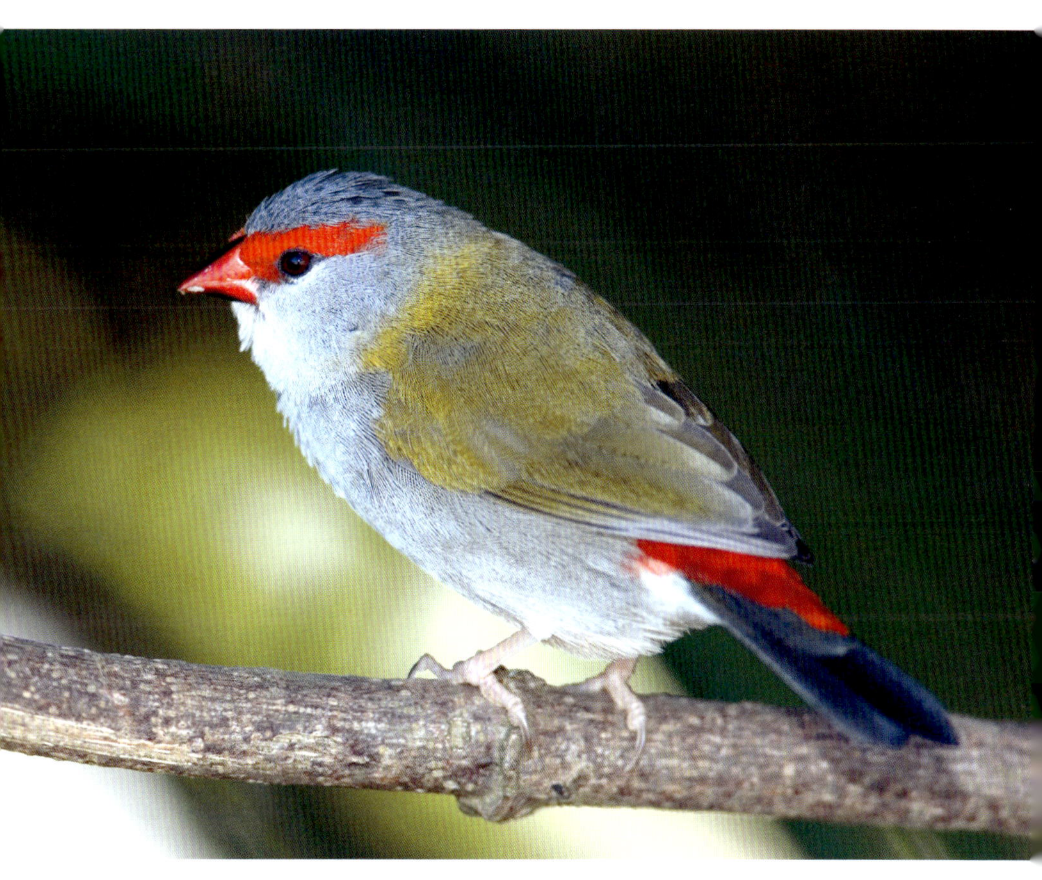

フヨウチョウ

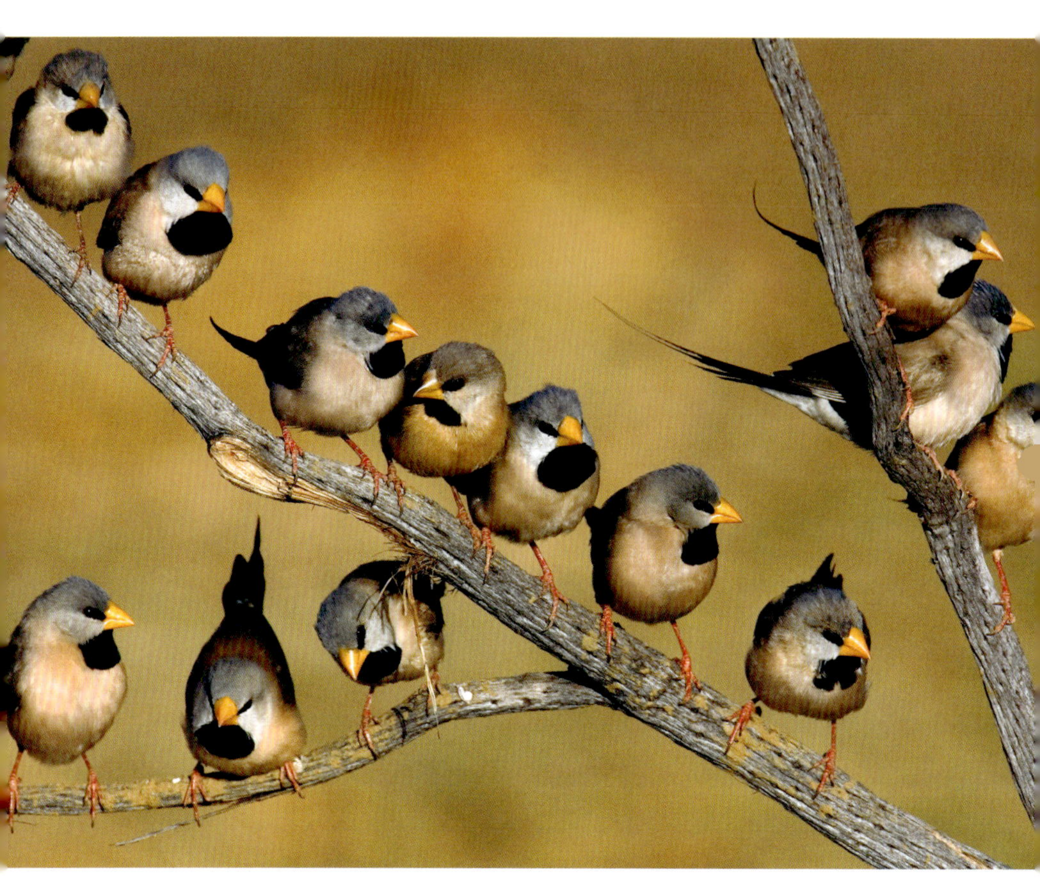

オナガキンセイチョウ

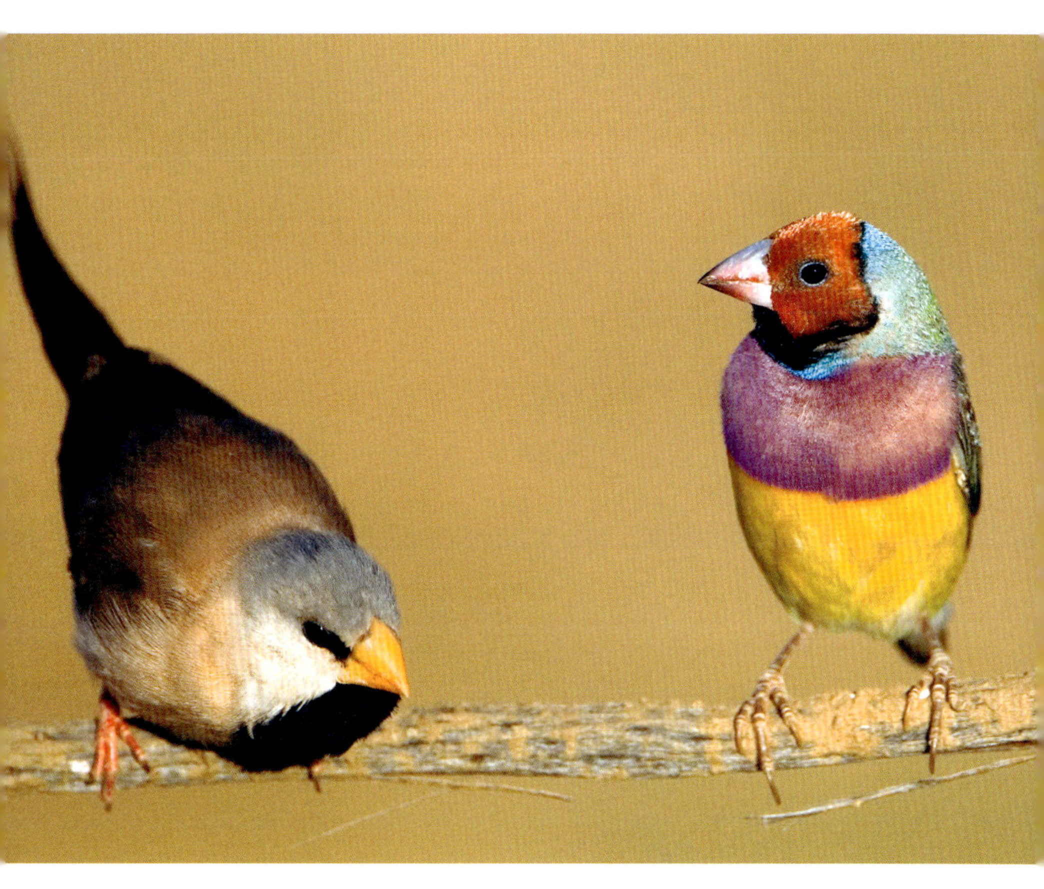

オナガキンセイチョウ・コキンチョウ

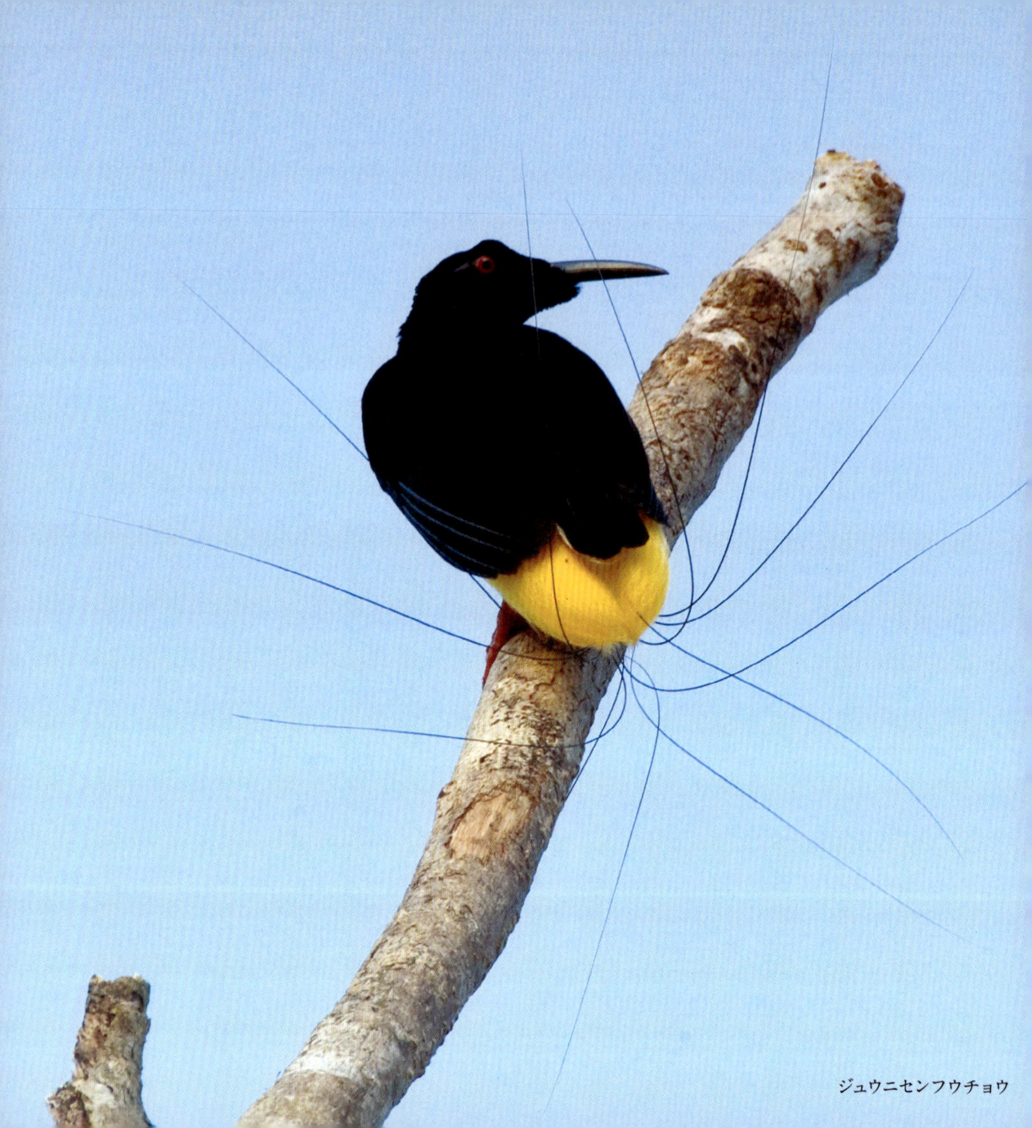
ジュウニセンフウチョウ

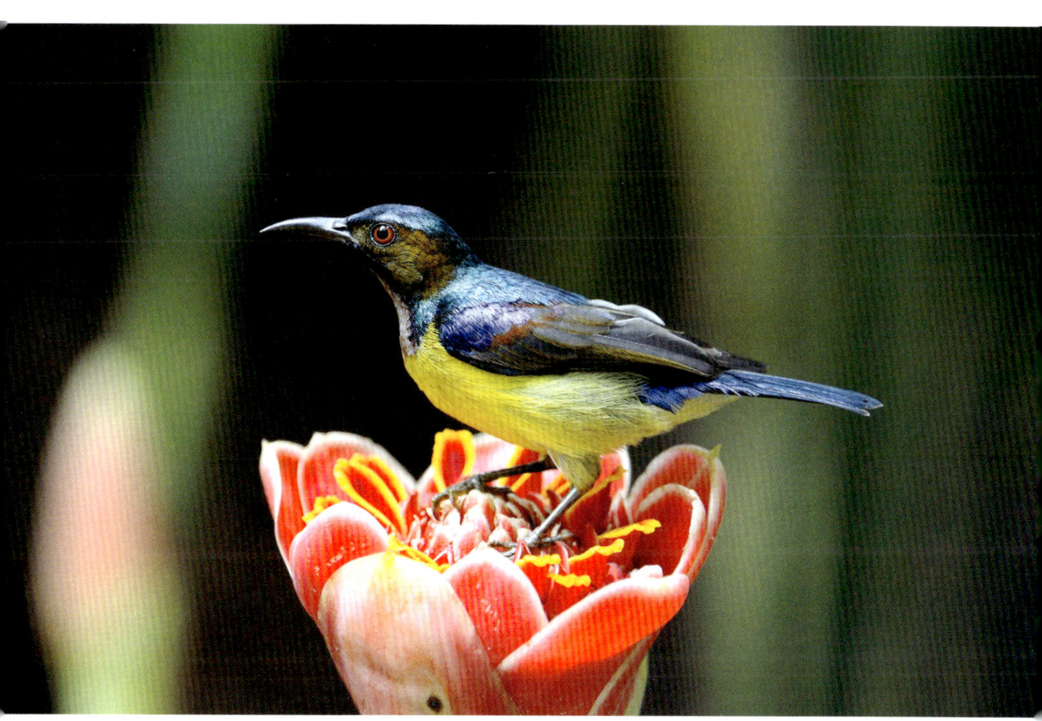

チャノドコバシタイヨウチョウ

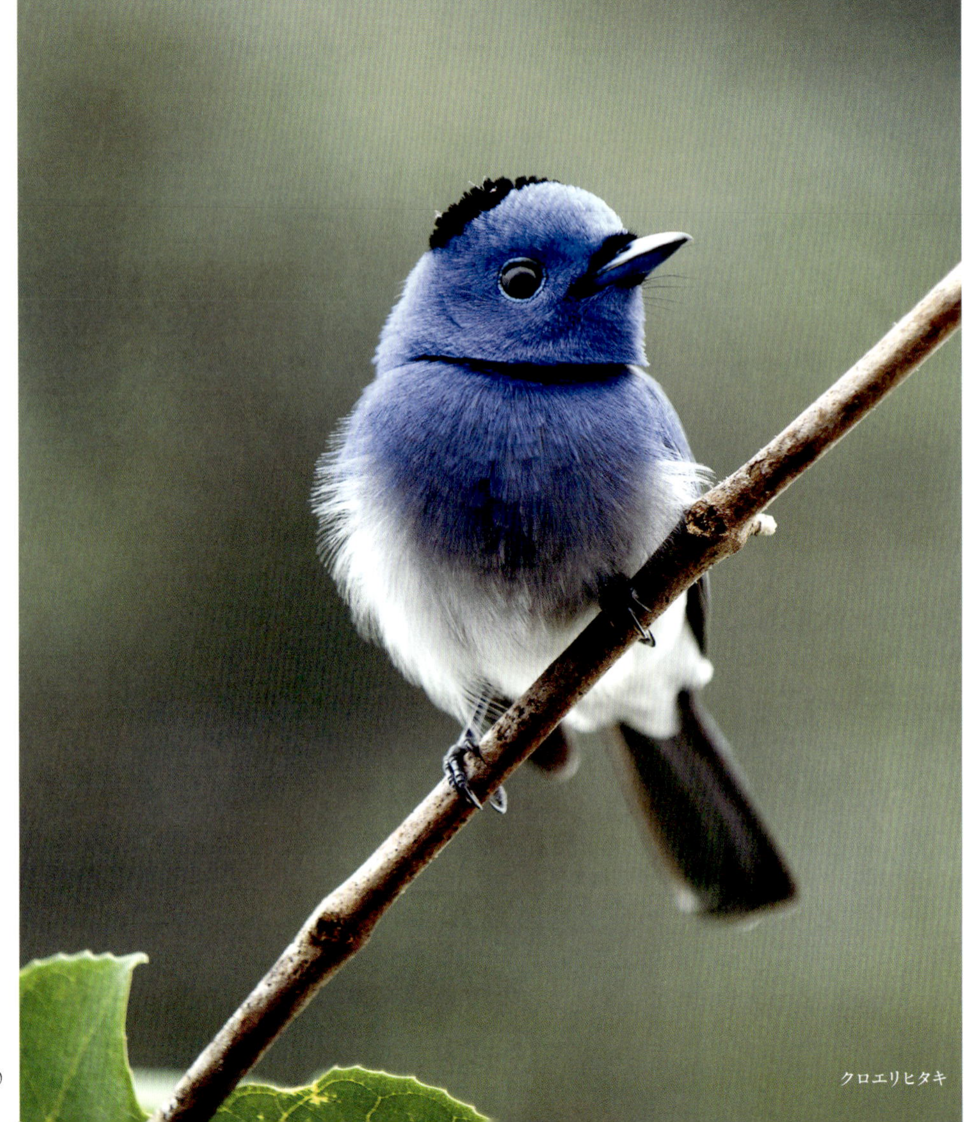

クロエリヒタキ

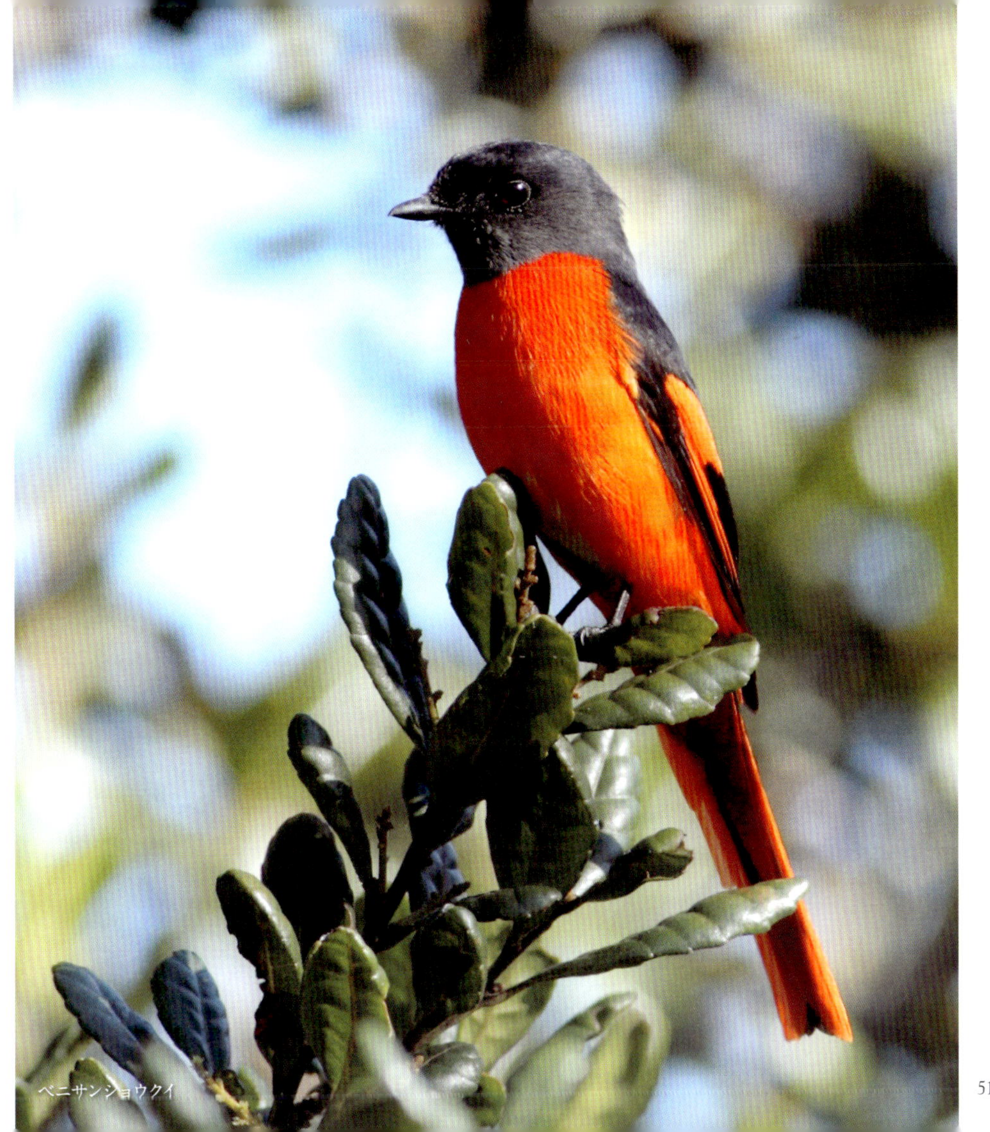
ベニサンショウクイ

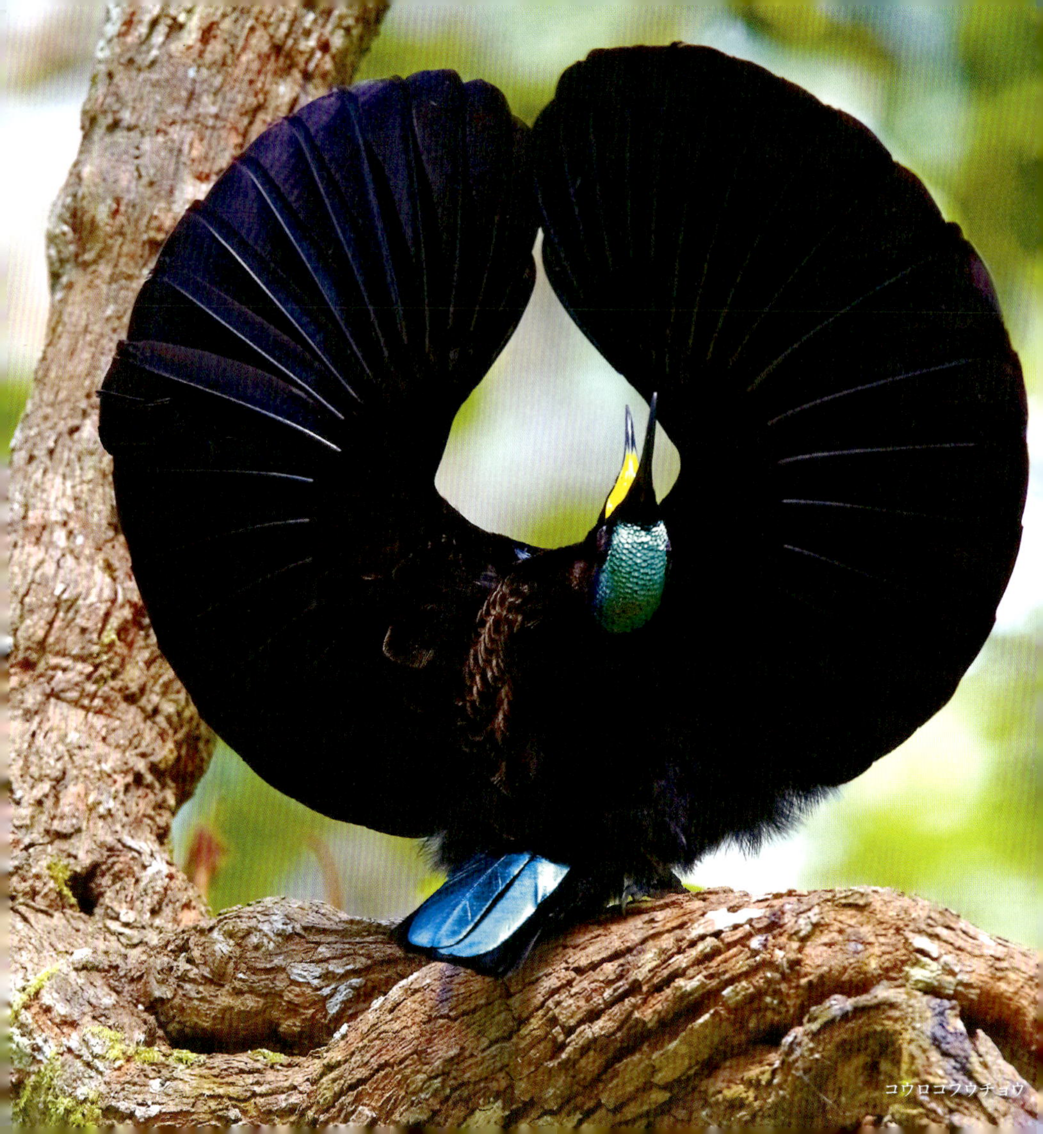
コウロコフウチョウ

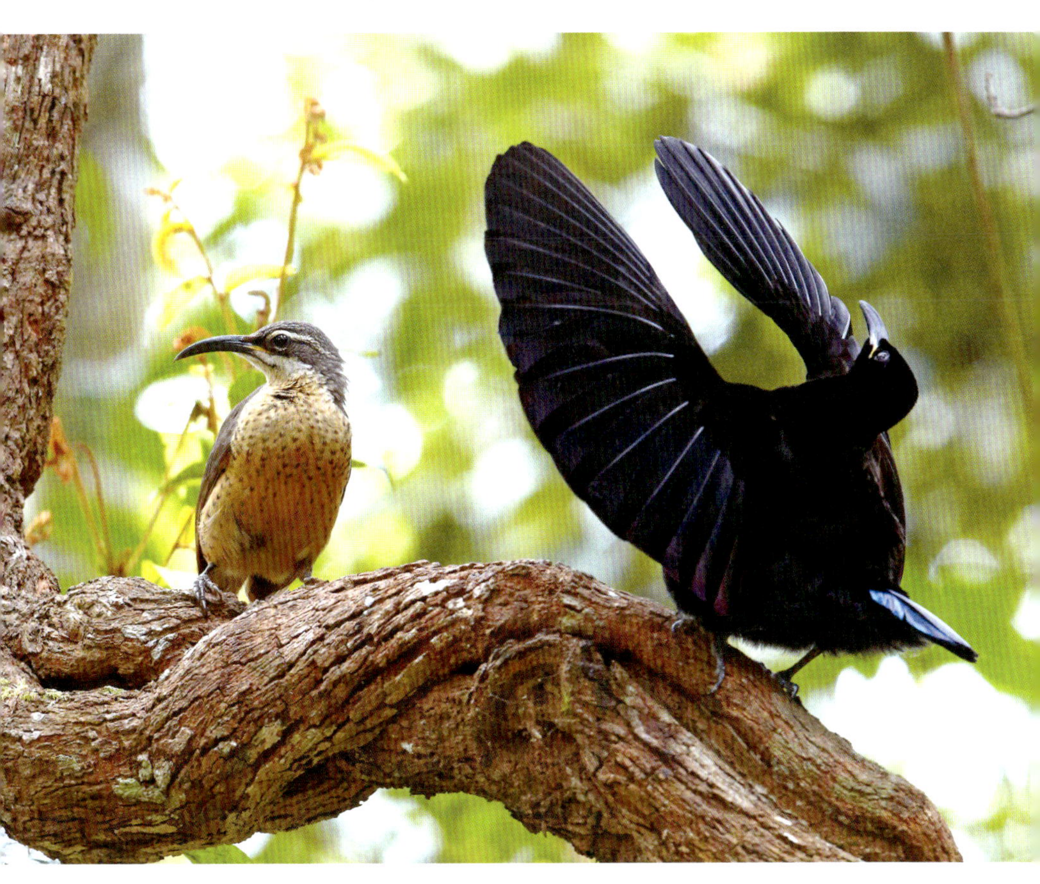

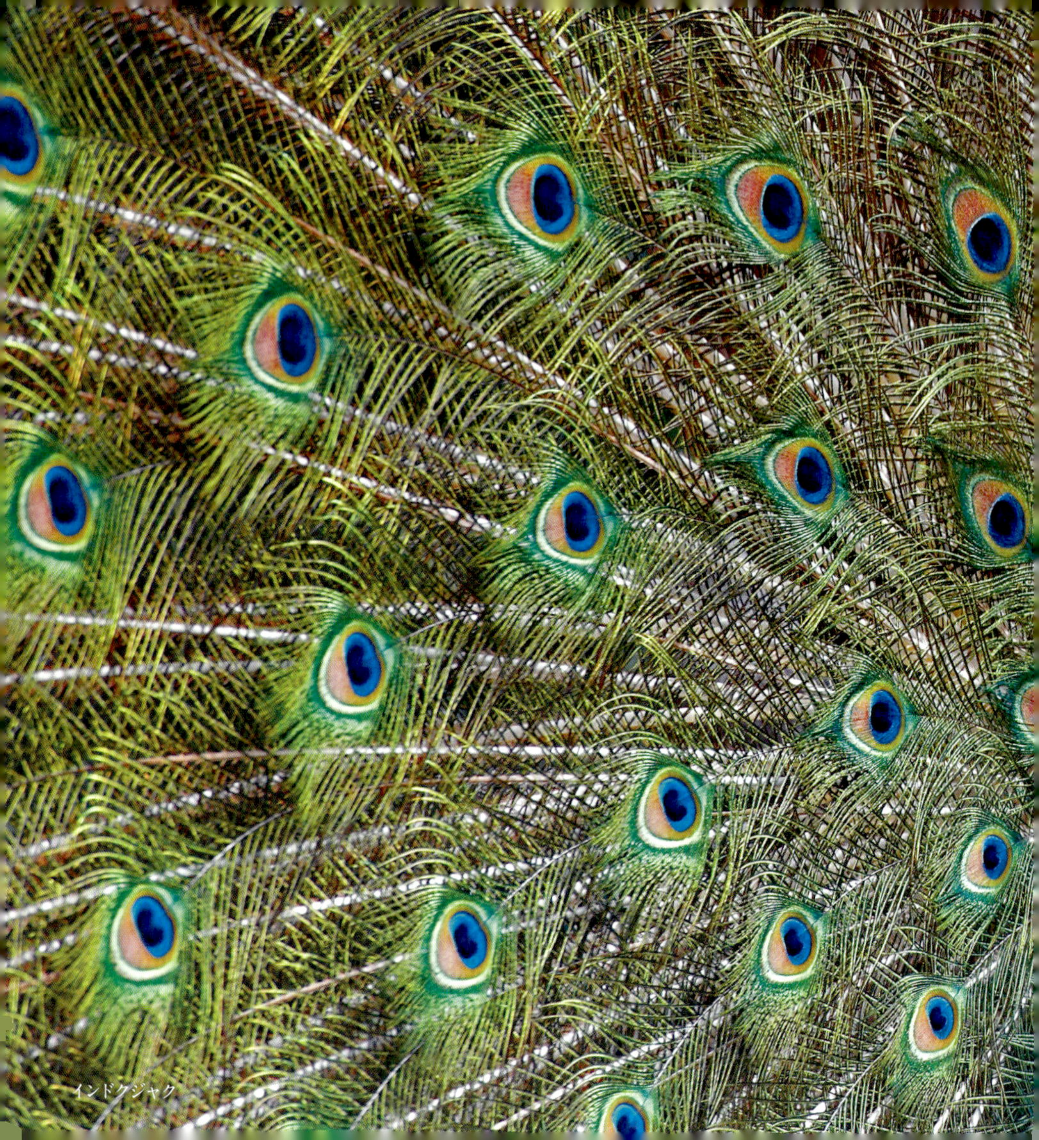
インドクジャク

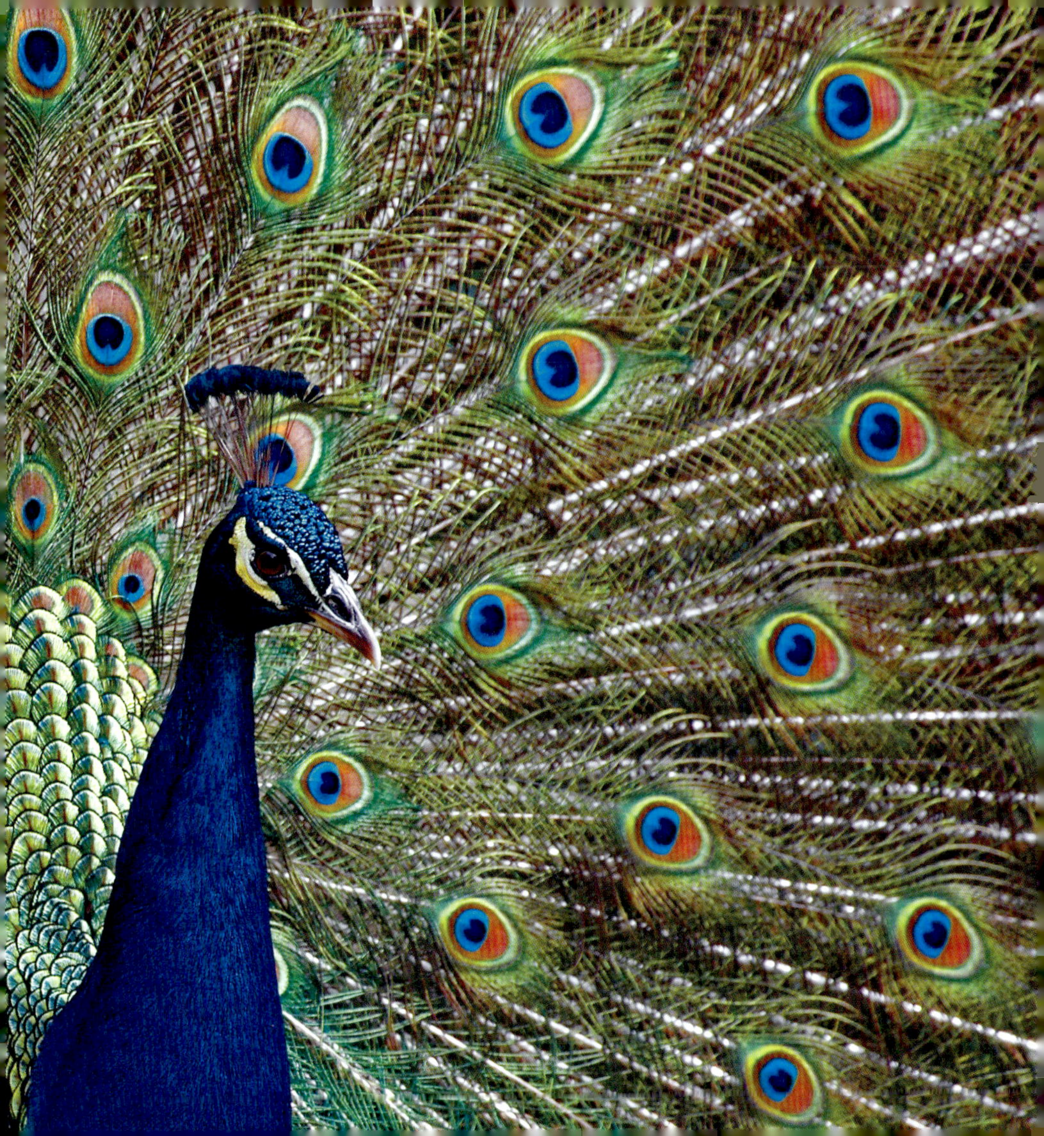

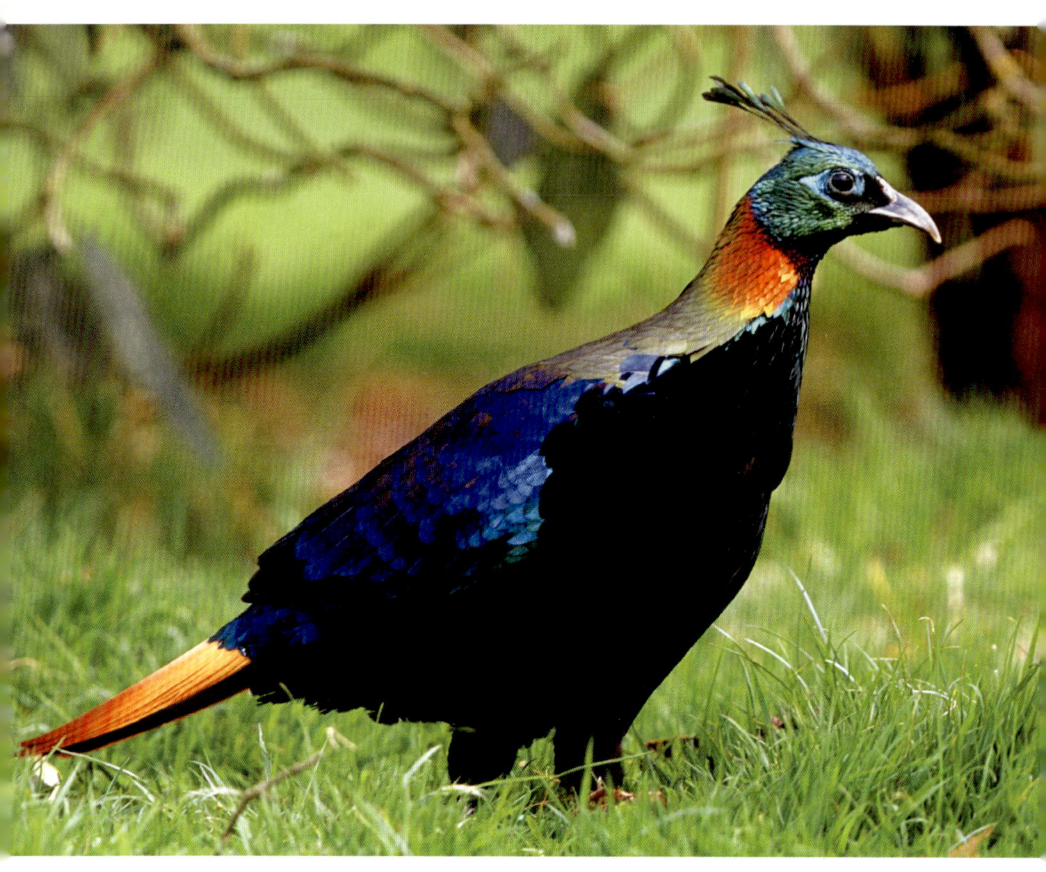

ニジキジ

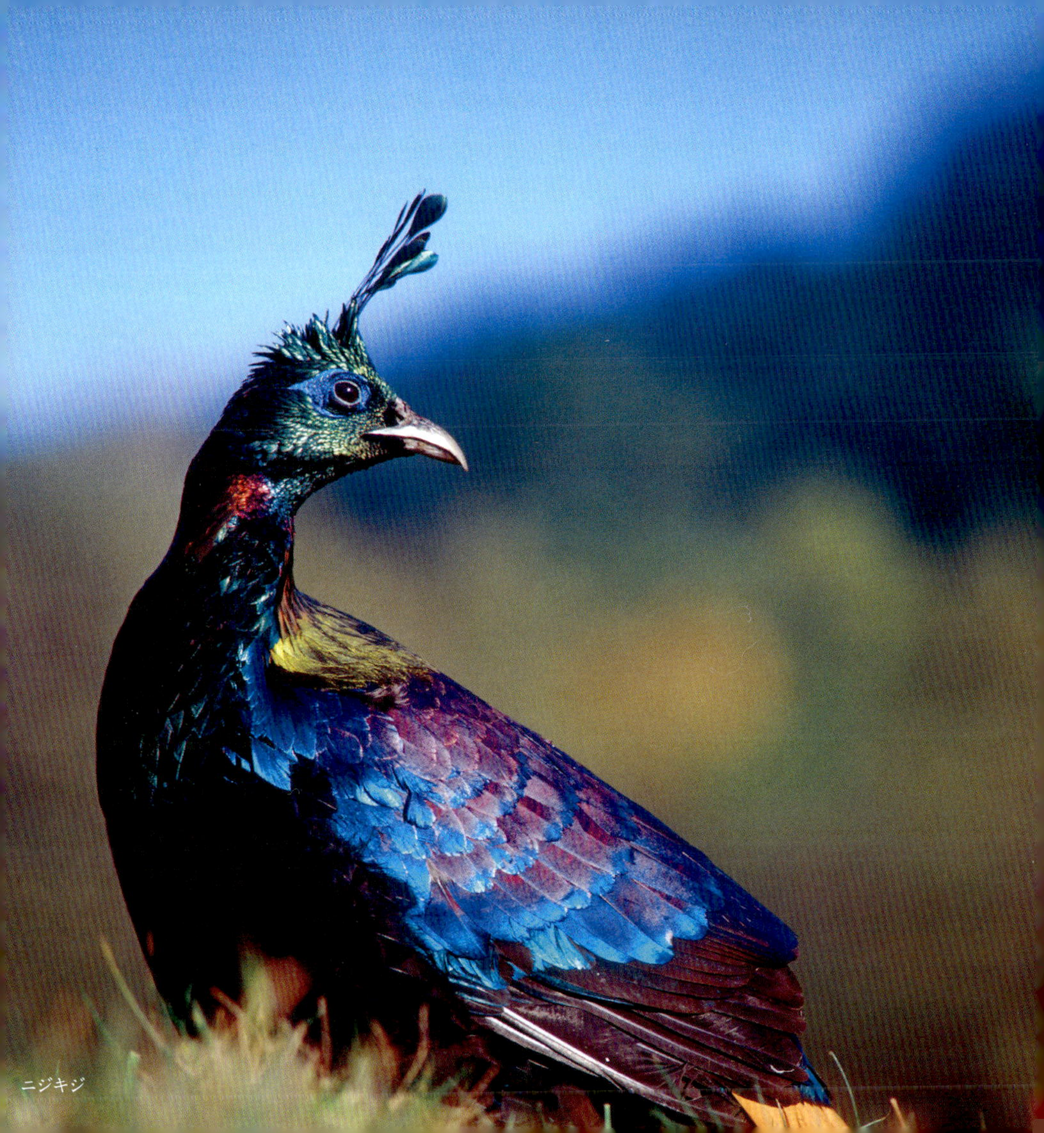
ニジキジ

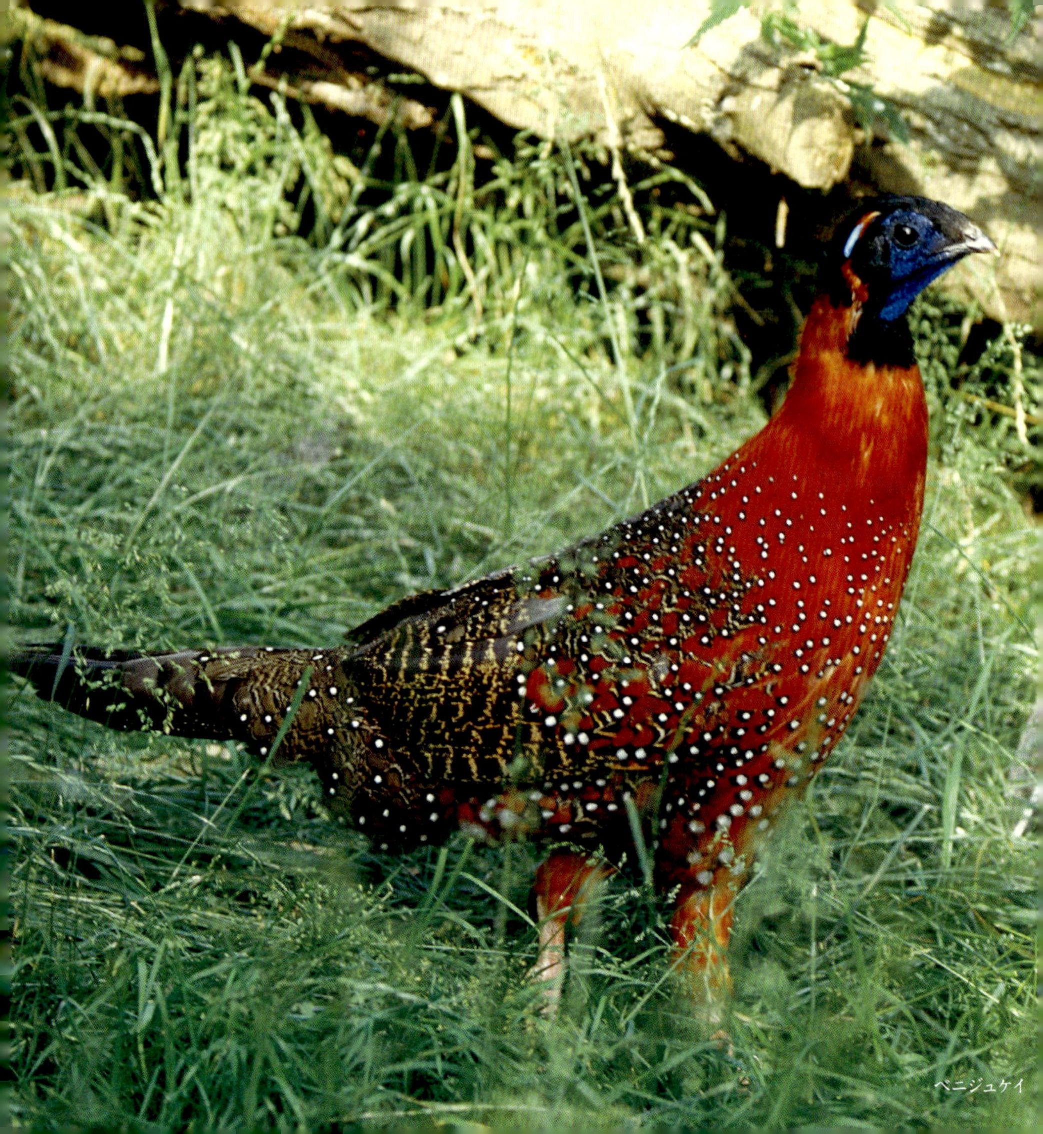
ベニジュケイ

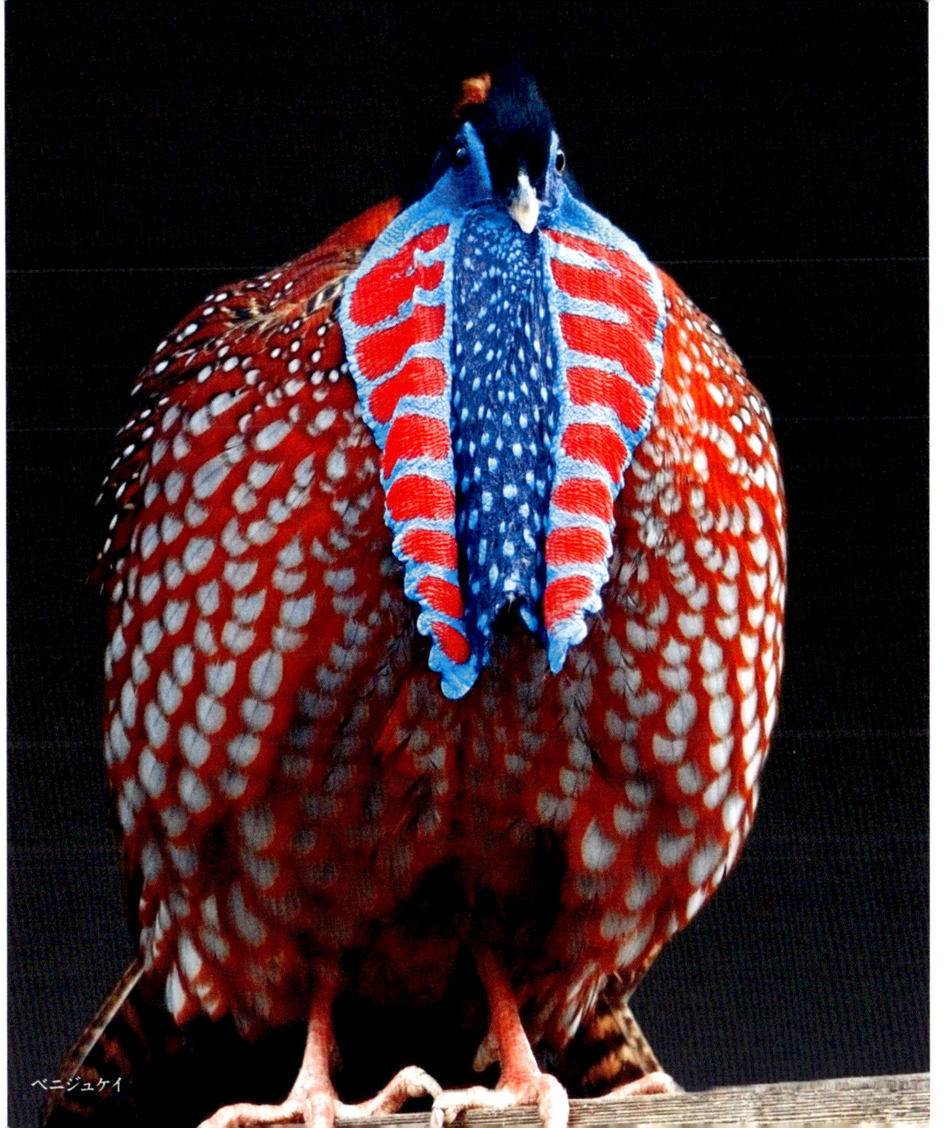

ベニジュケイ

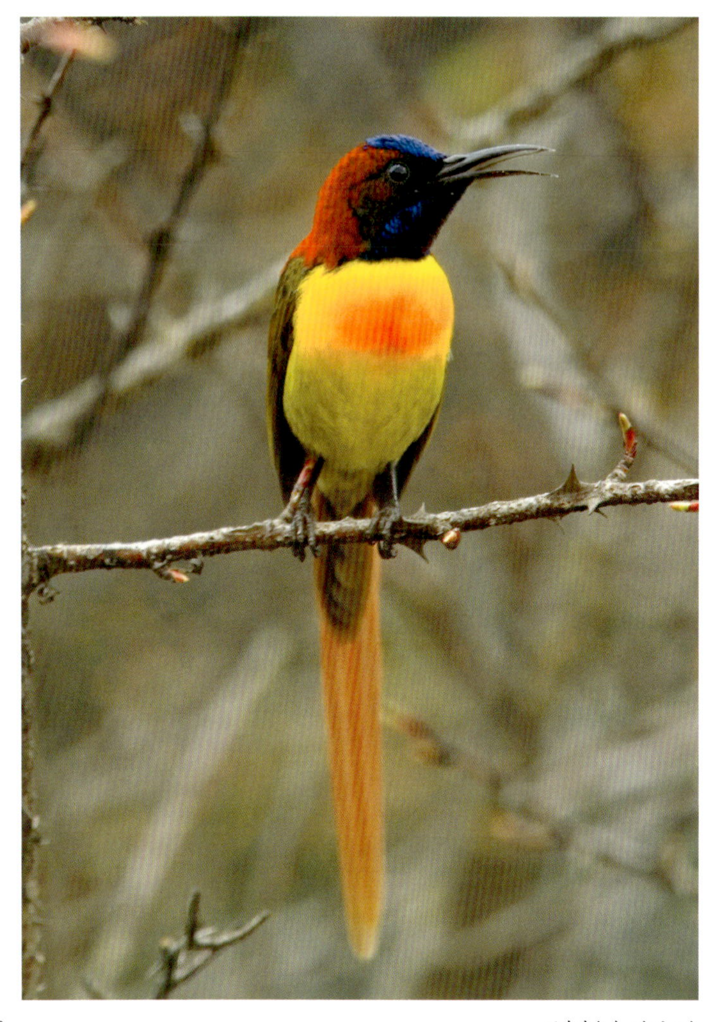

アカオタイヨウチョウ

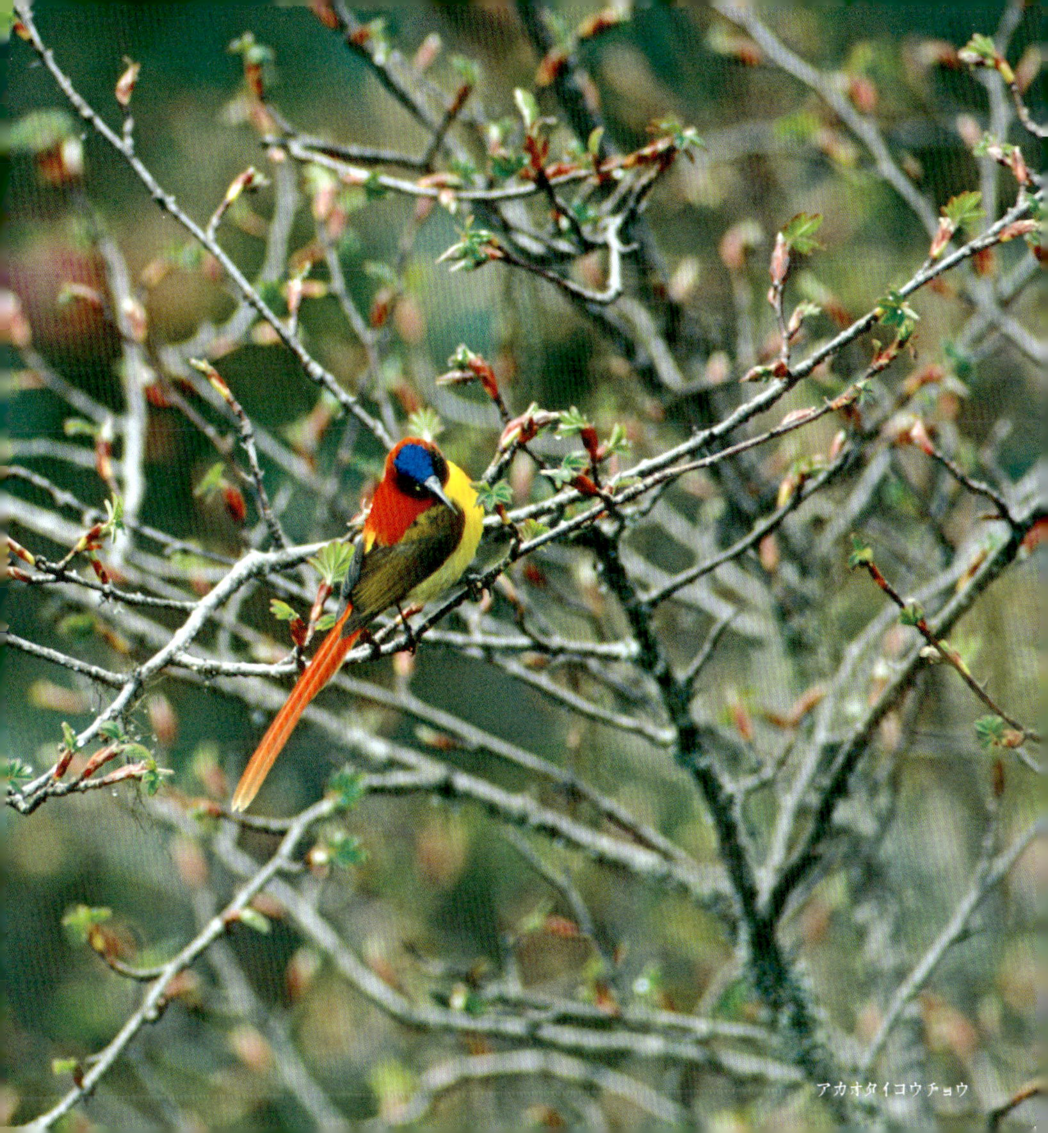
アカオタイコウチョウ

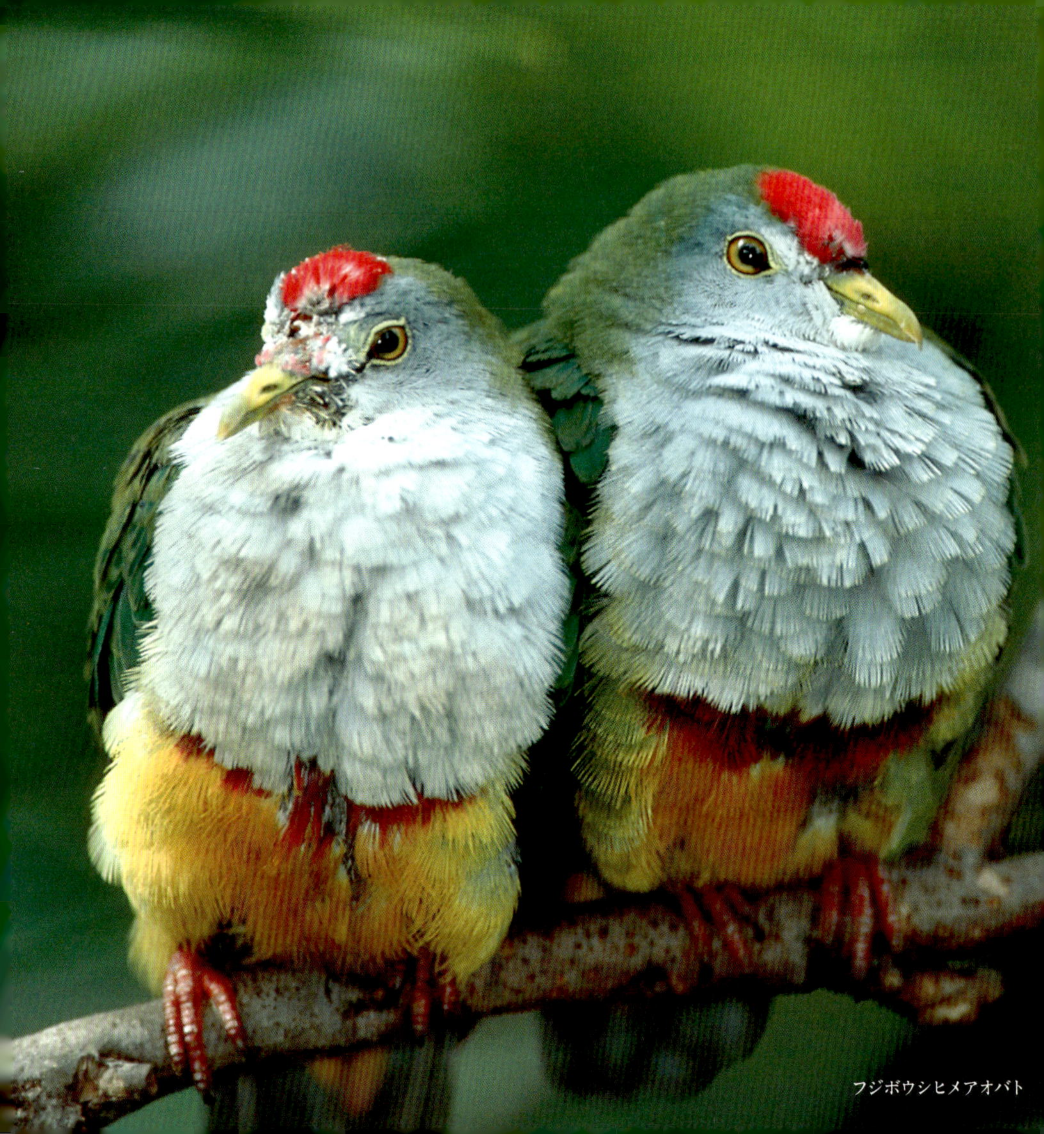

フジボウシヒメアオバト

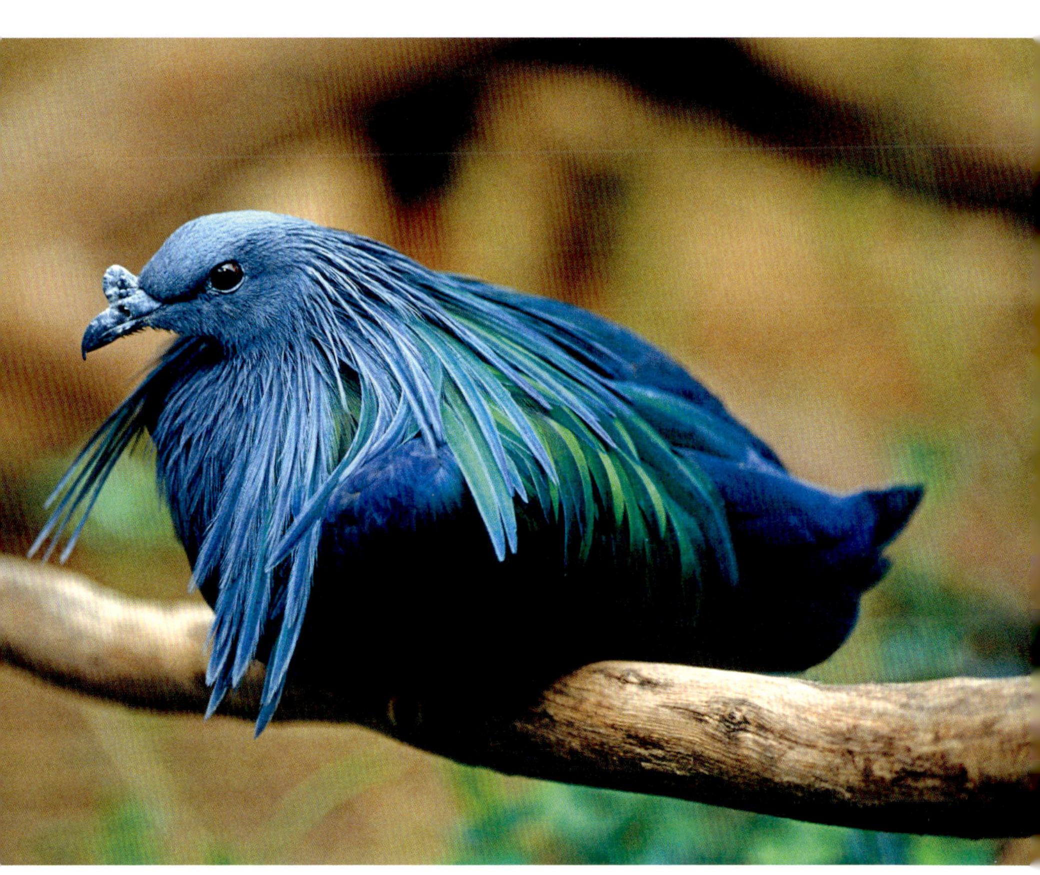

ミノバト

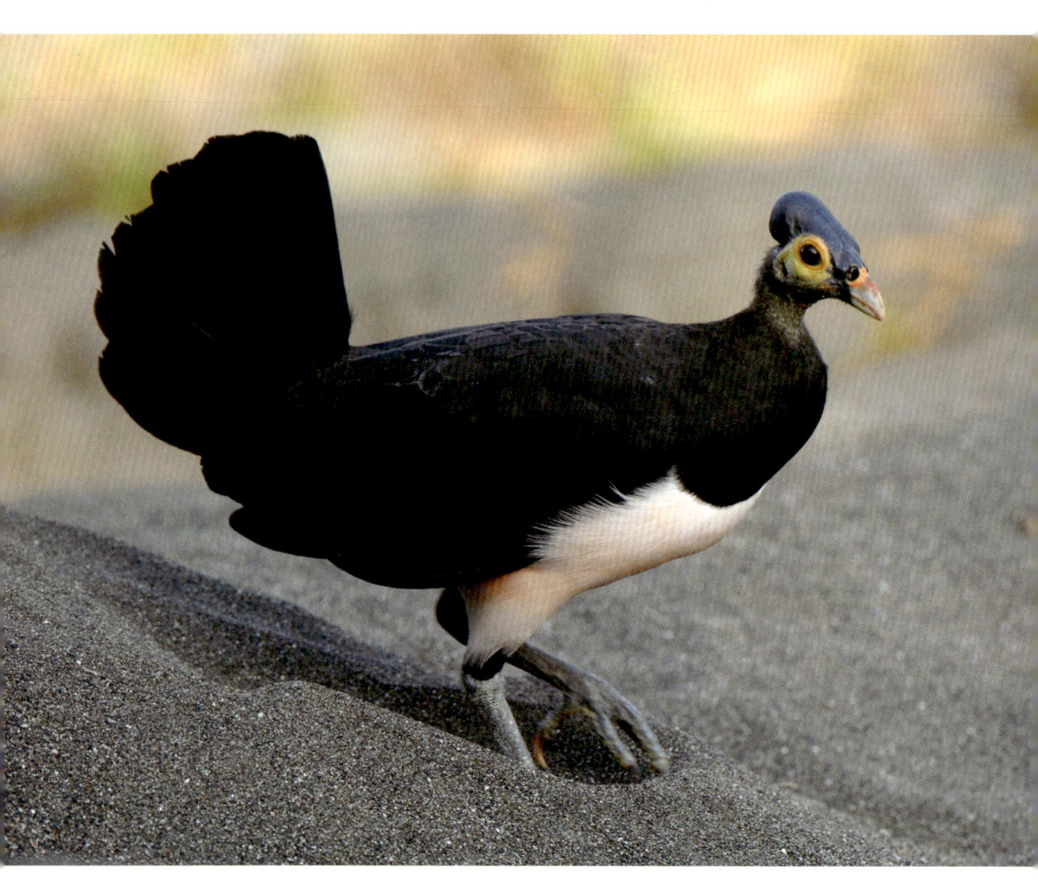

セレベスツカツクリ

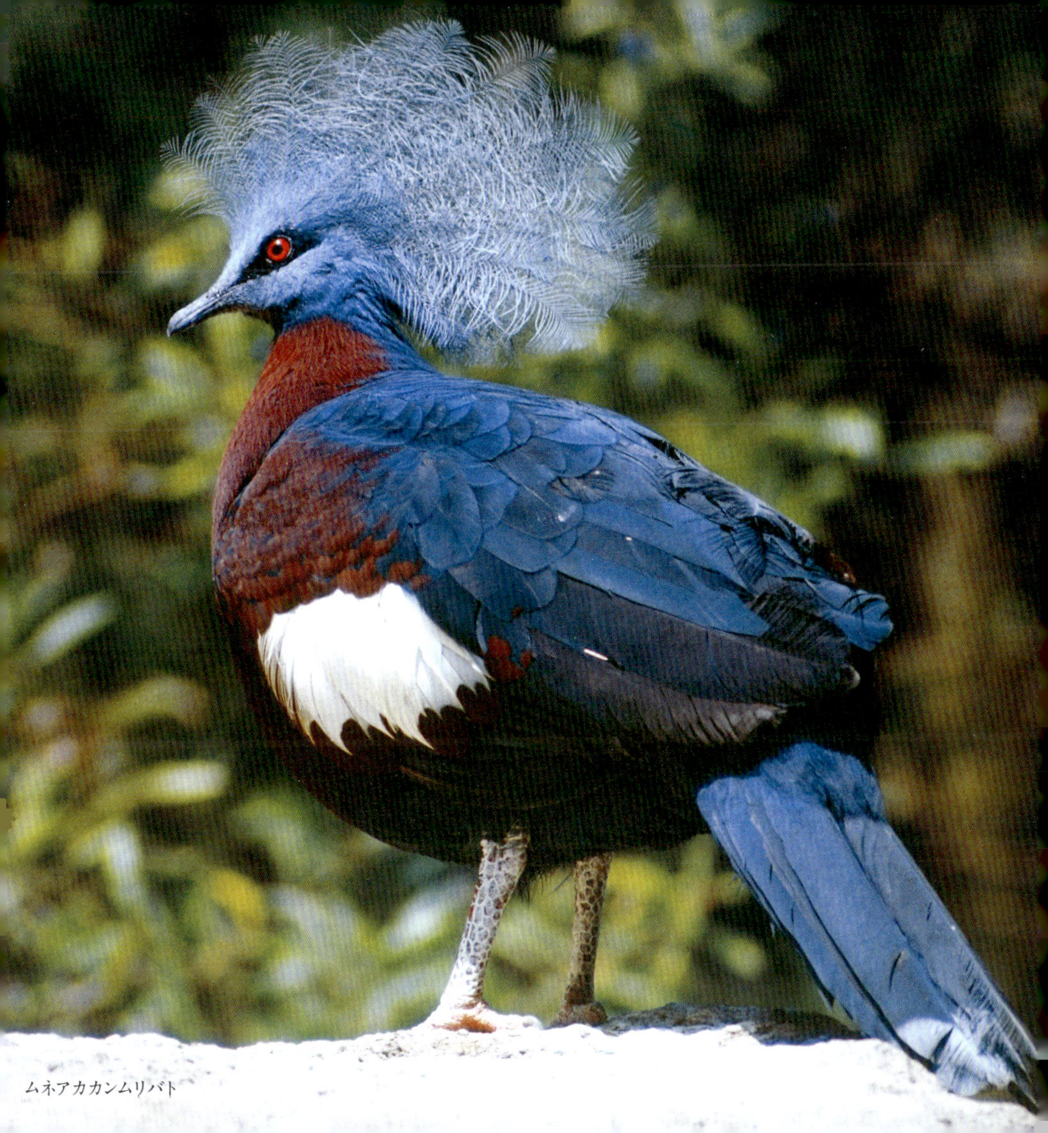

ムネアカカンムリバト

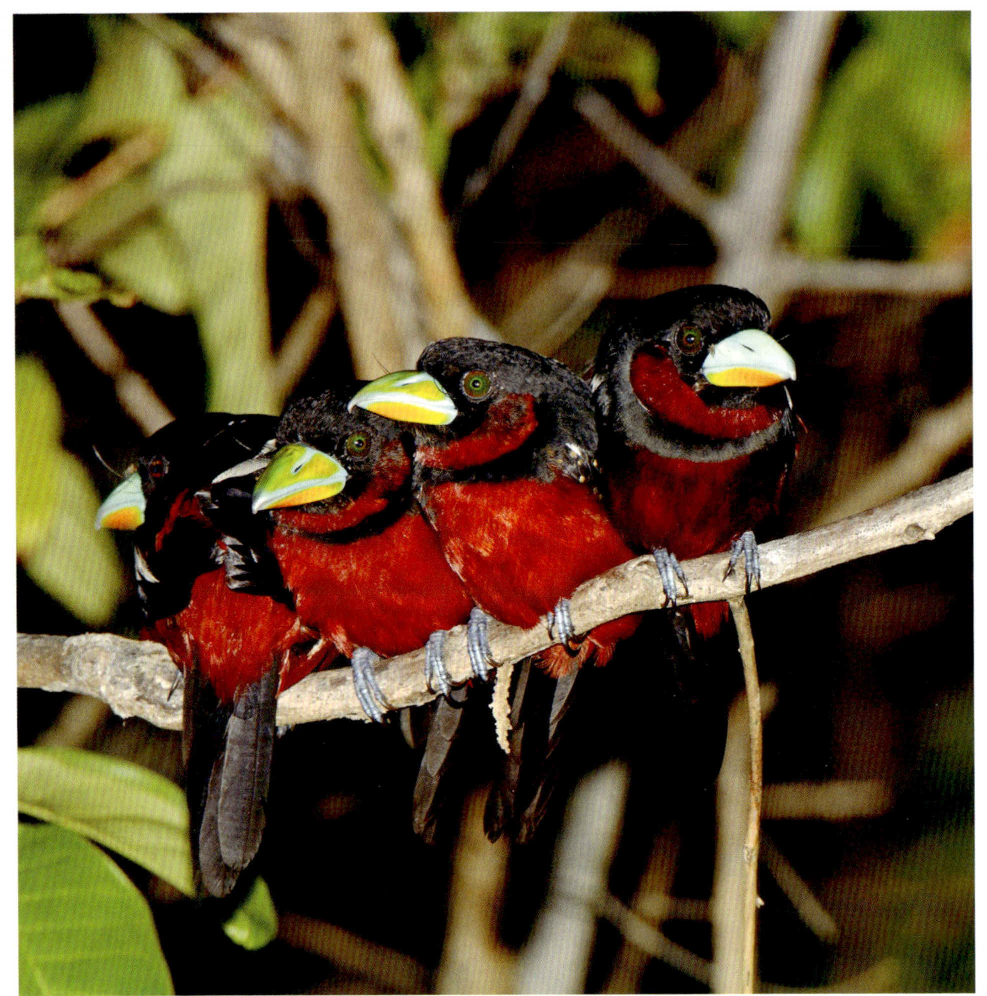

クロアカヒロハシ

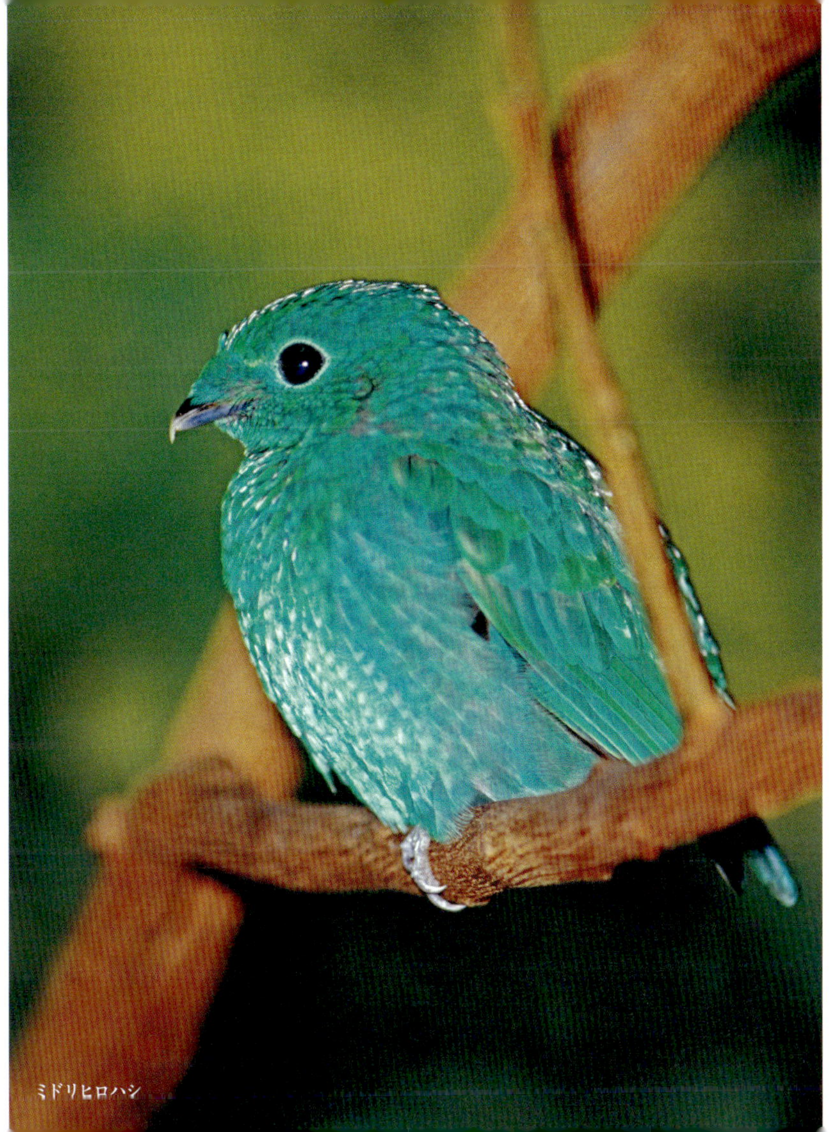
ミドリヒロハシ

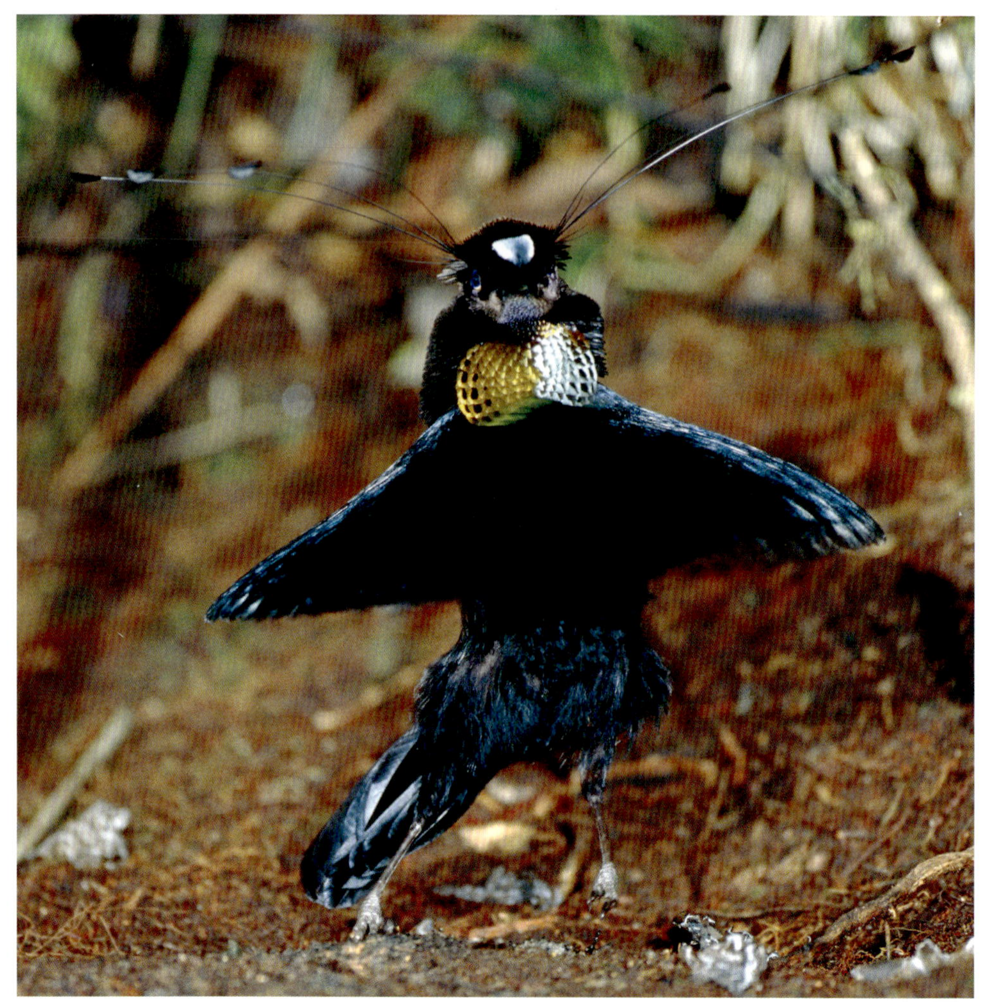

カンザシフウチョウ

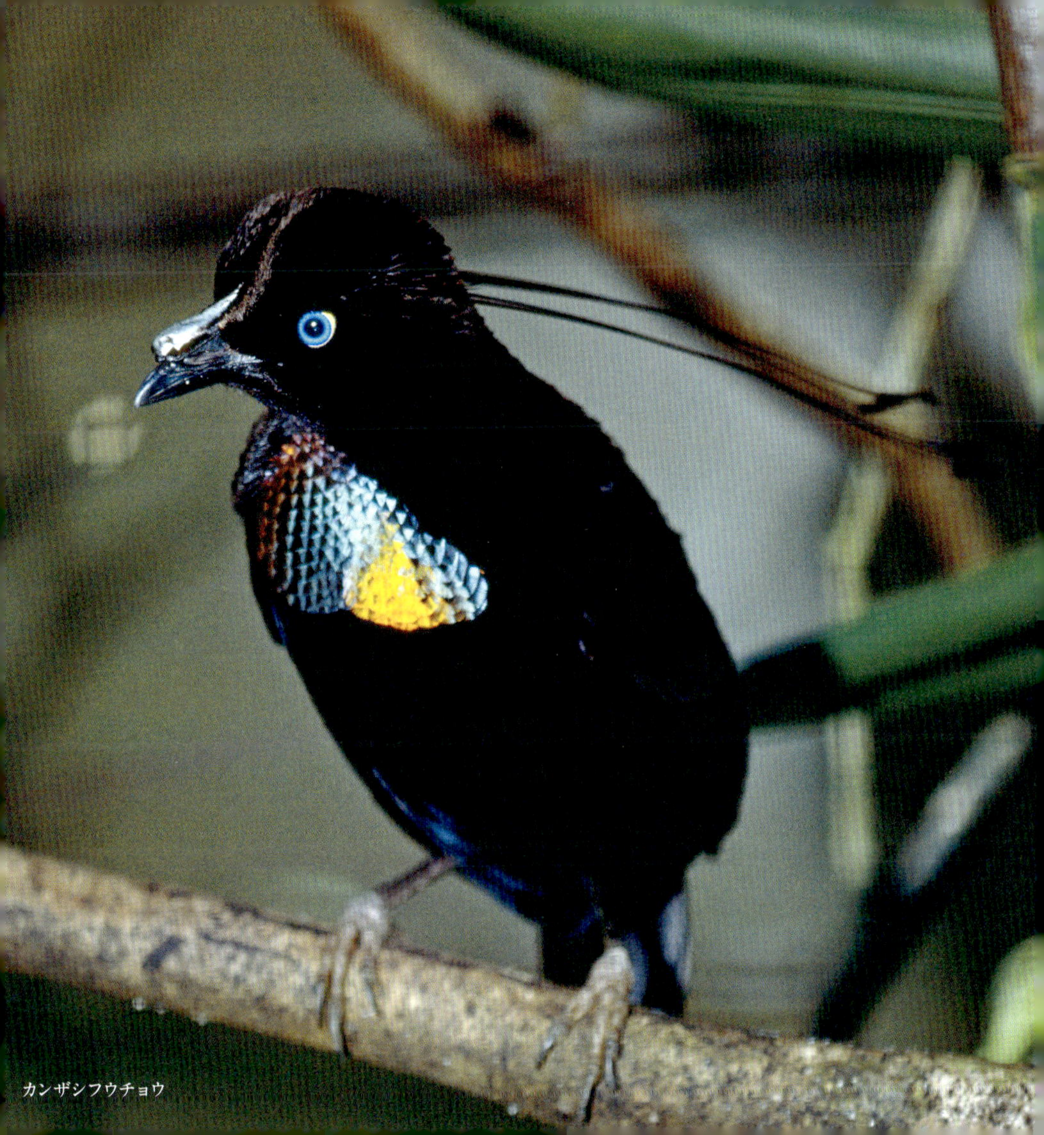

カンザシフウチョウ

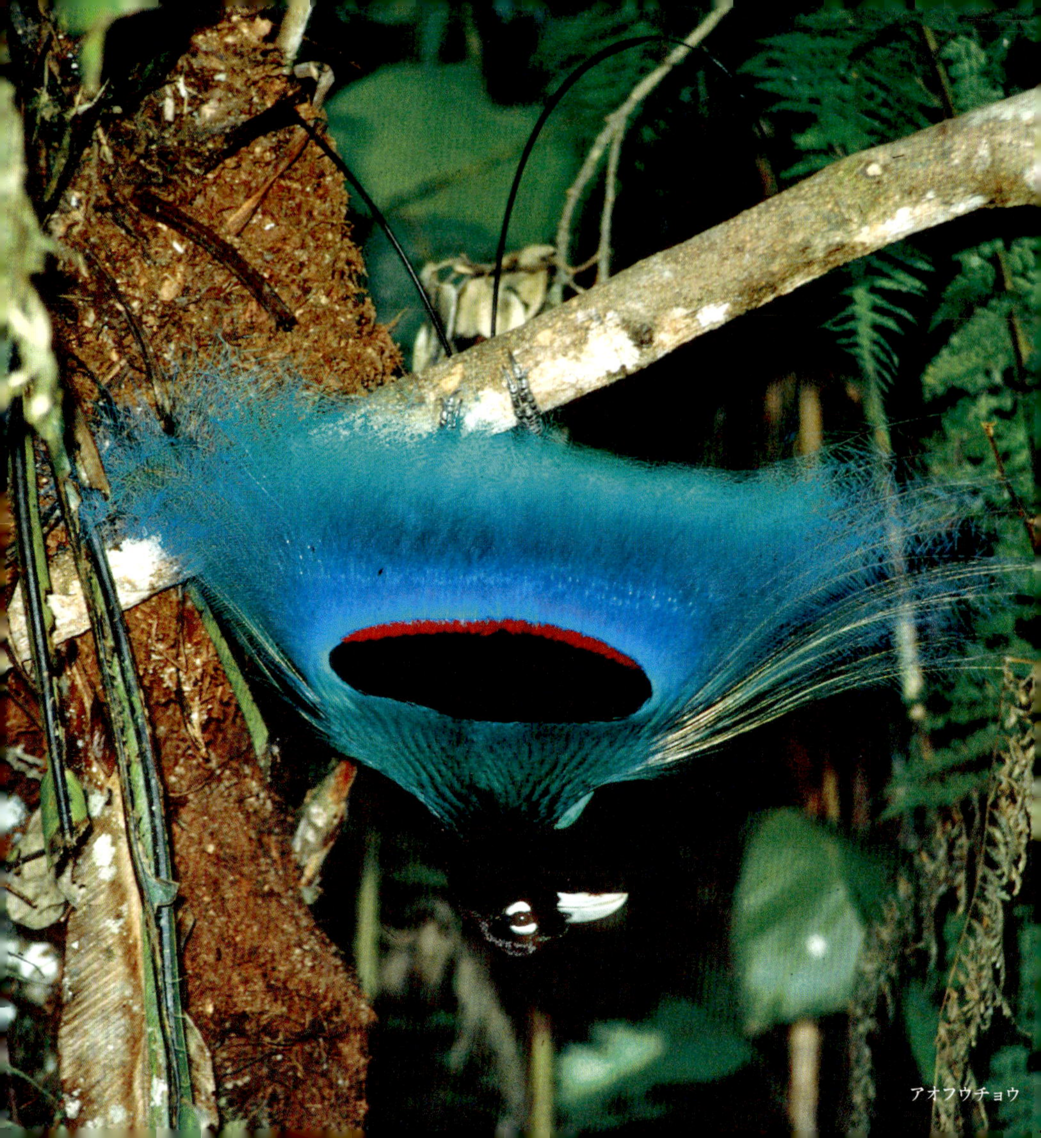

アオフウチョウ

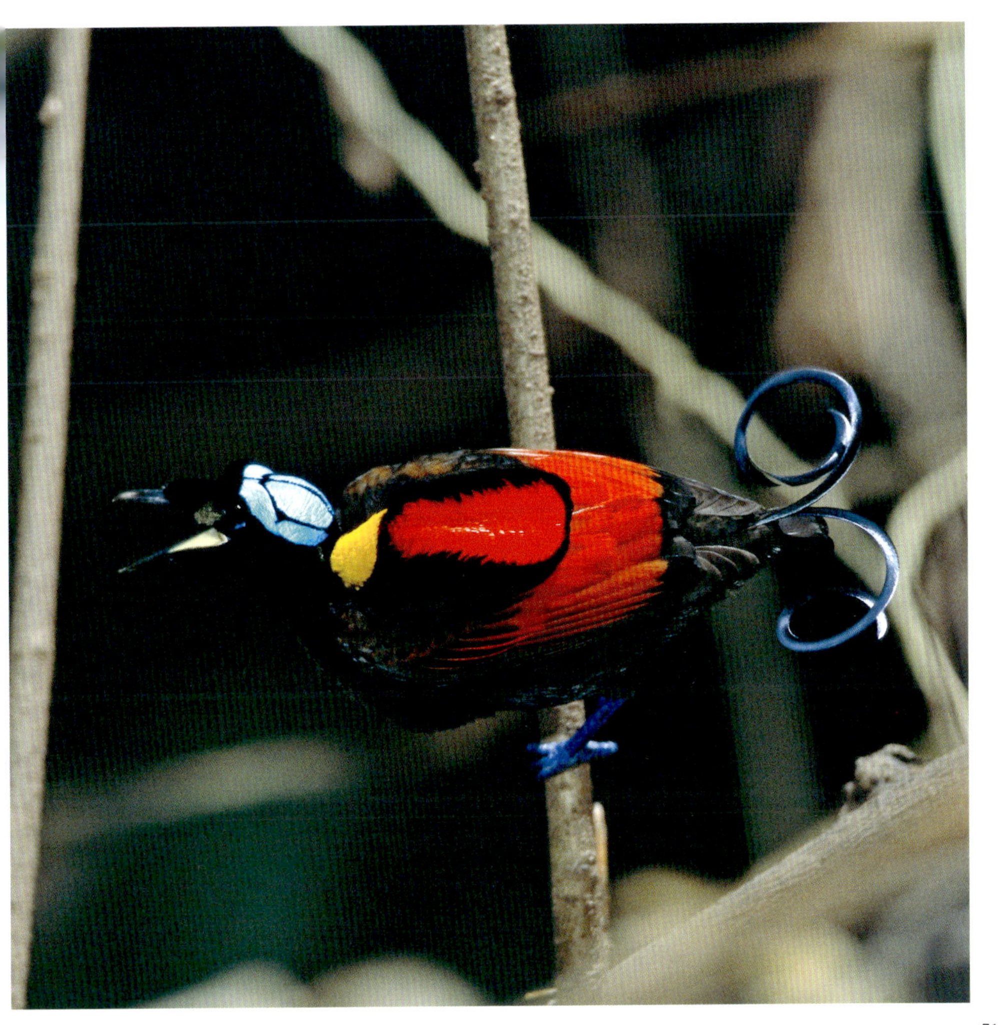

アカミノフウチョウ

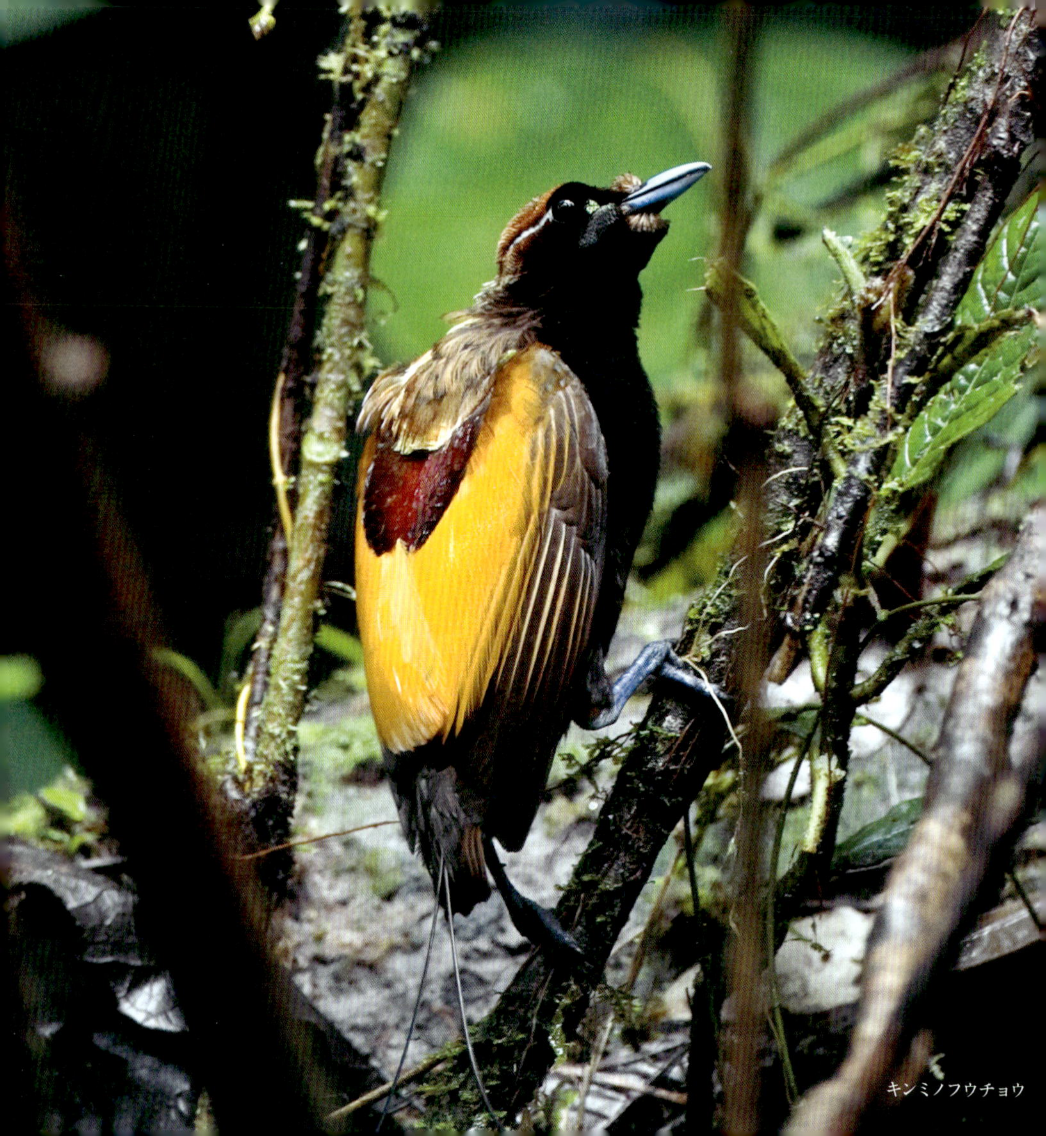
キンミノフウチョウ

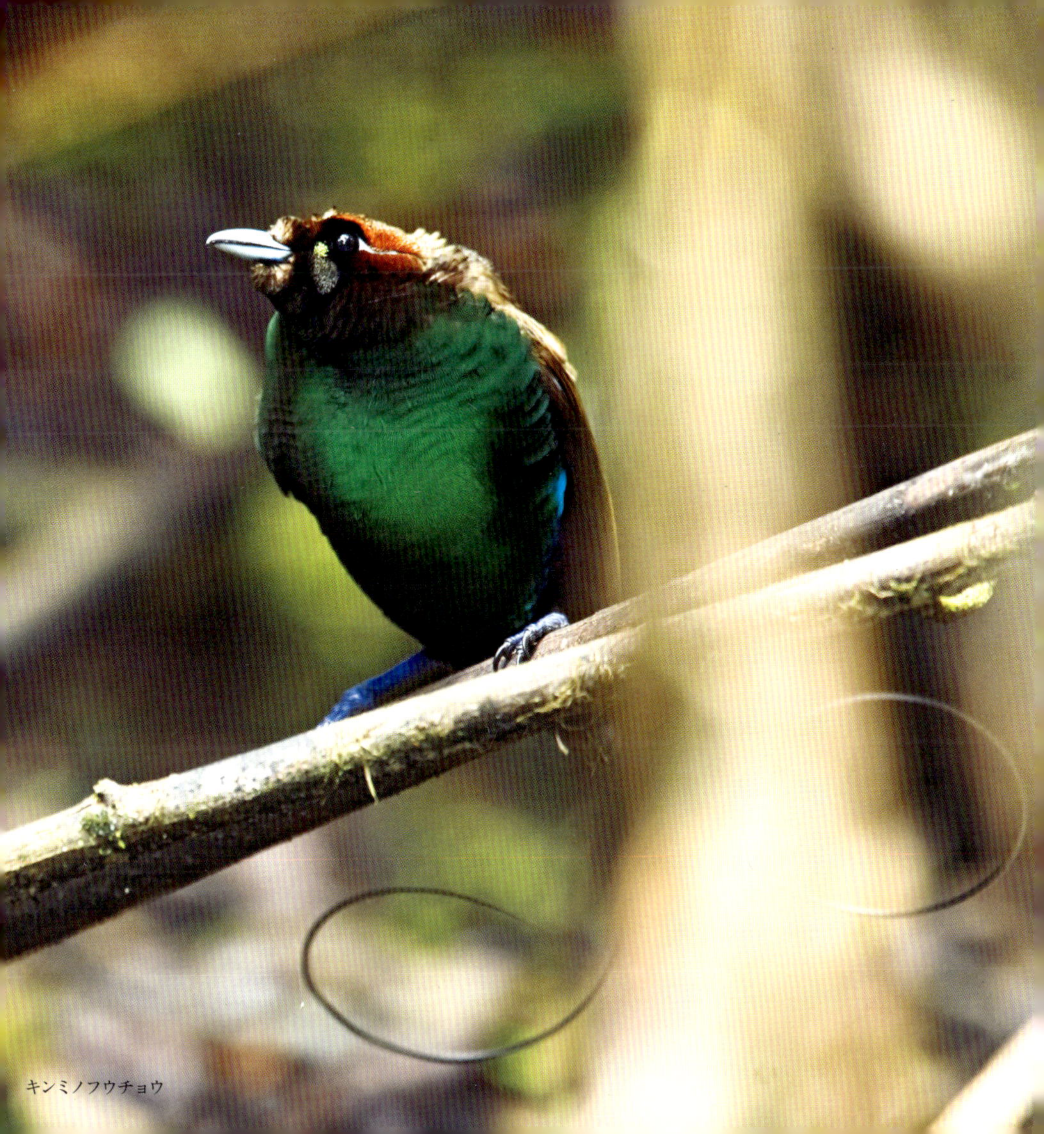

キンミノフウチョウ

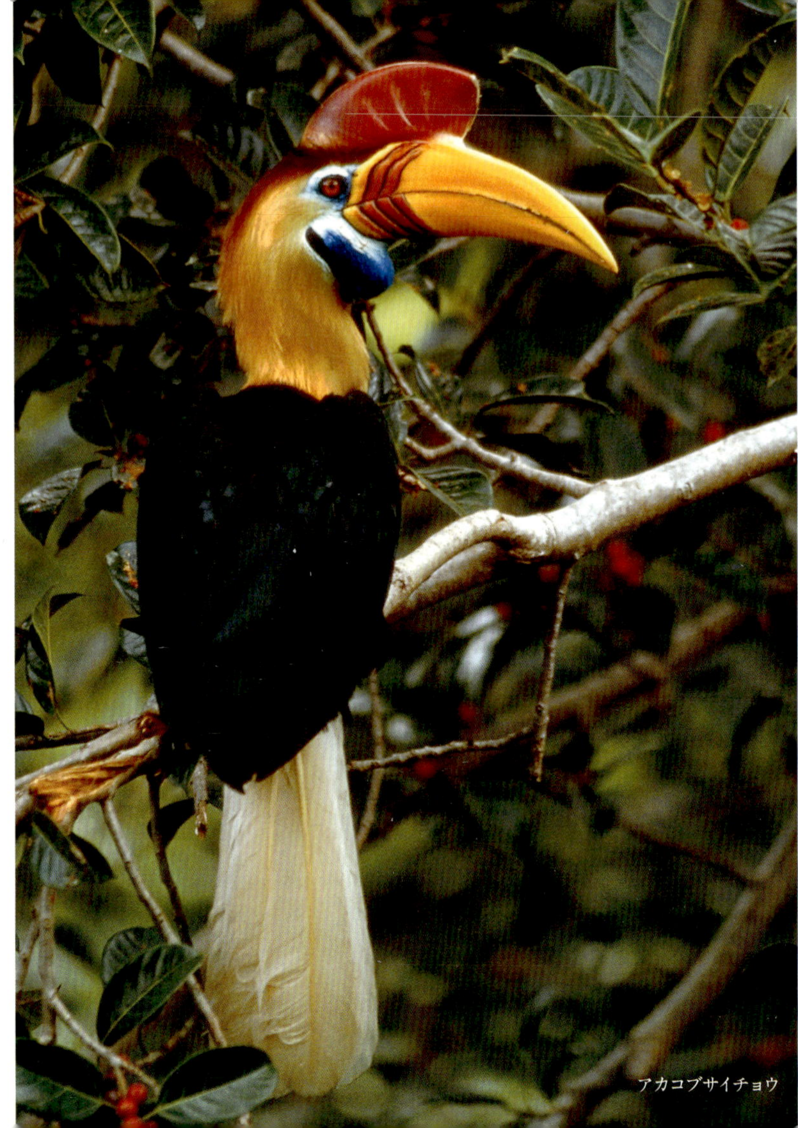

アカコブサイチョウ

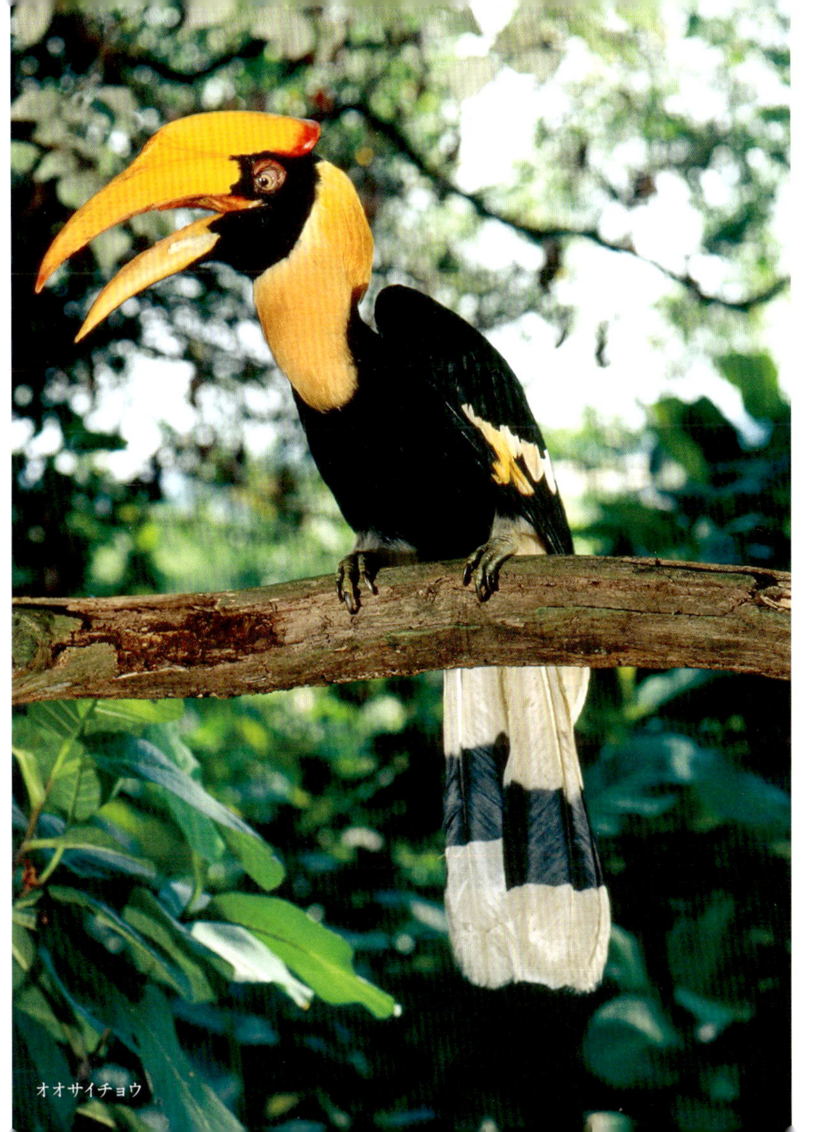

オオサイチョウ

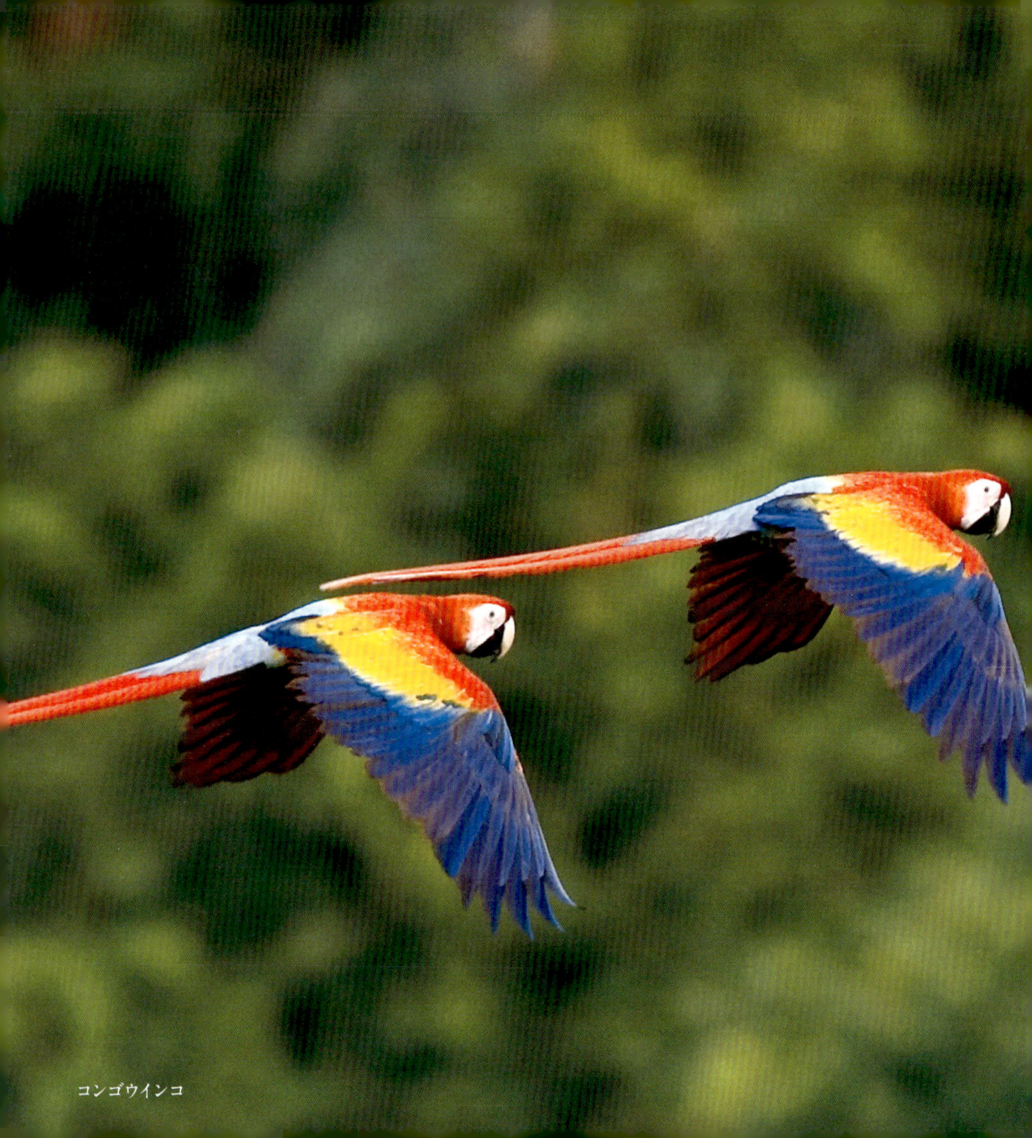

コンゴウインコ

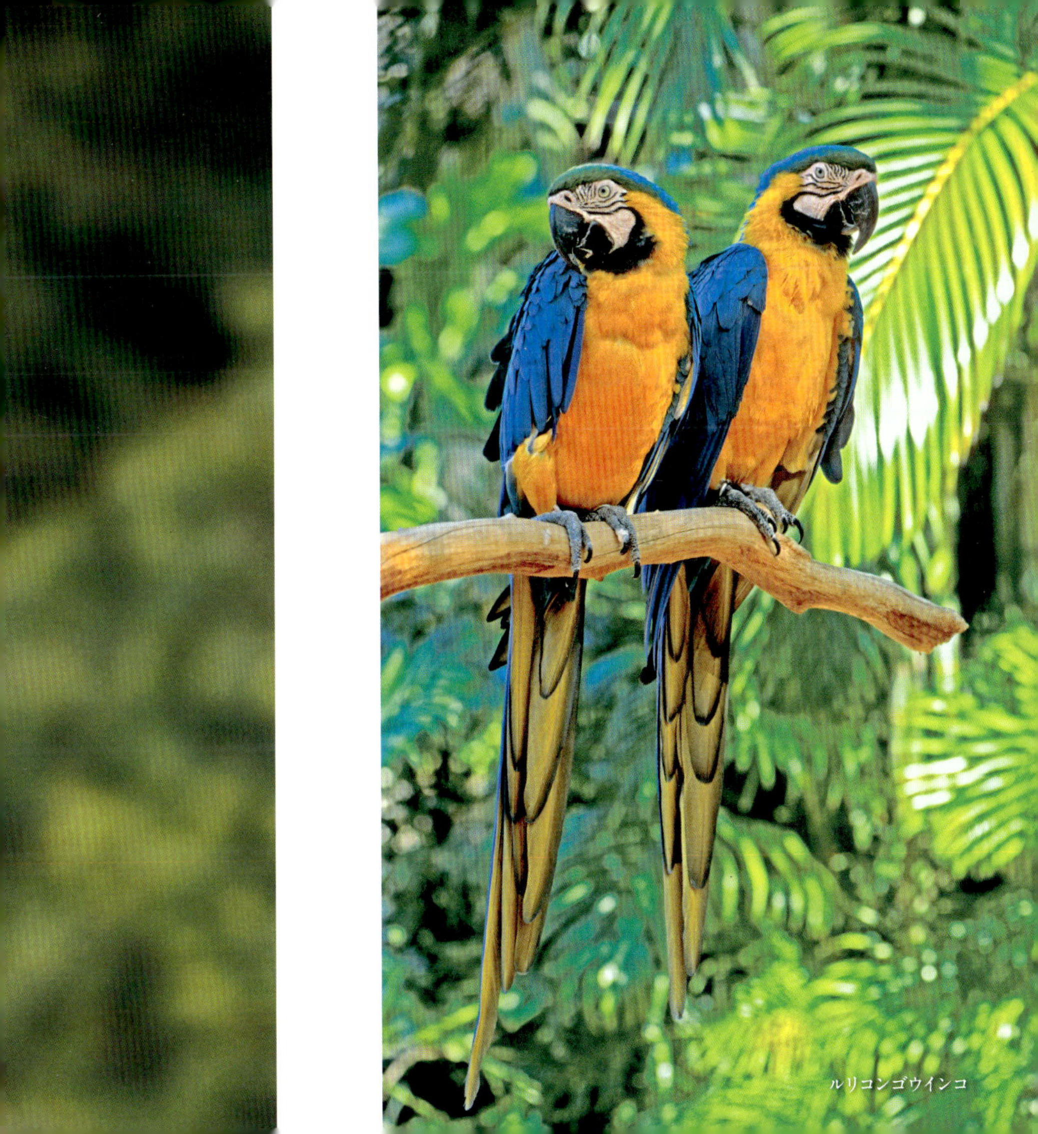
ルリコンゴウインコ

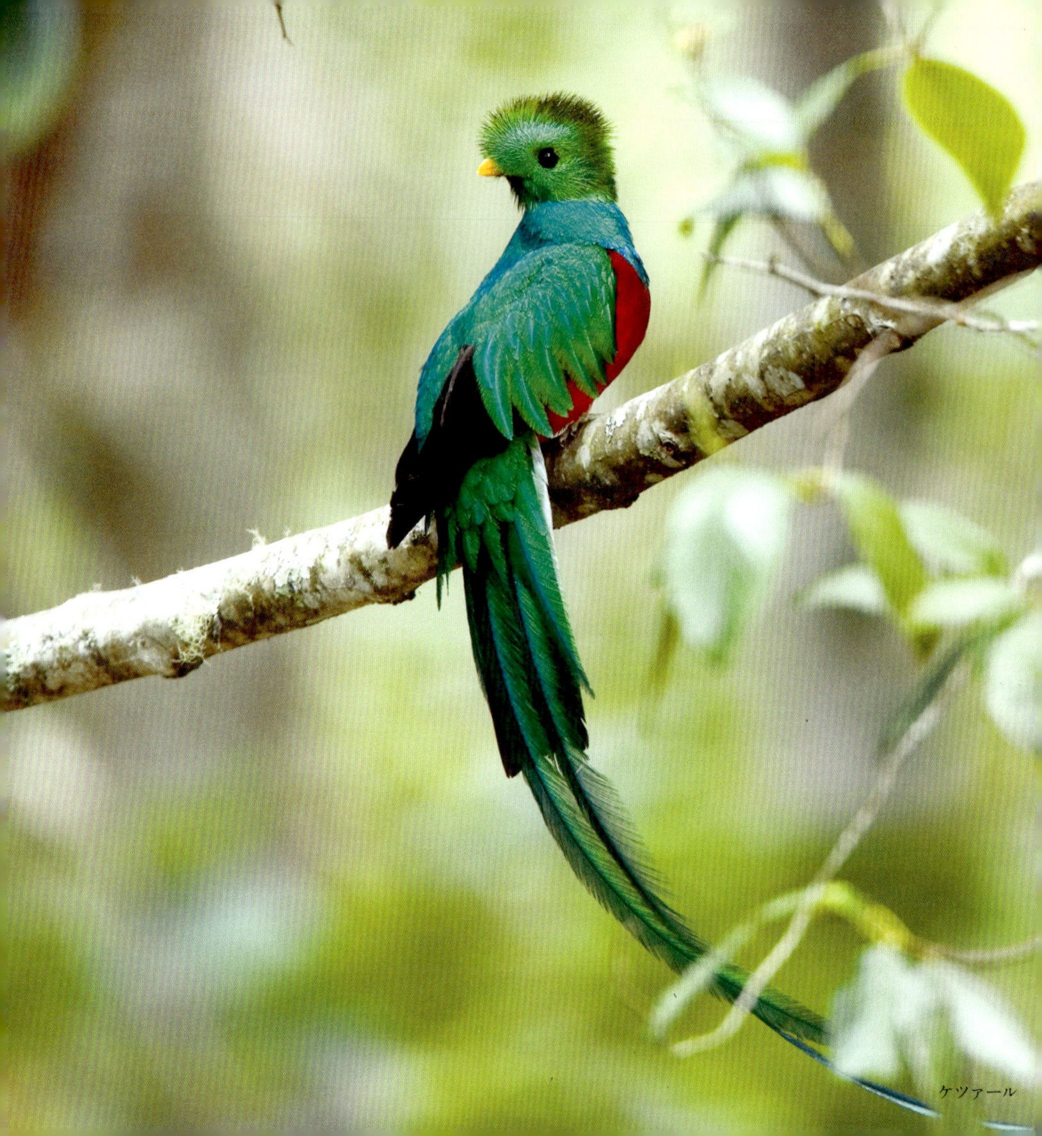

ケツアール

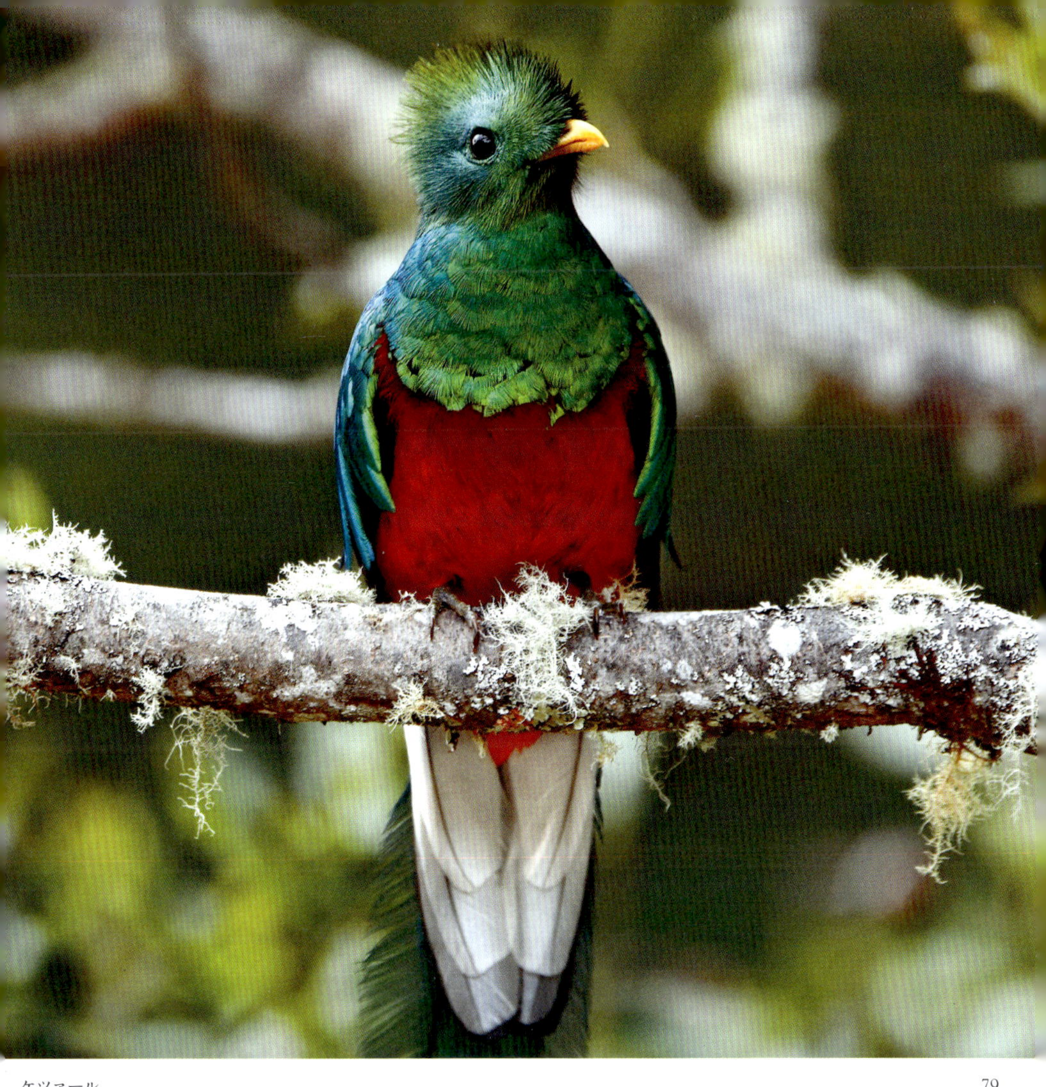

ケツァール

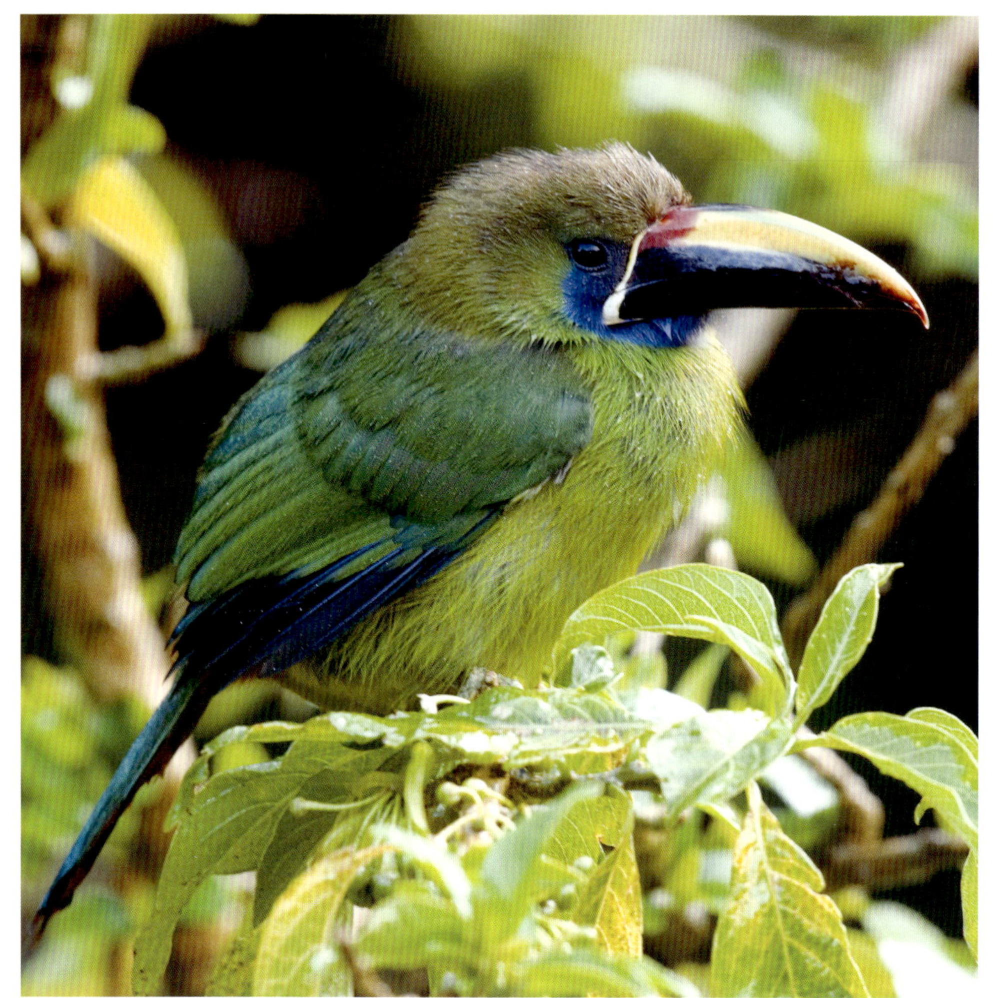

キバシミドリチュウハシ

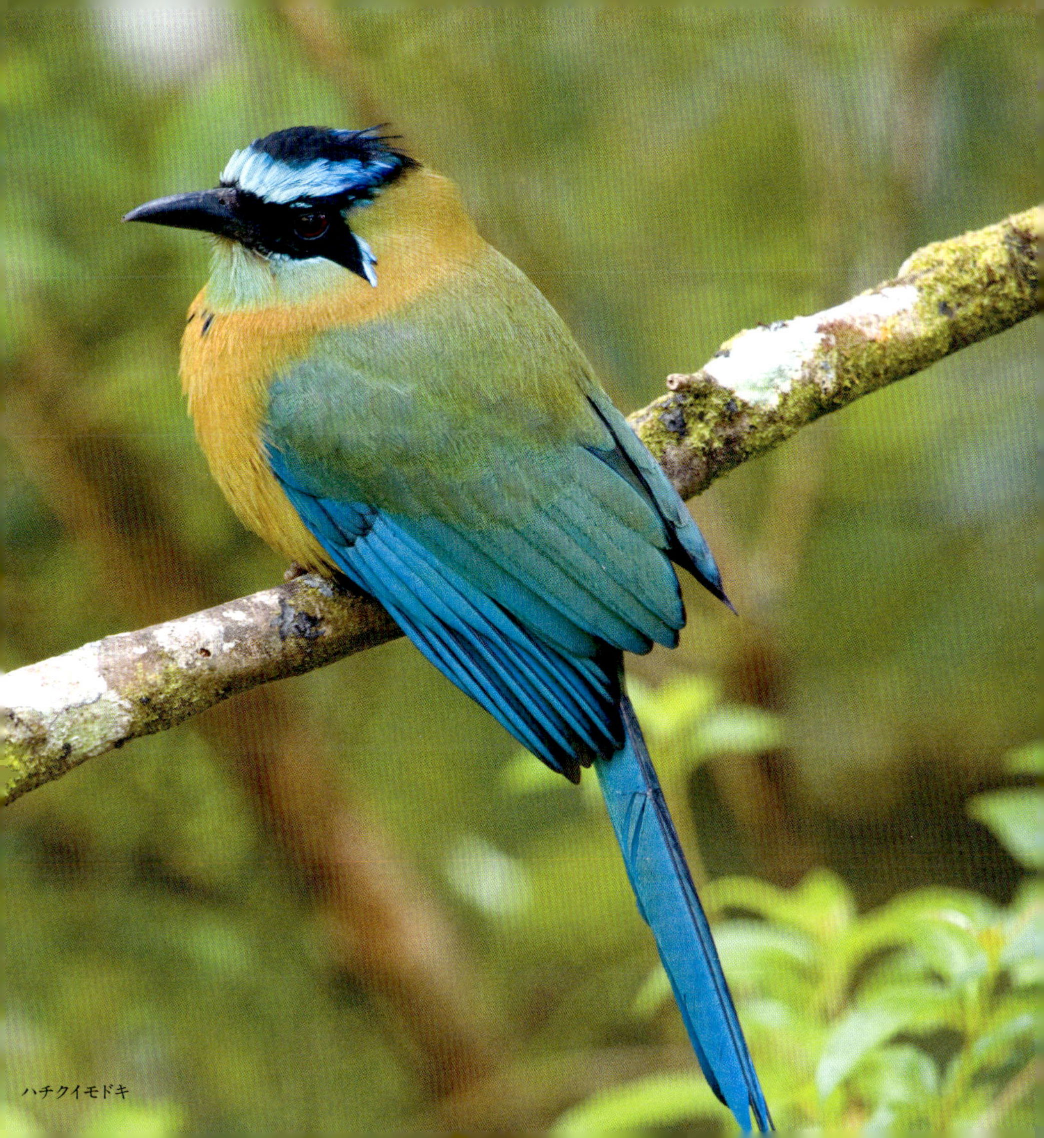

ハチクイモドキ

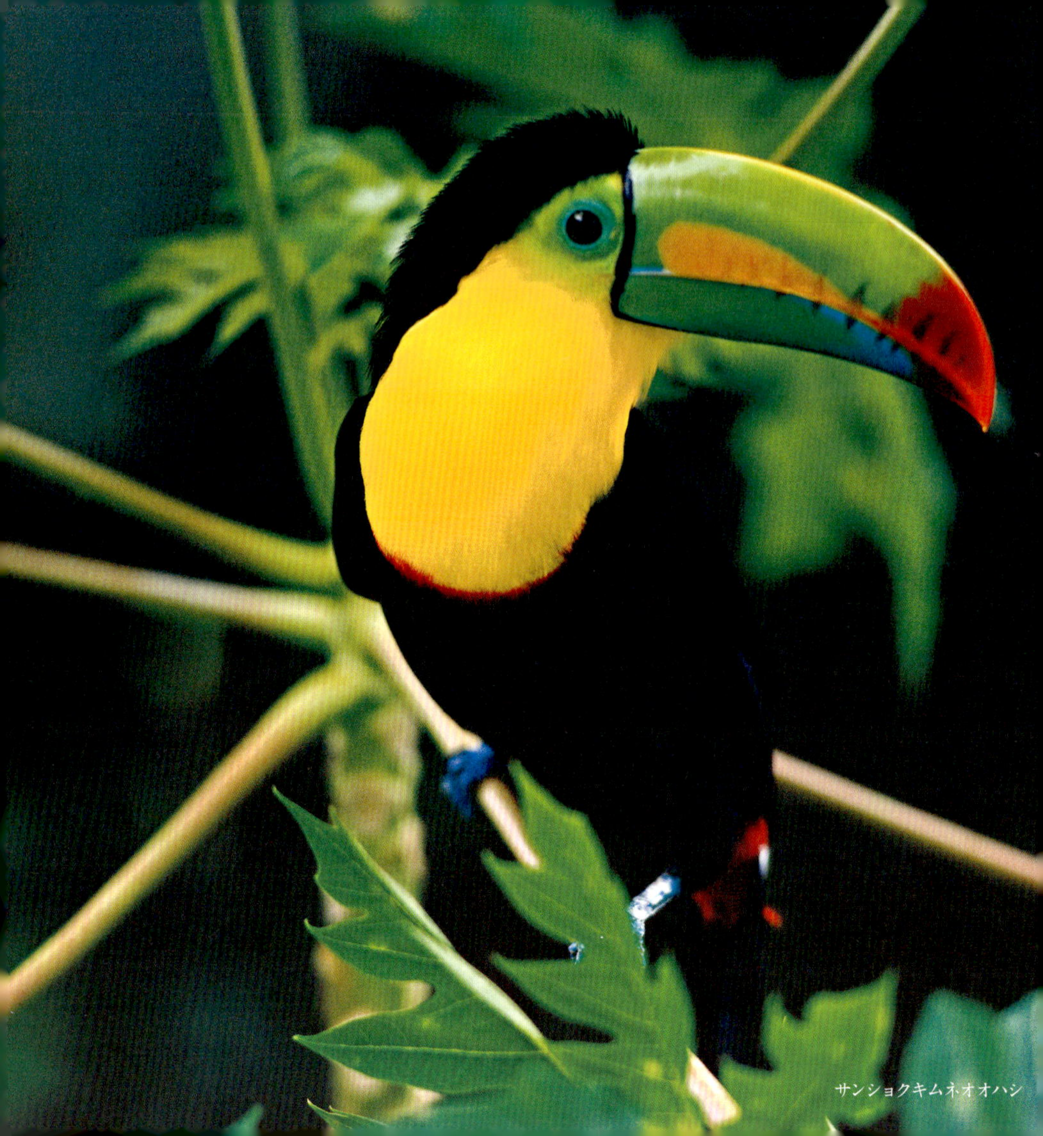
サンショクキムネオオハシ

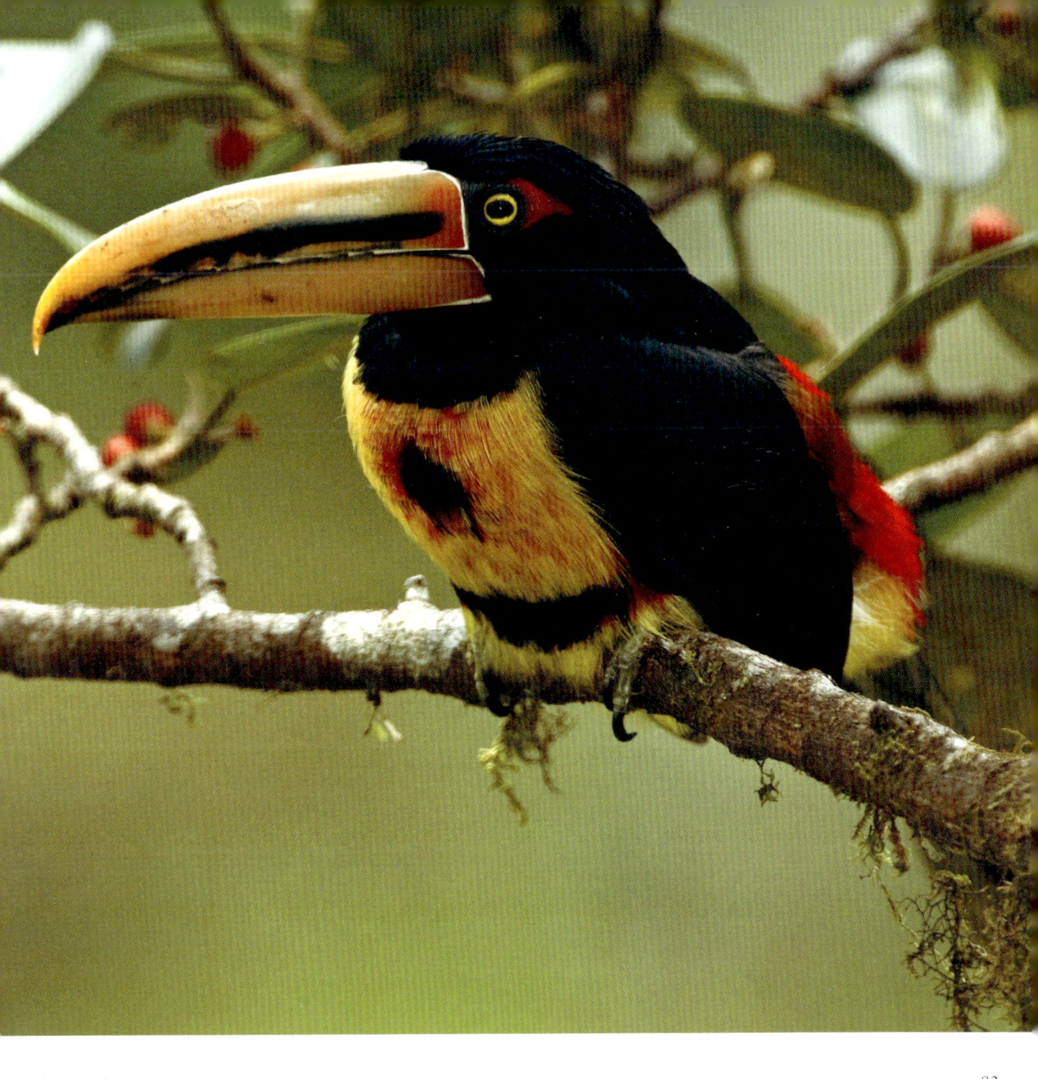

ムナフチュウハシ

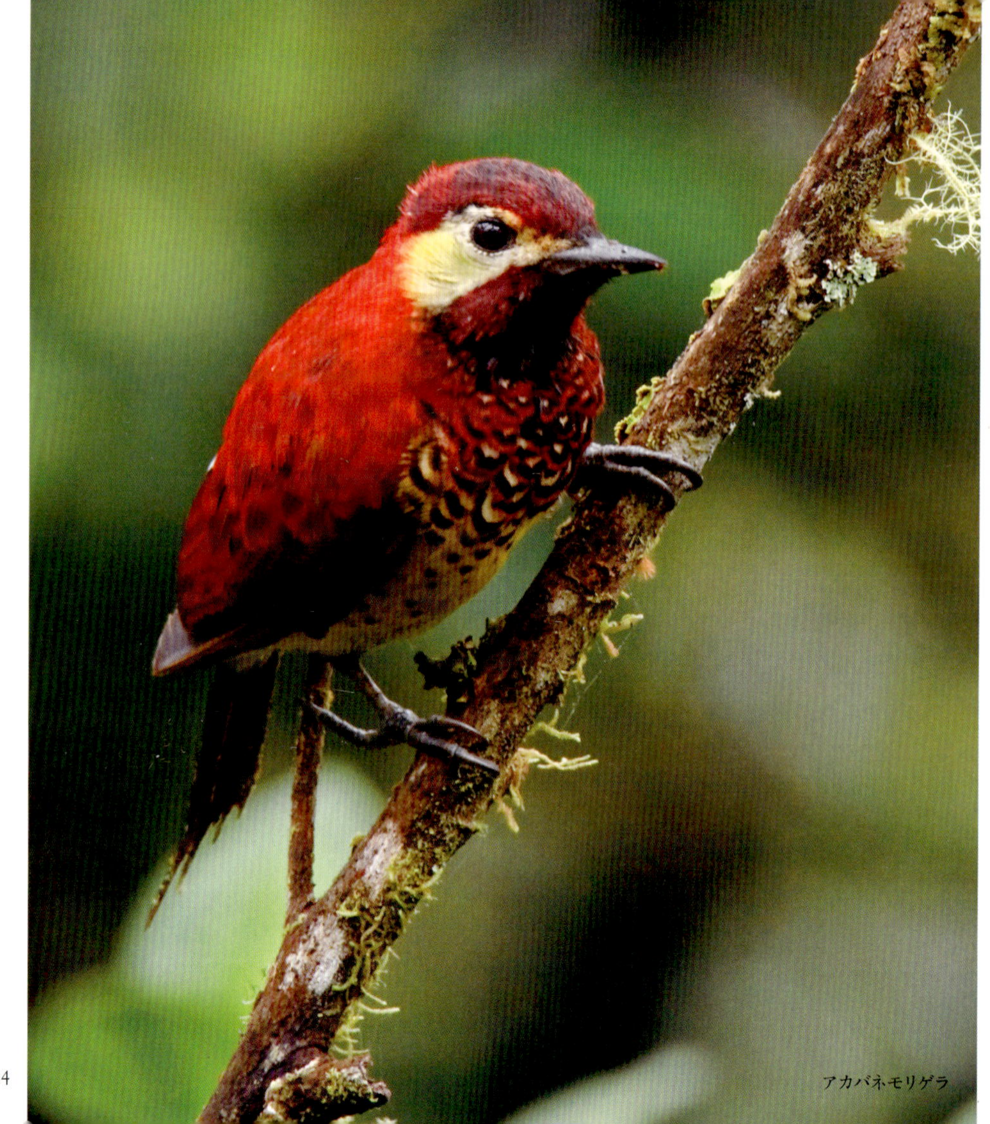

アカバネモリゲラ

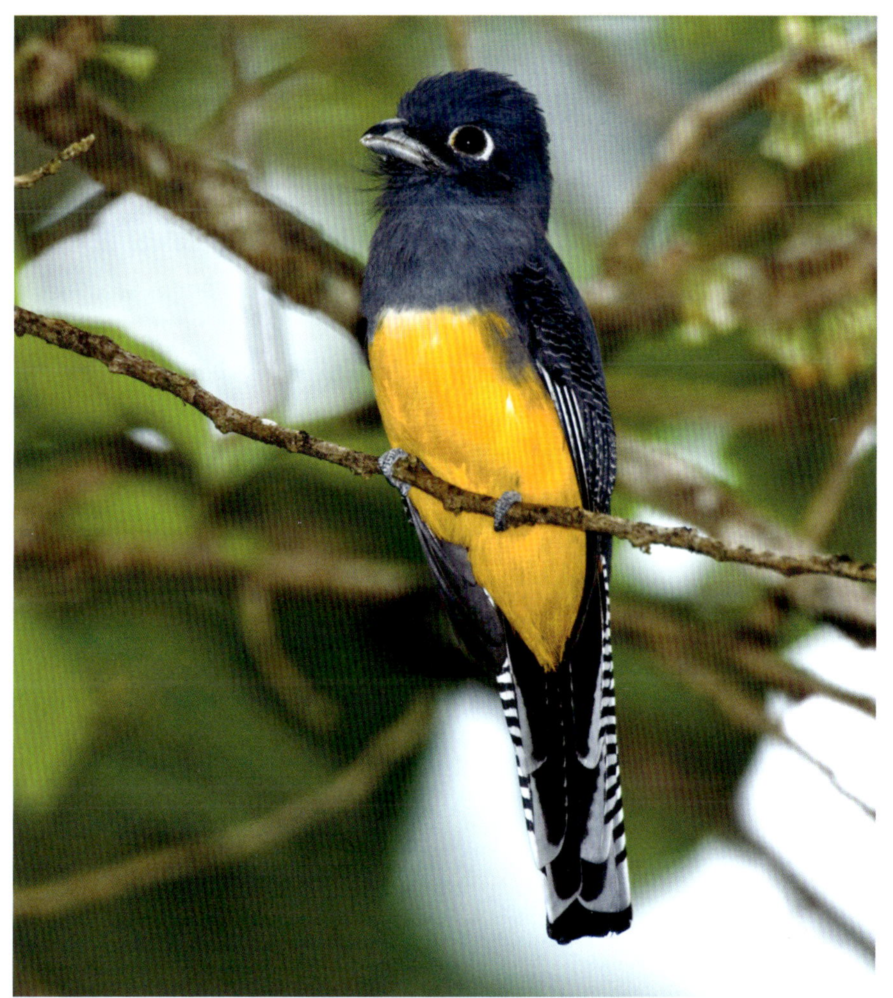

ハグロキヌバネドリ

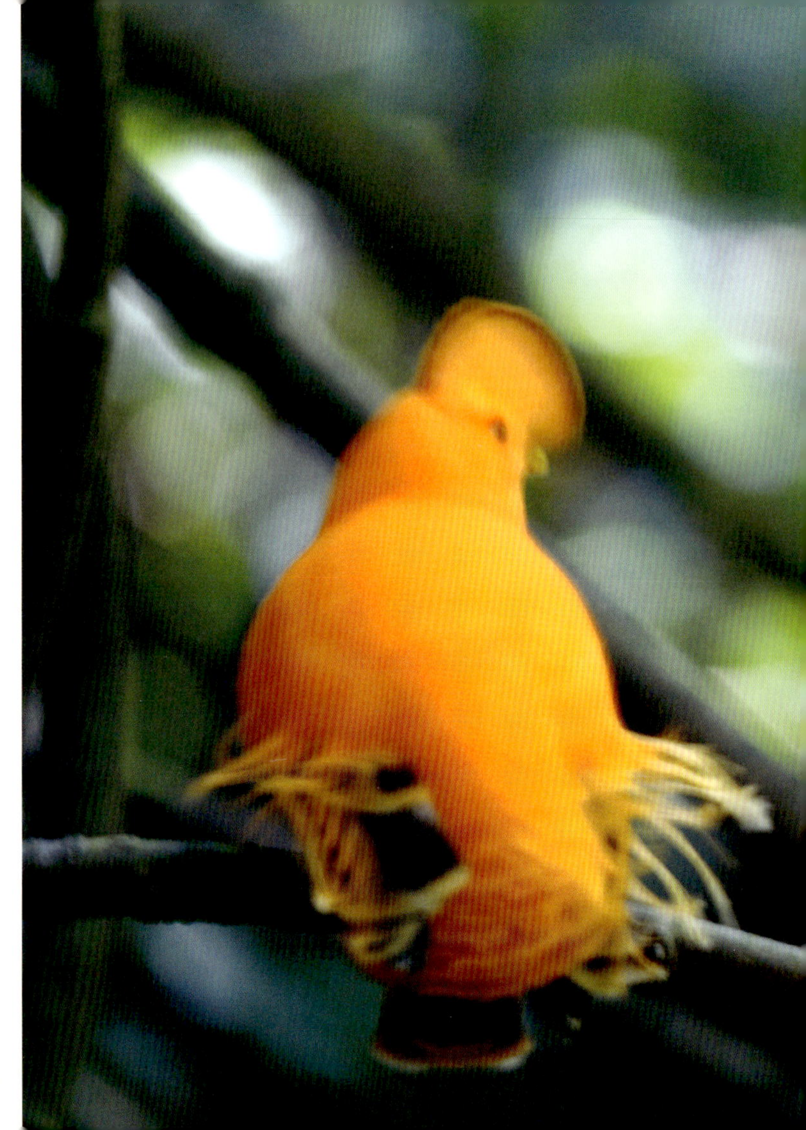

イワドリ

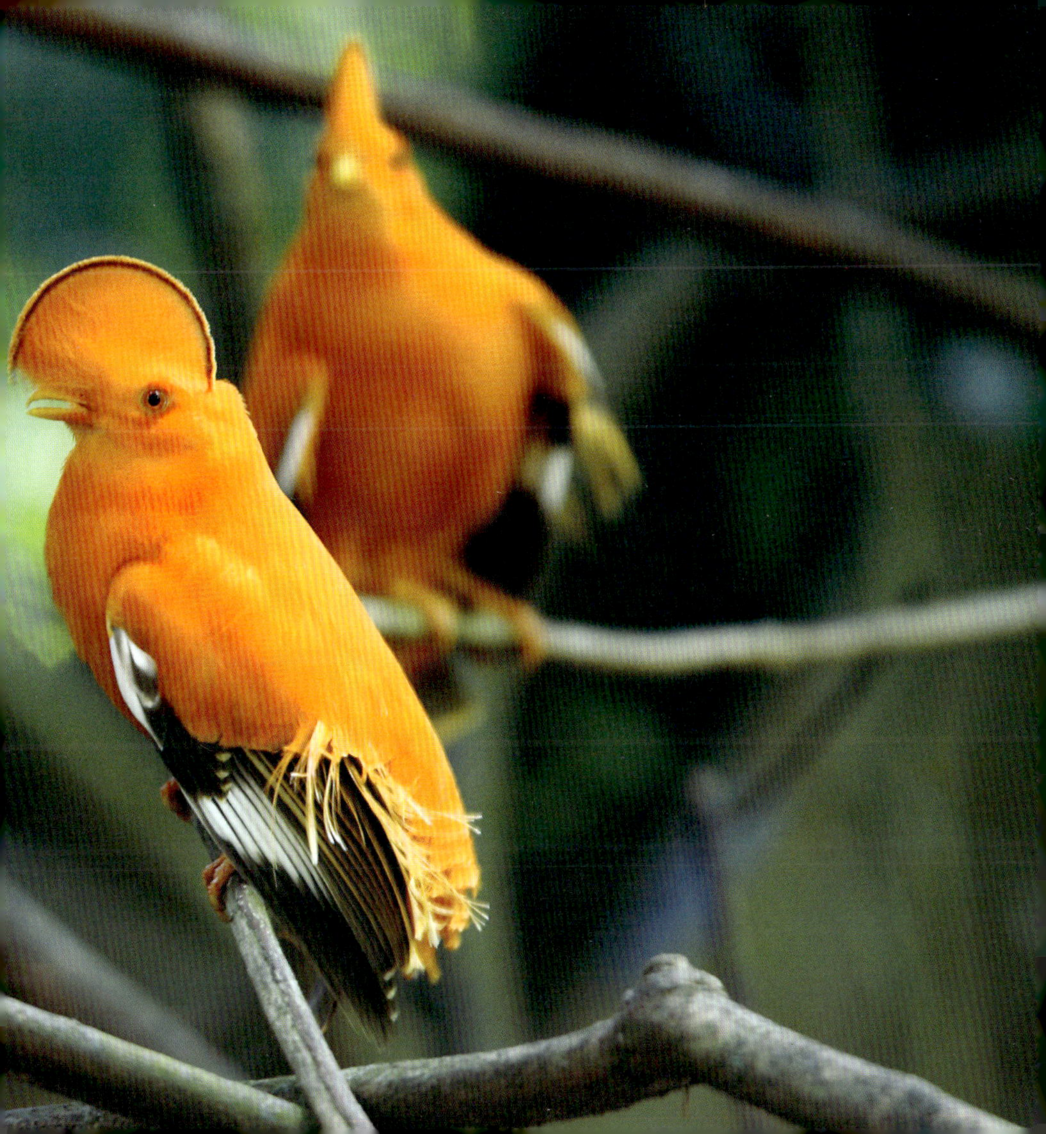

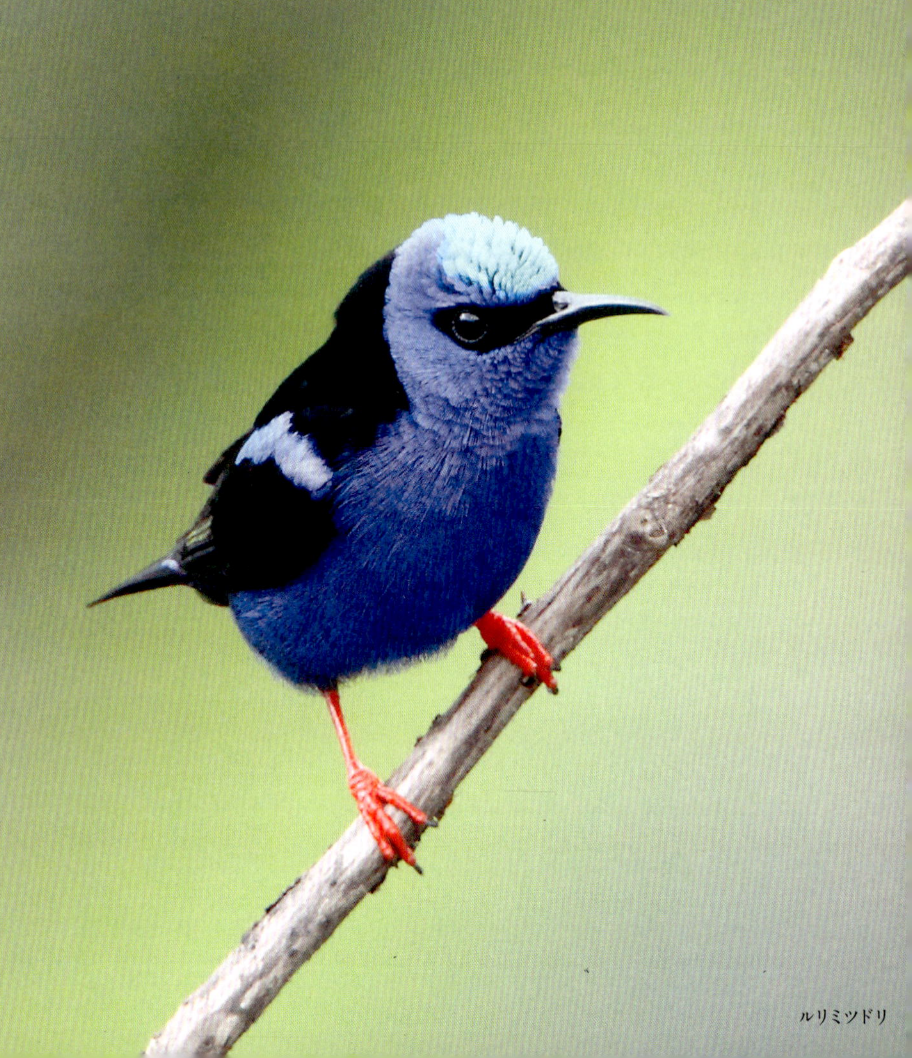

ルリミツドリ

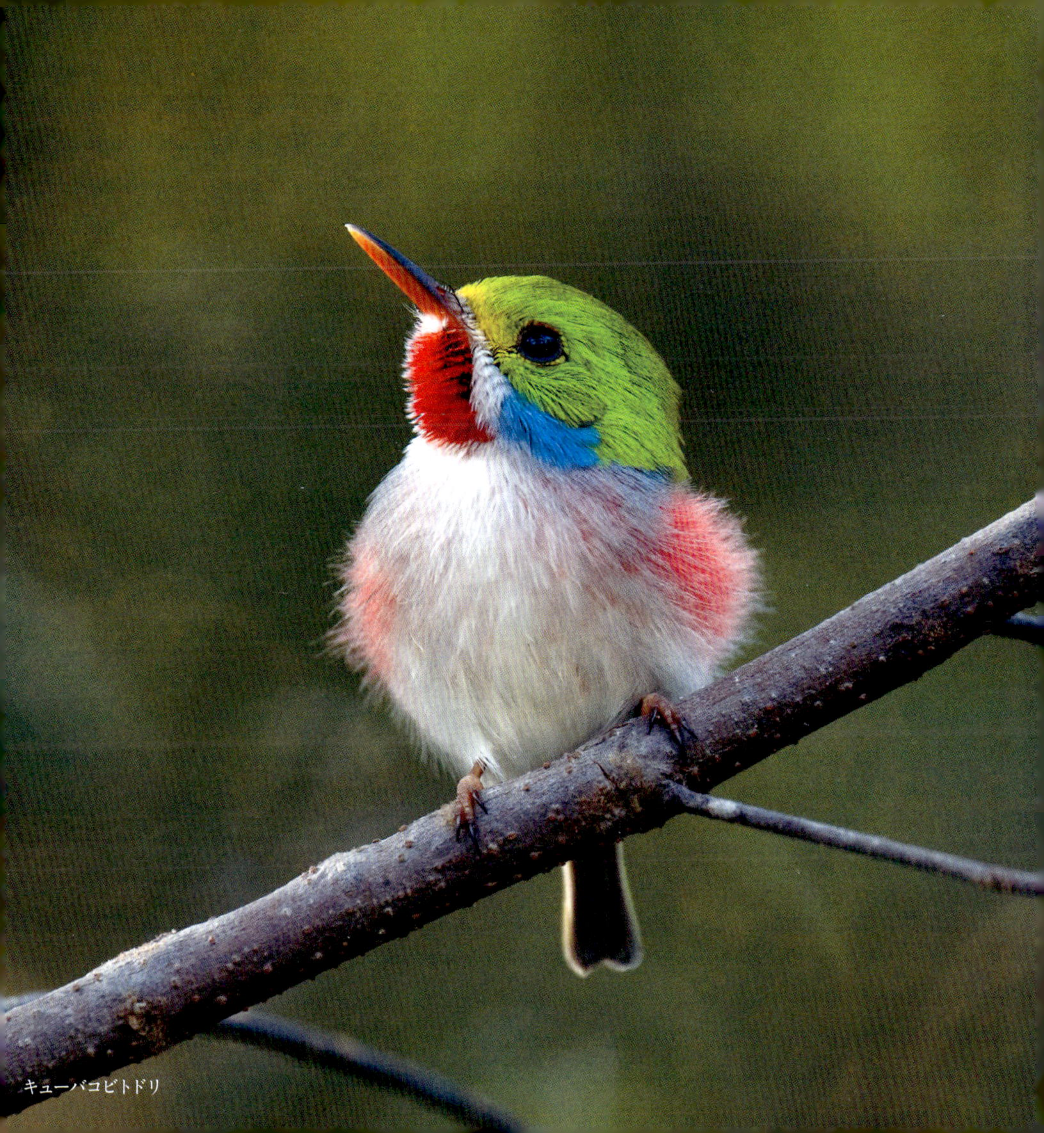

キューバコビトドリ

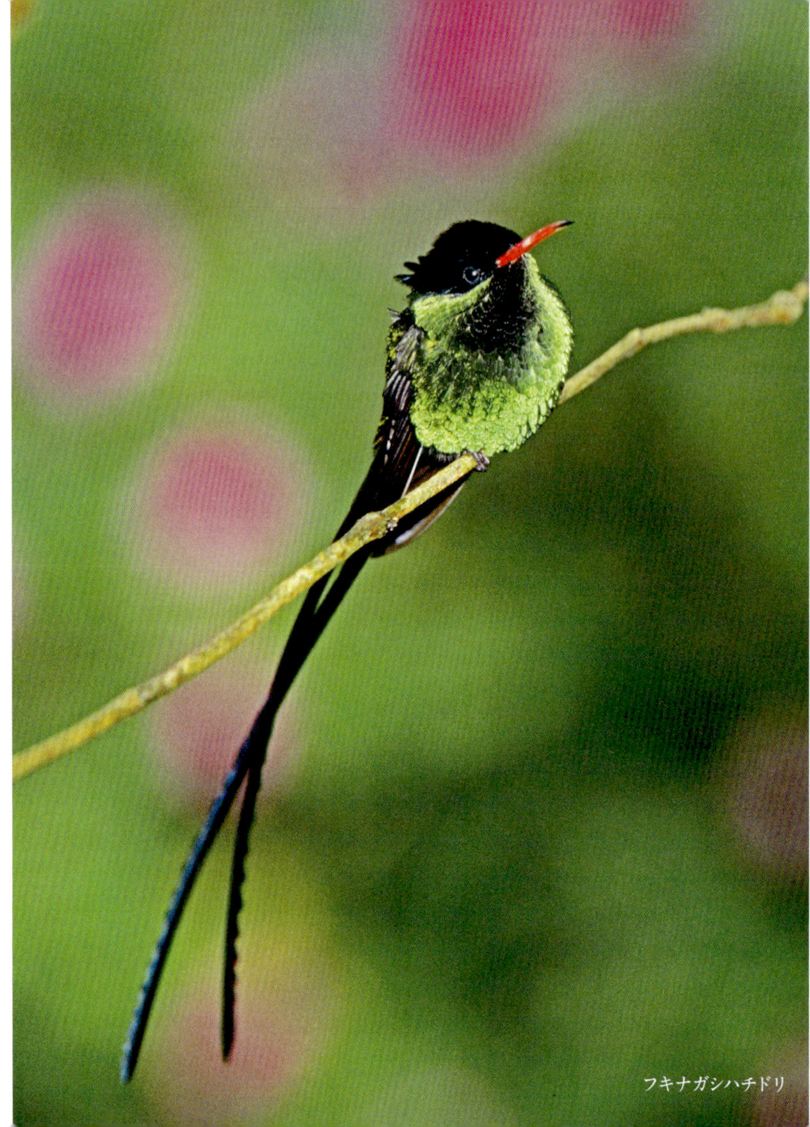

フキナガシハチドリ

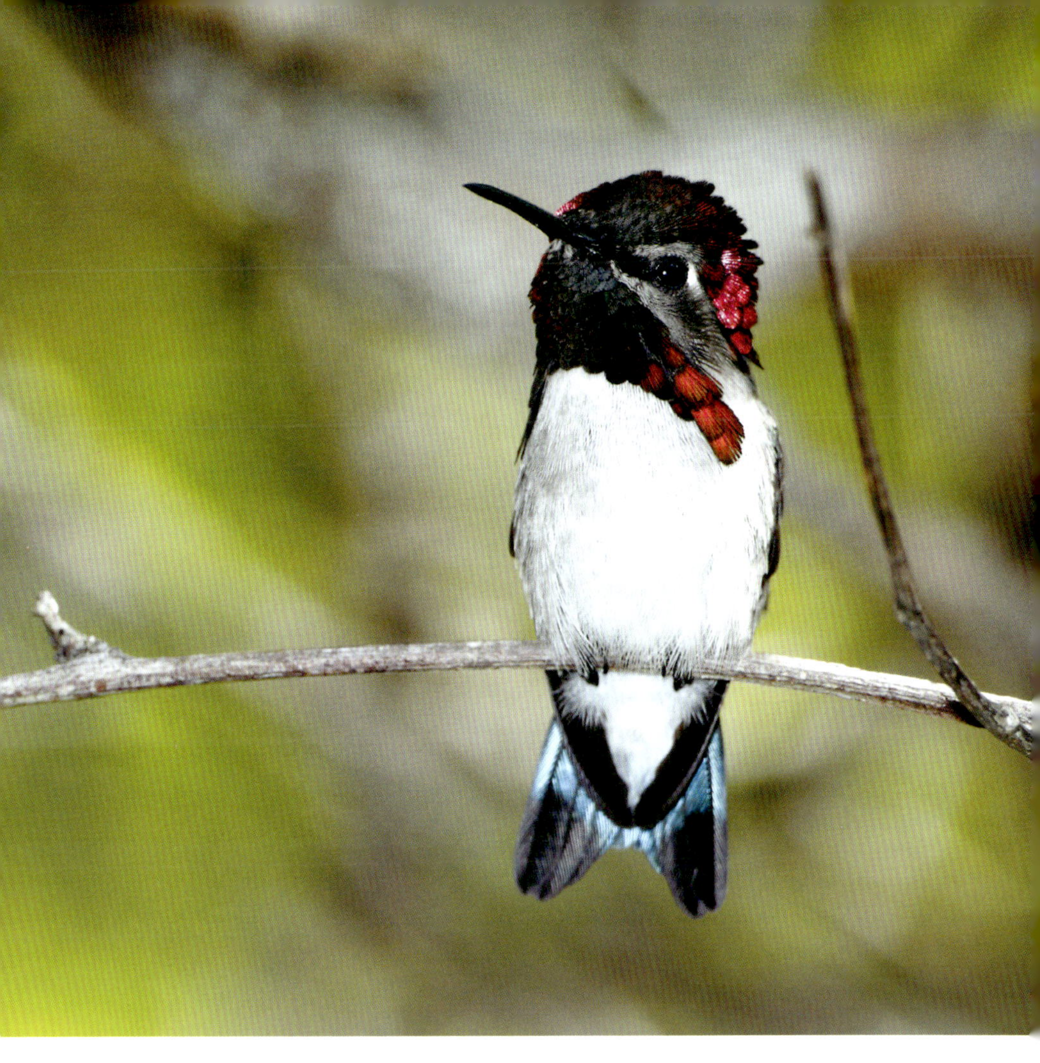

マメハチドリ

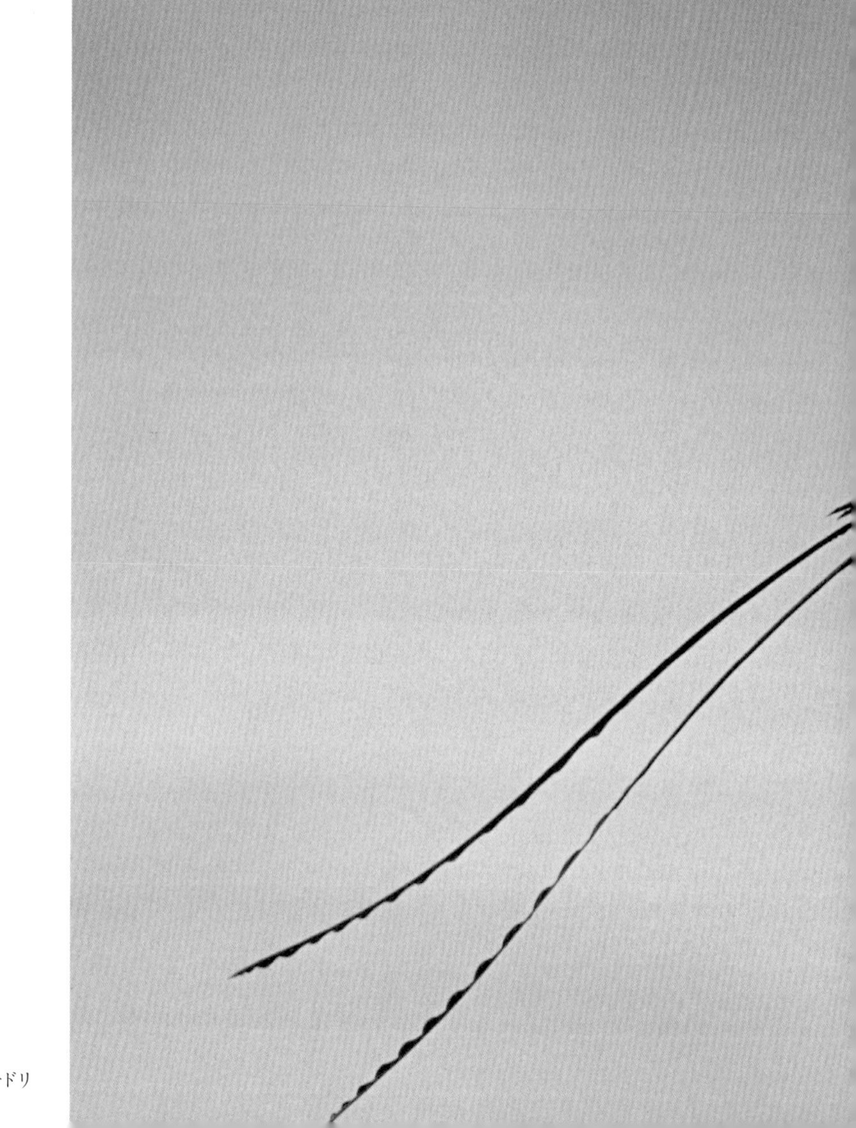

92　フキナガシハチドリ

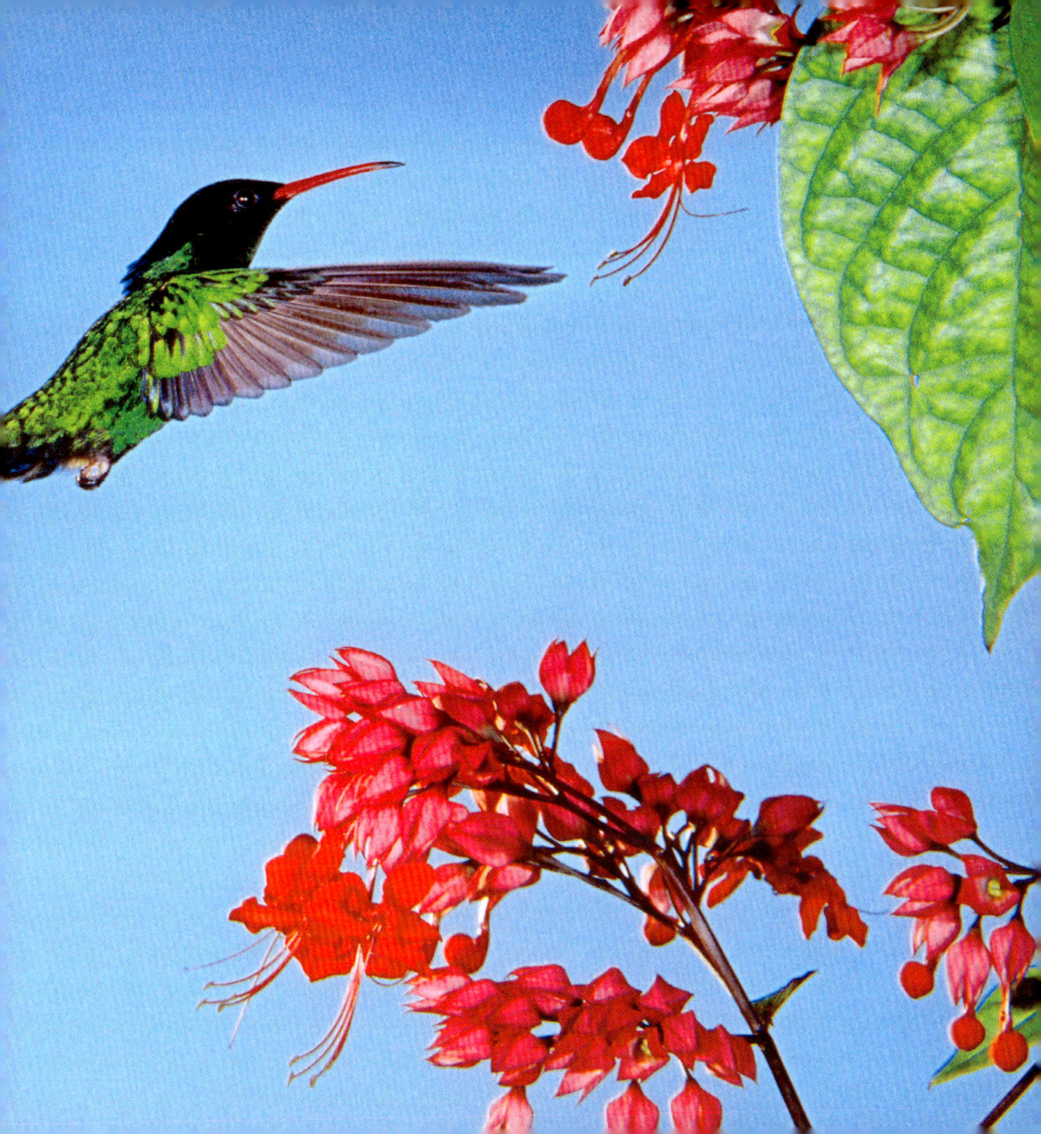

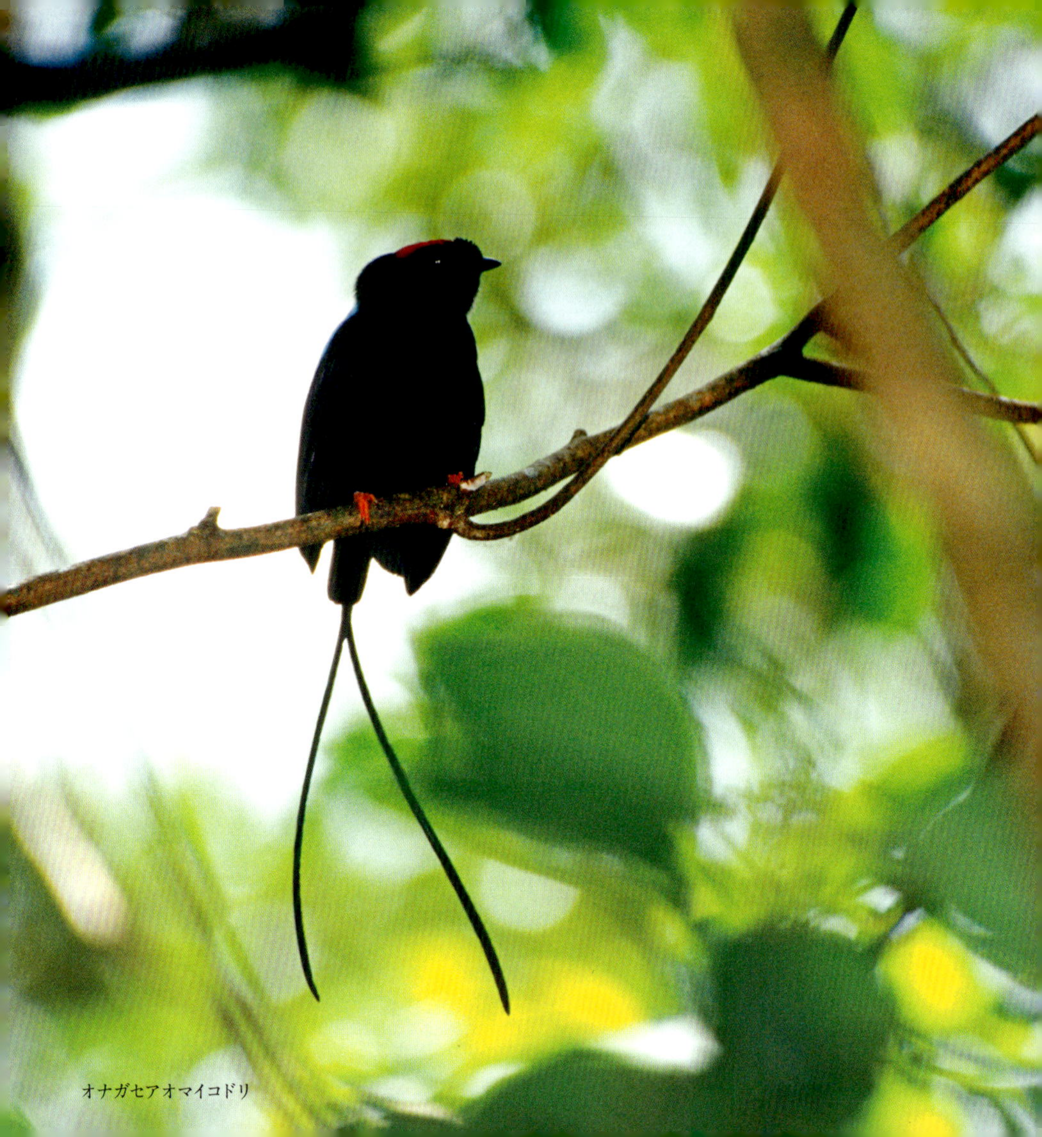

オナガセアオマイコドリ

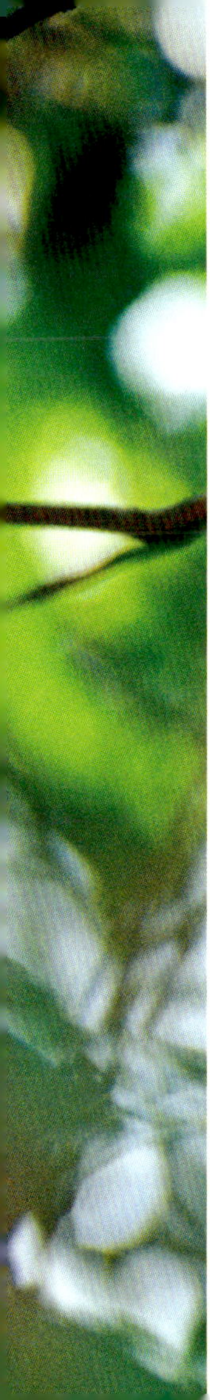

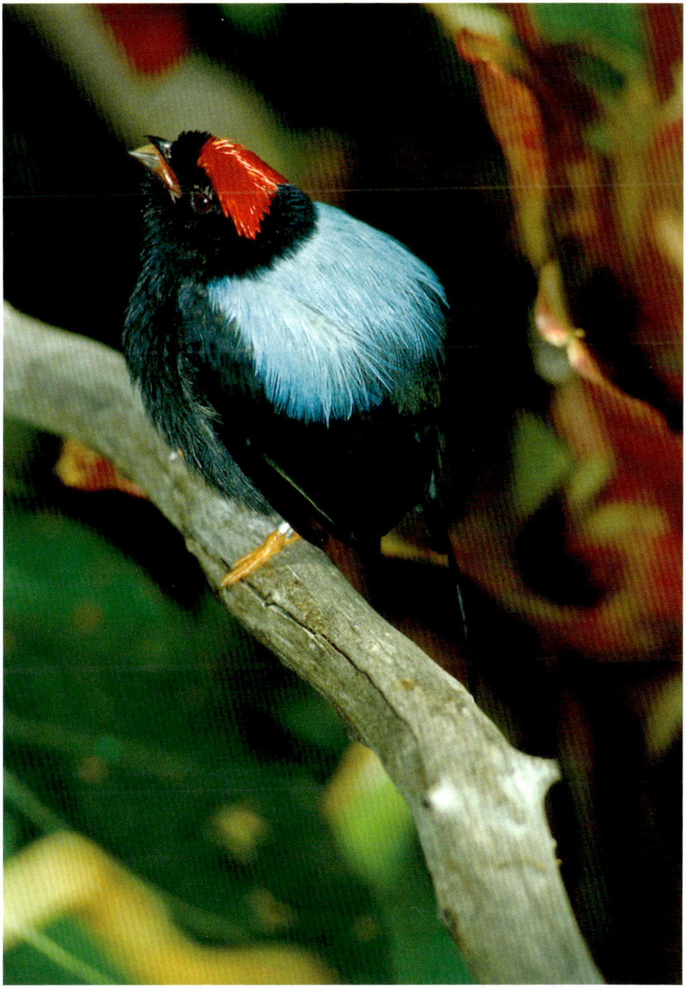

オナガセアオマイコドリ

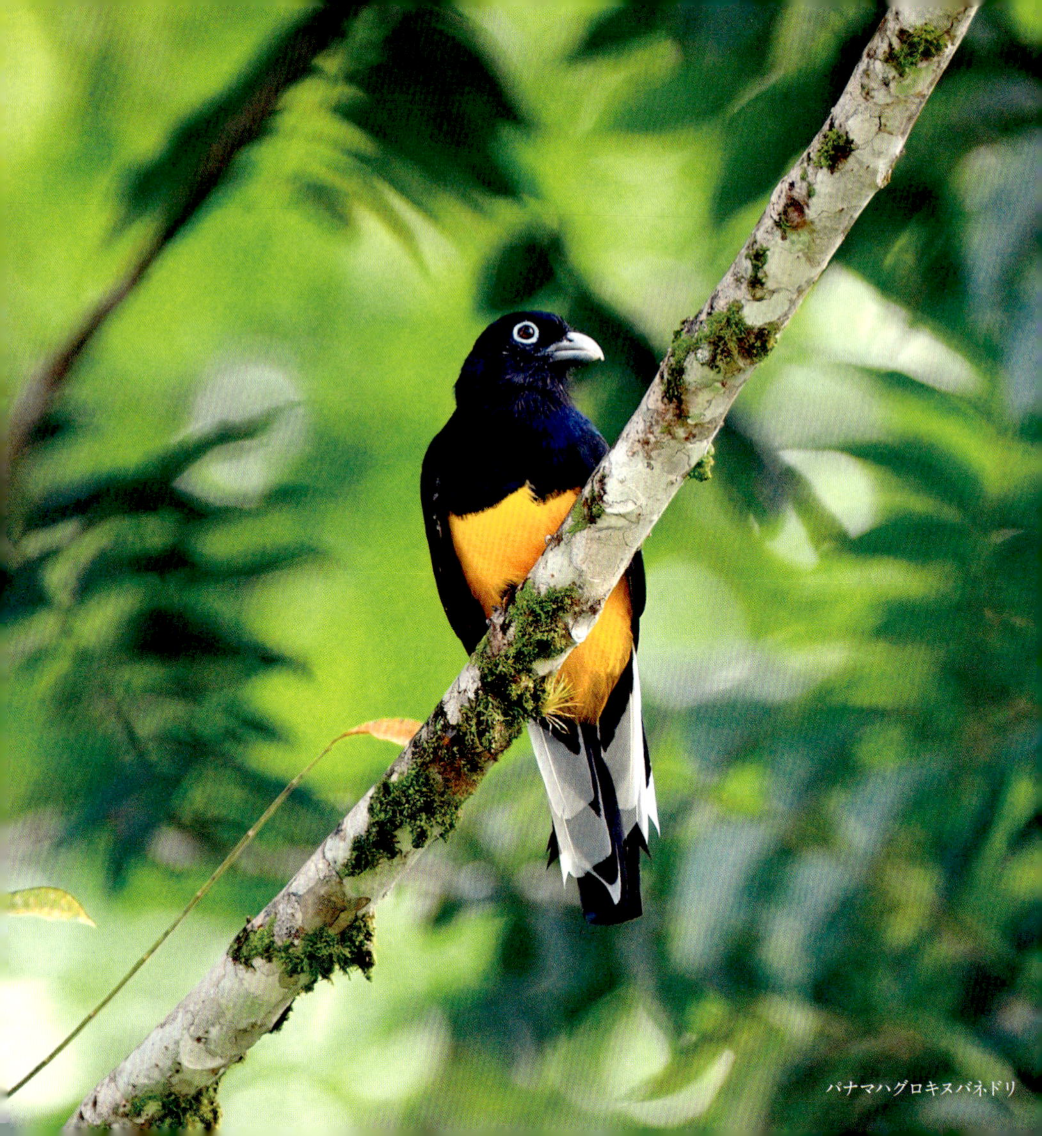
パナマハグロキヌバネドリ

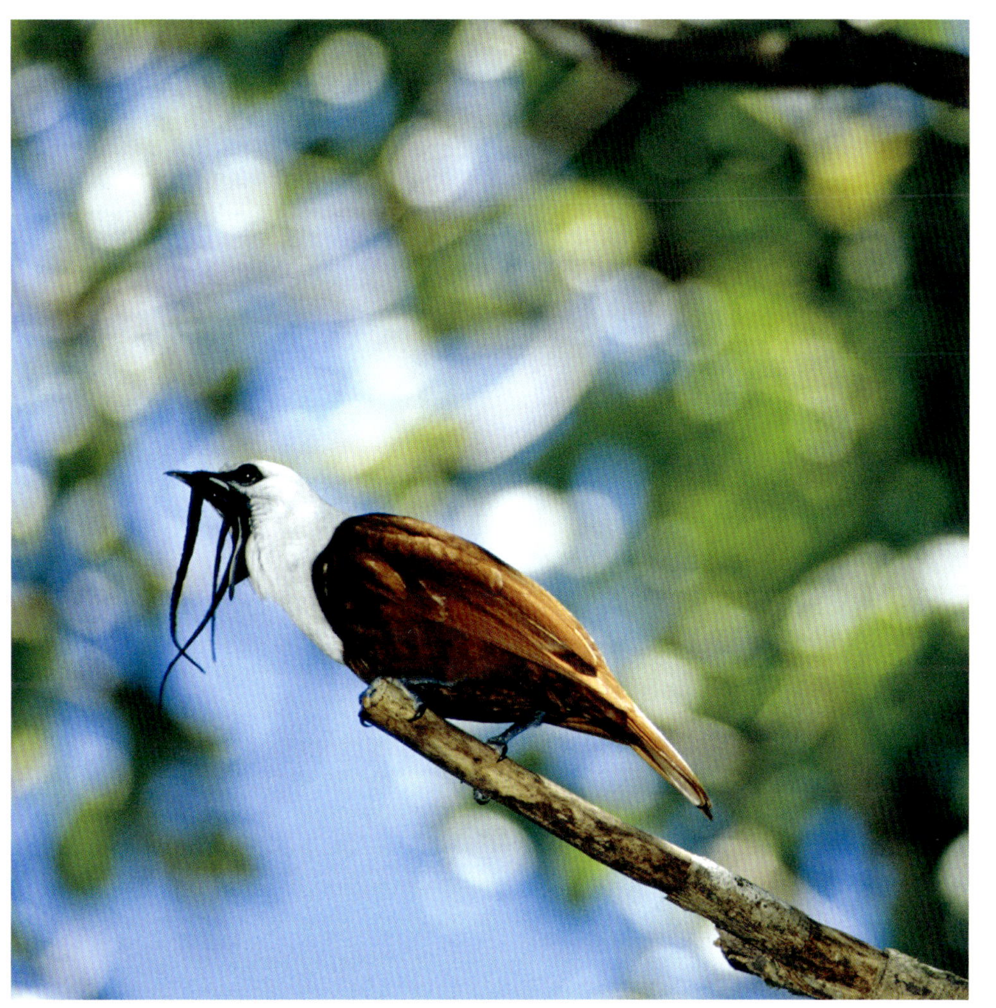

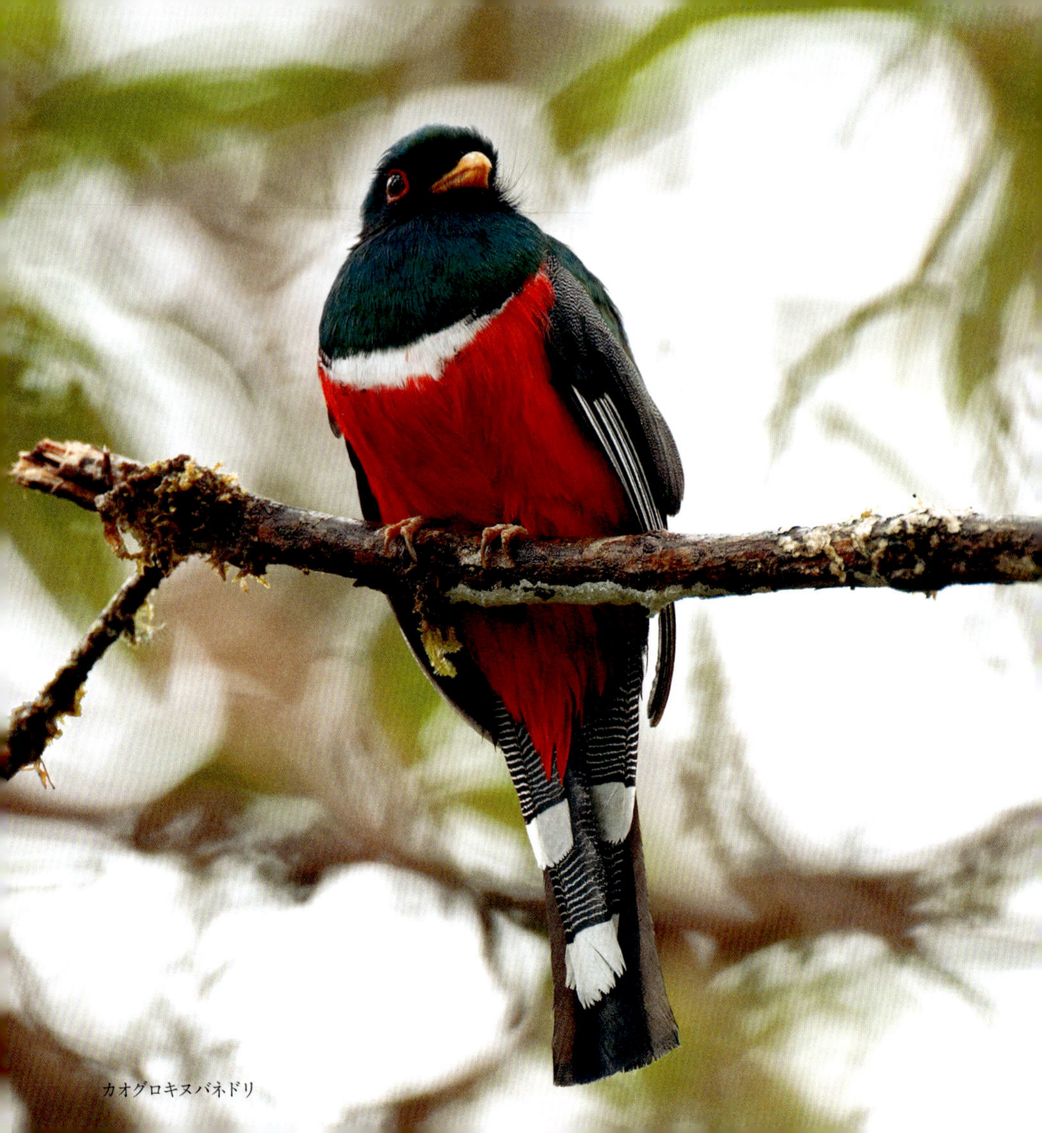

カオグロキヌバネドリ

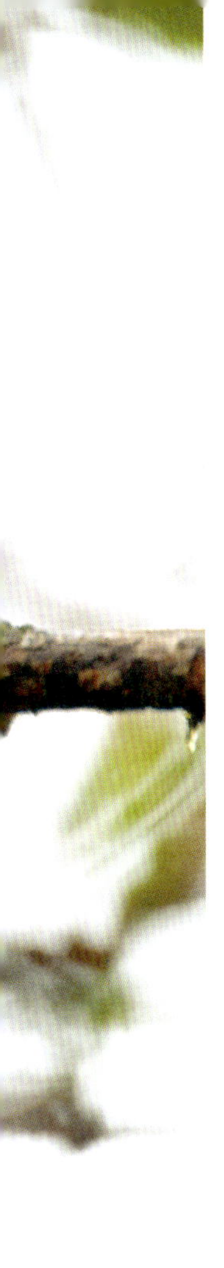

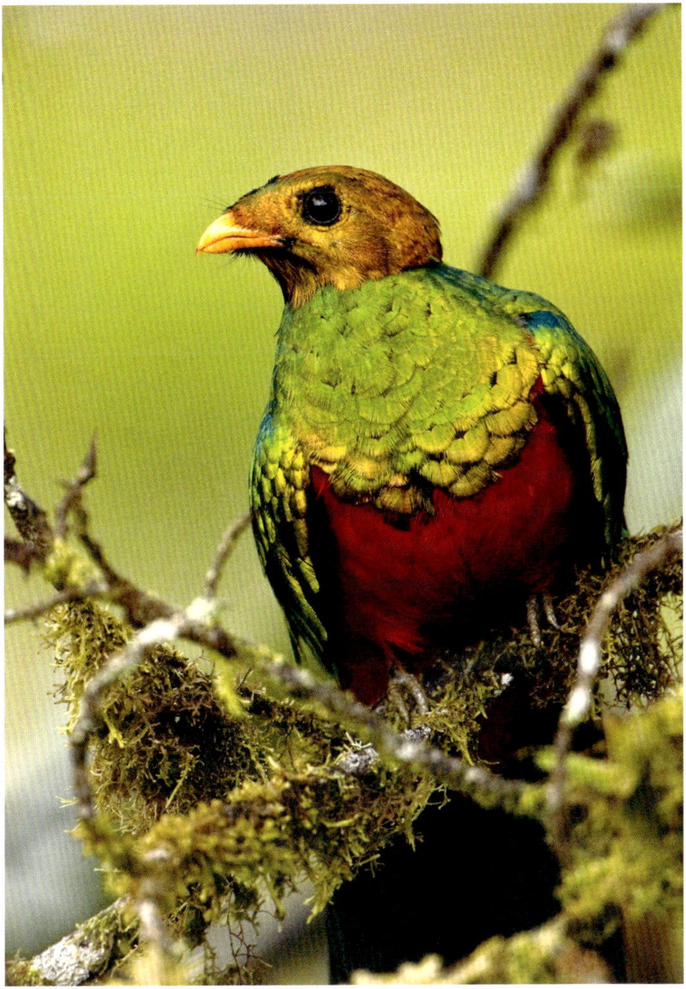

キンガシラカザリキヌバネドリ

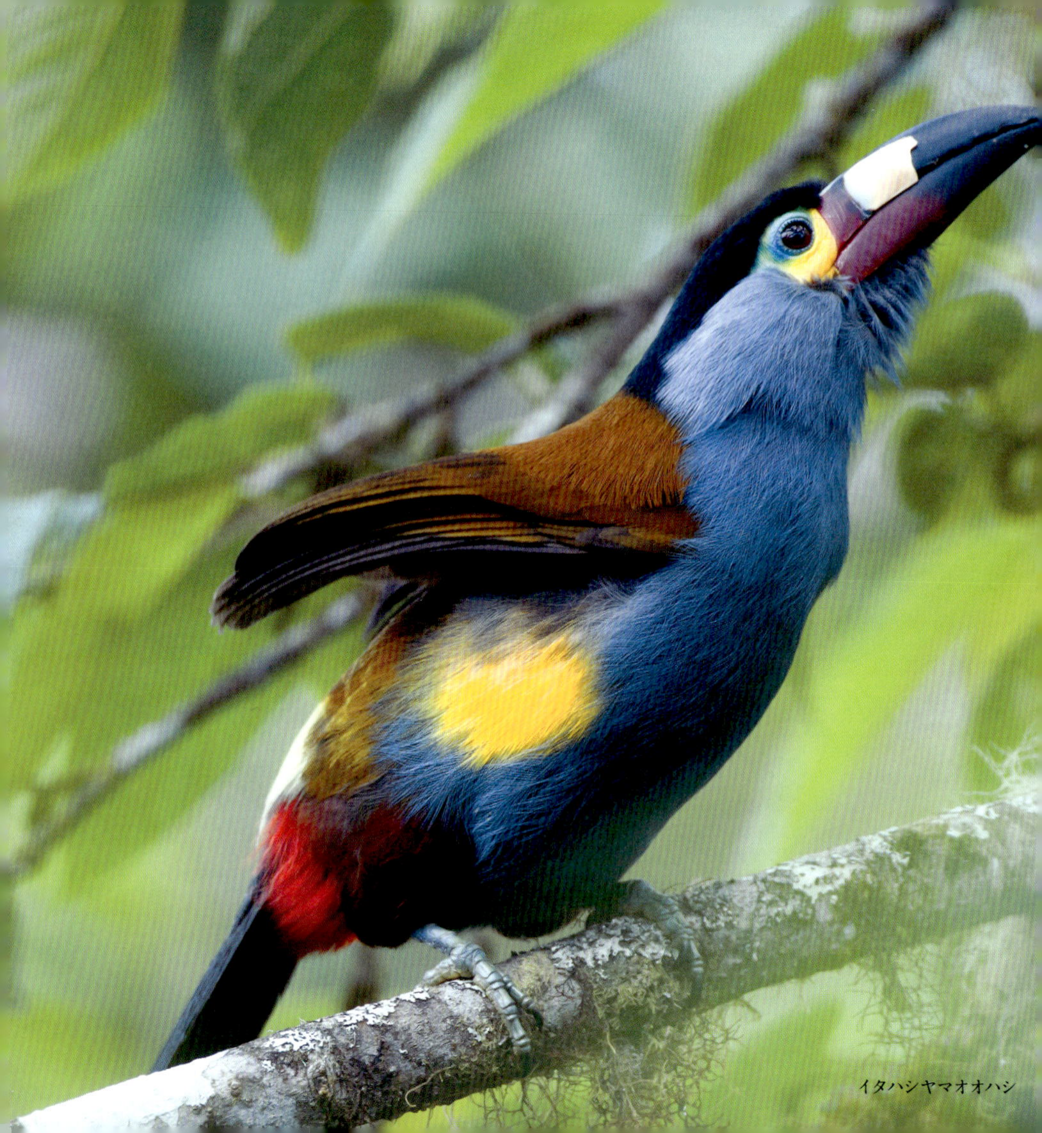
イタハシヤマオオハシ

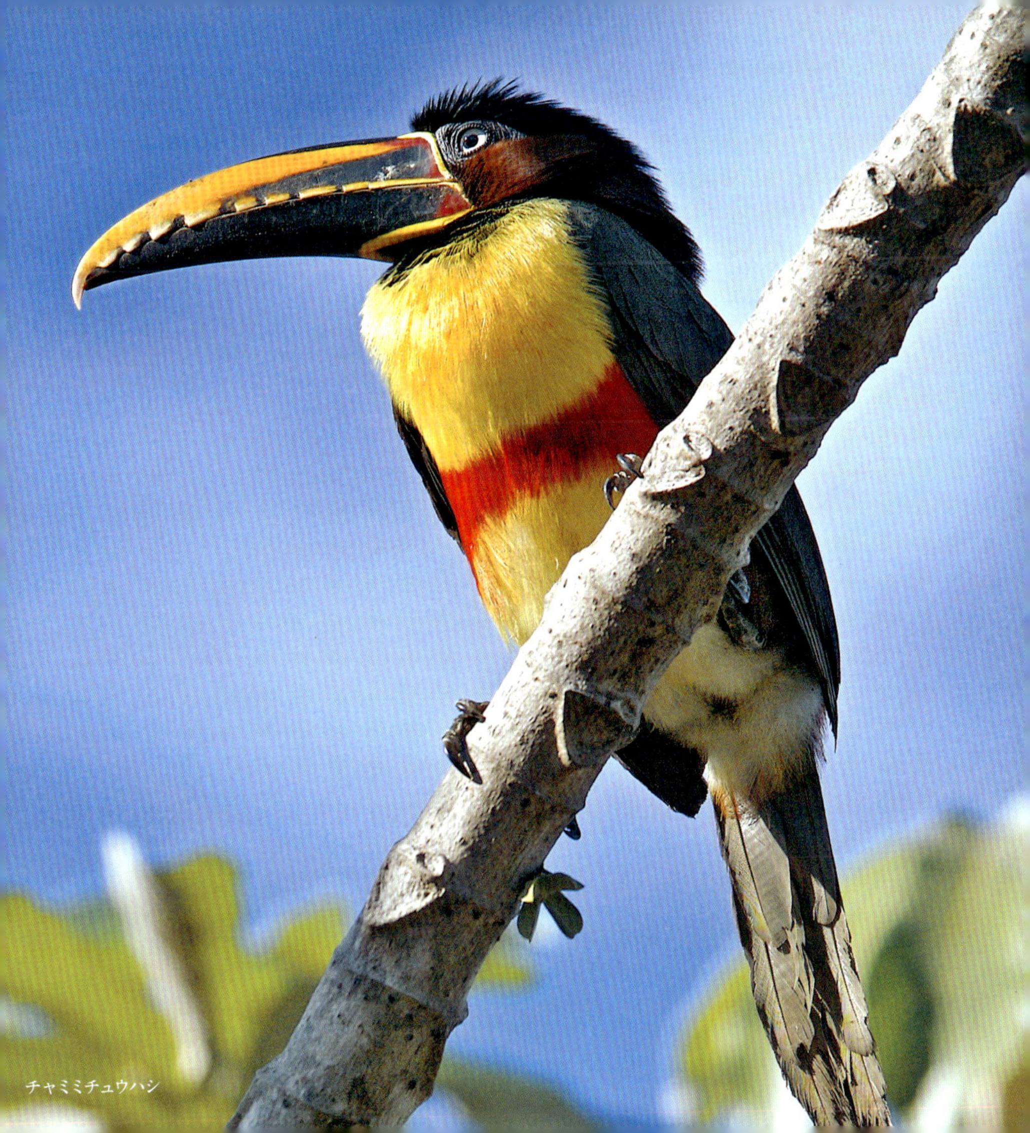
チャミミチュウハシ

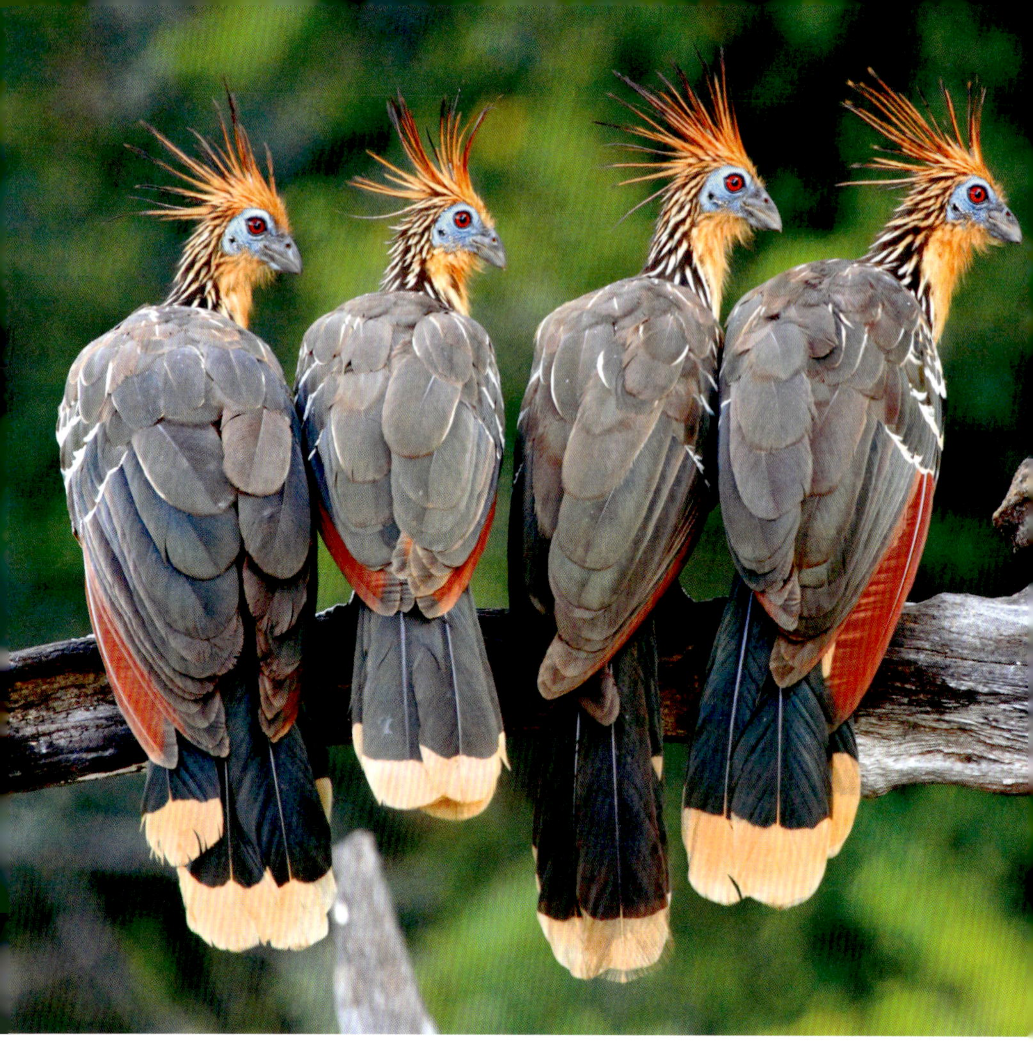

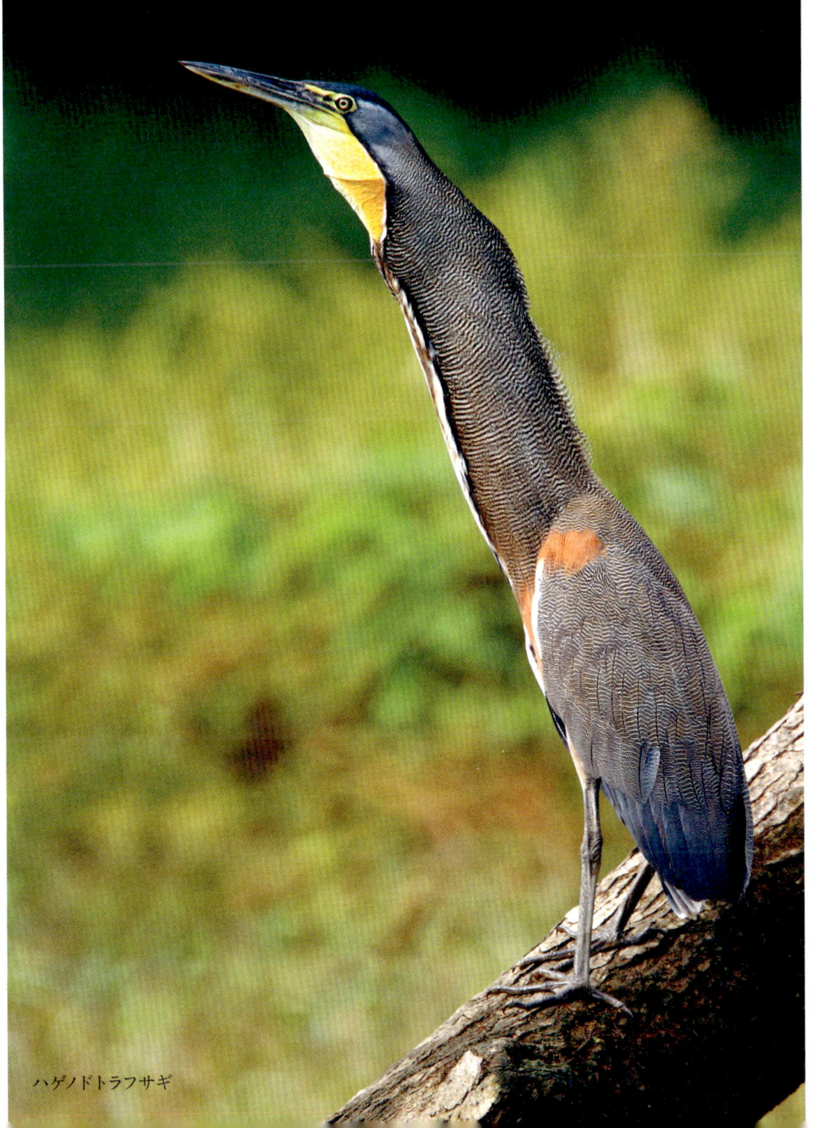
ハゲノドトラフサギ

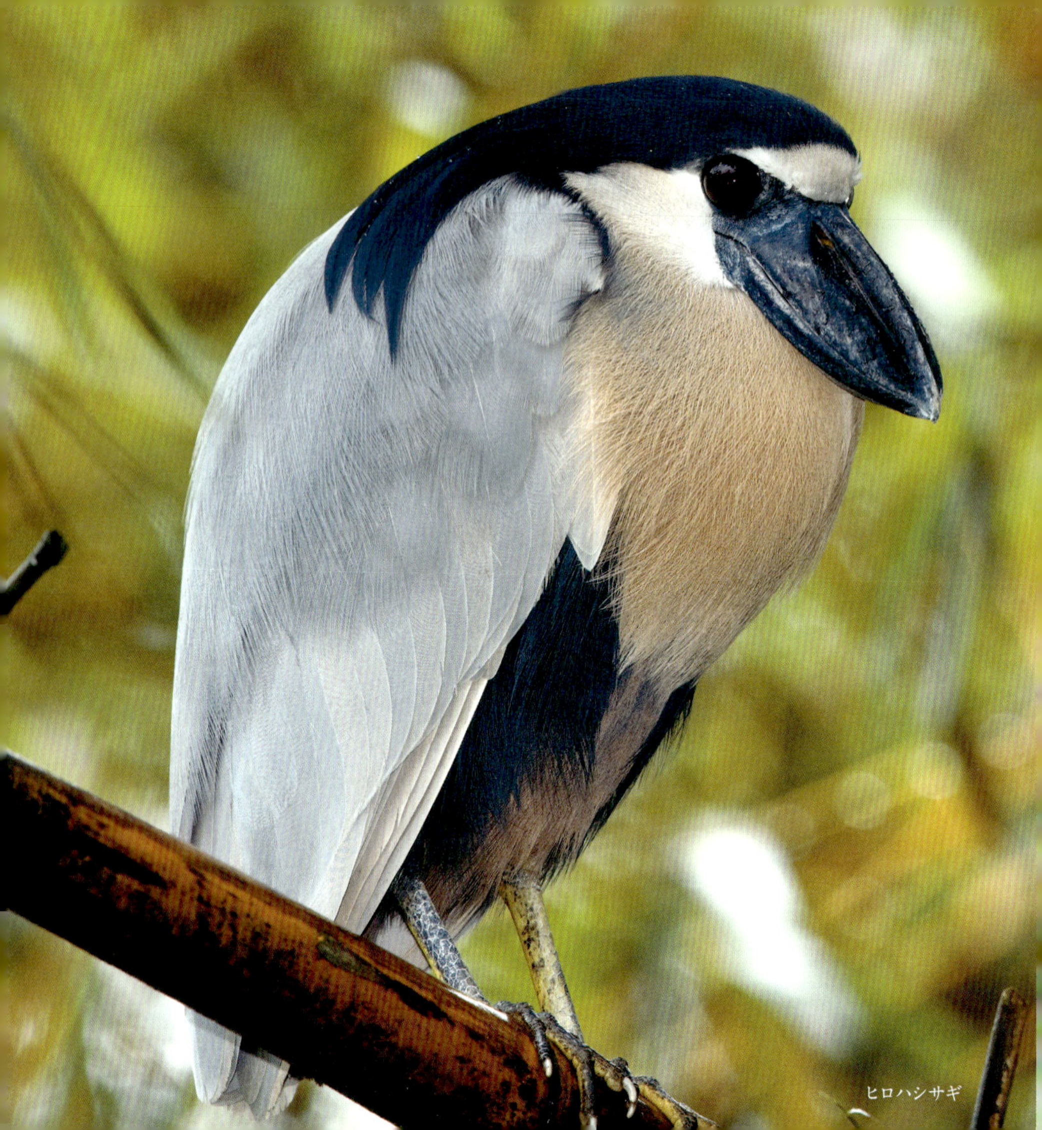

ヒロハシサギ

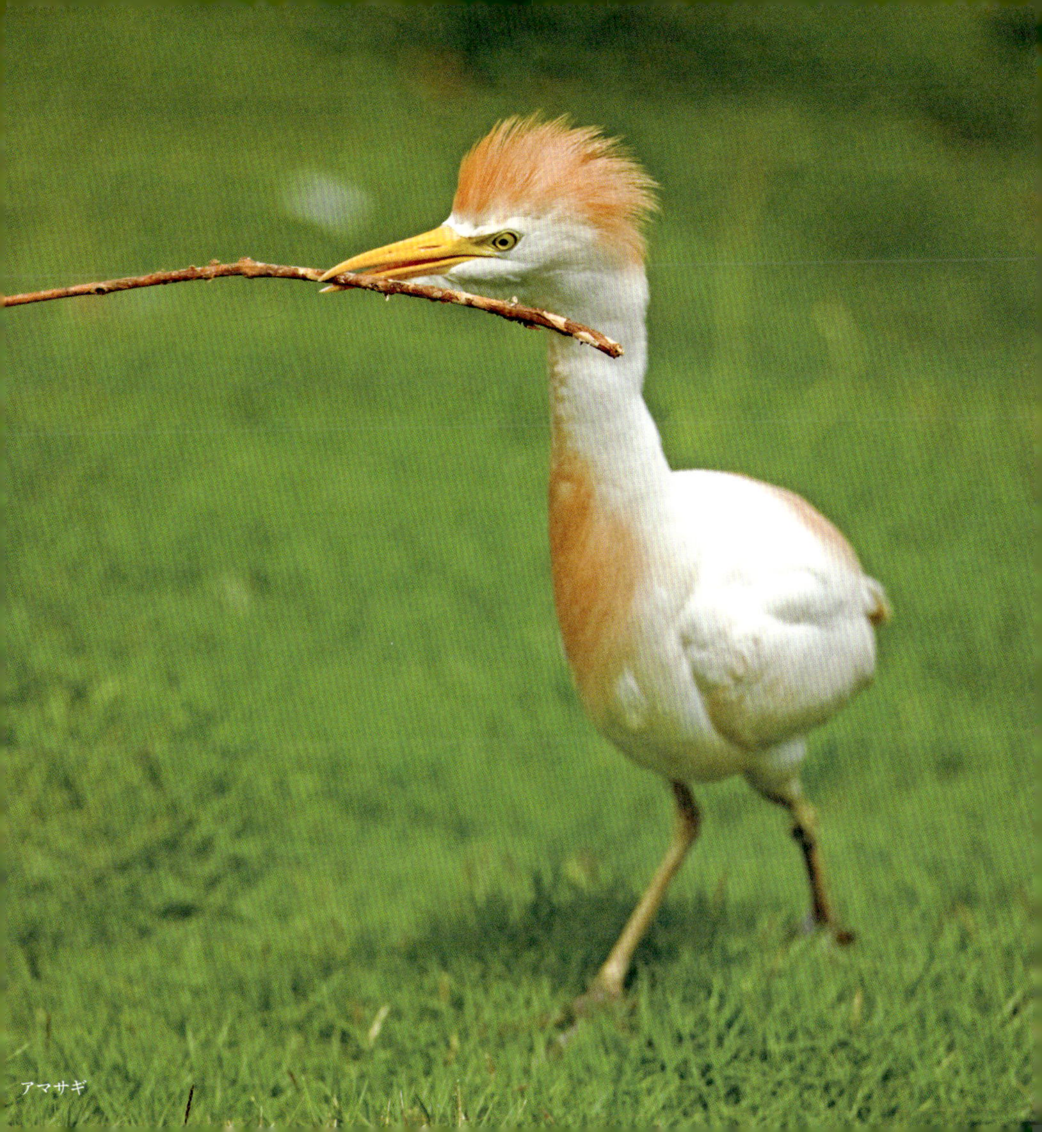
アマサギ

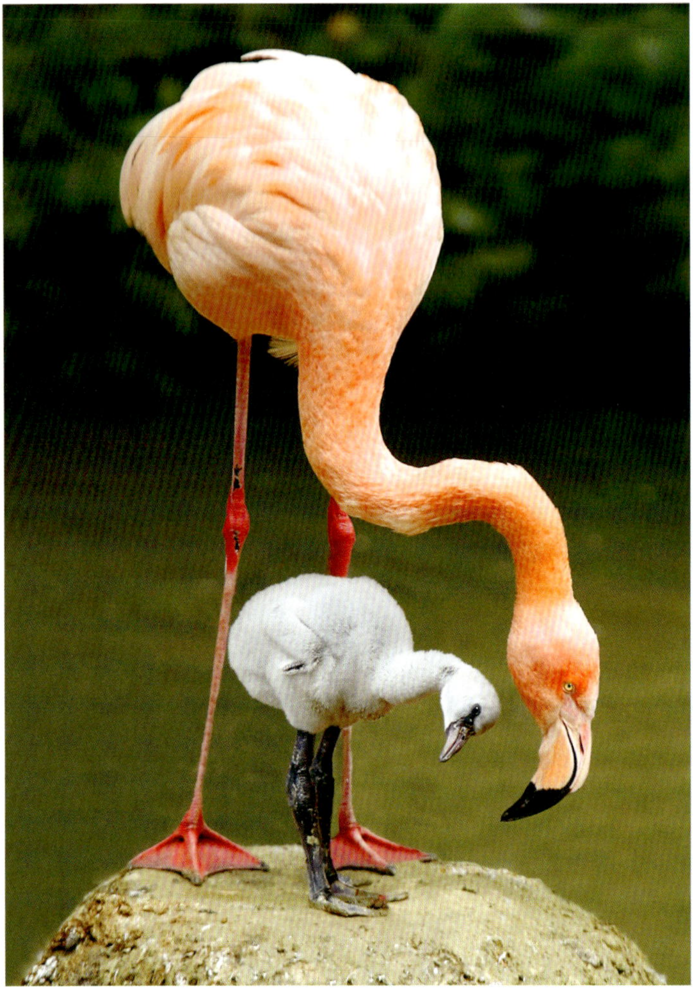

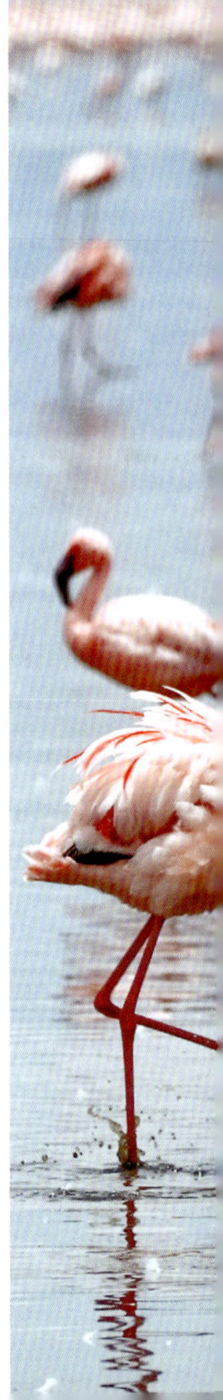

ベニイロフラミンゴ

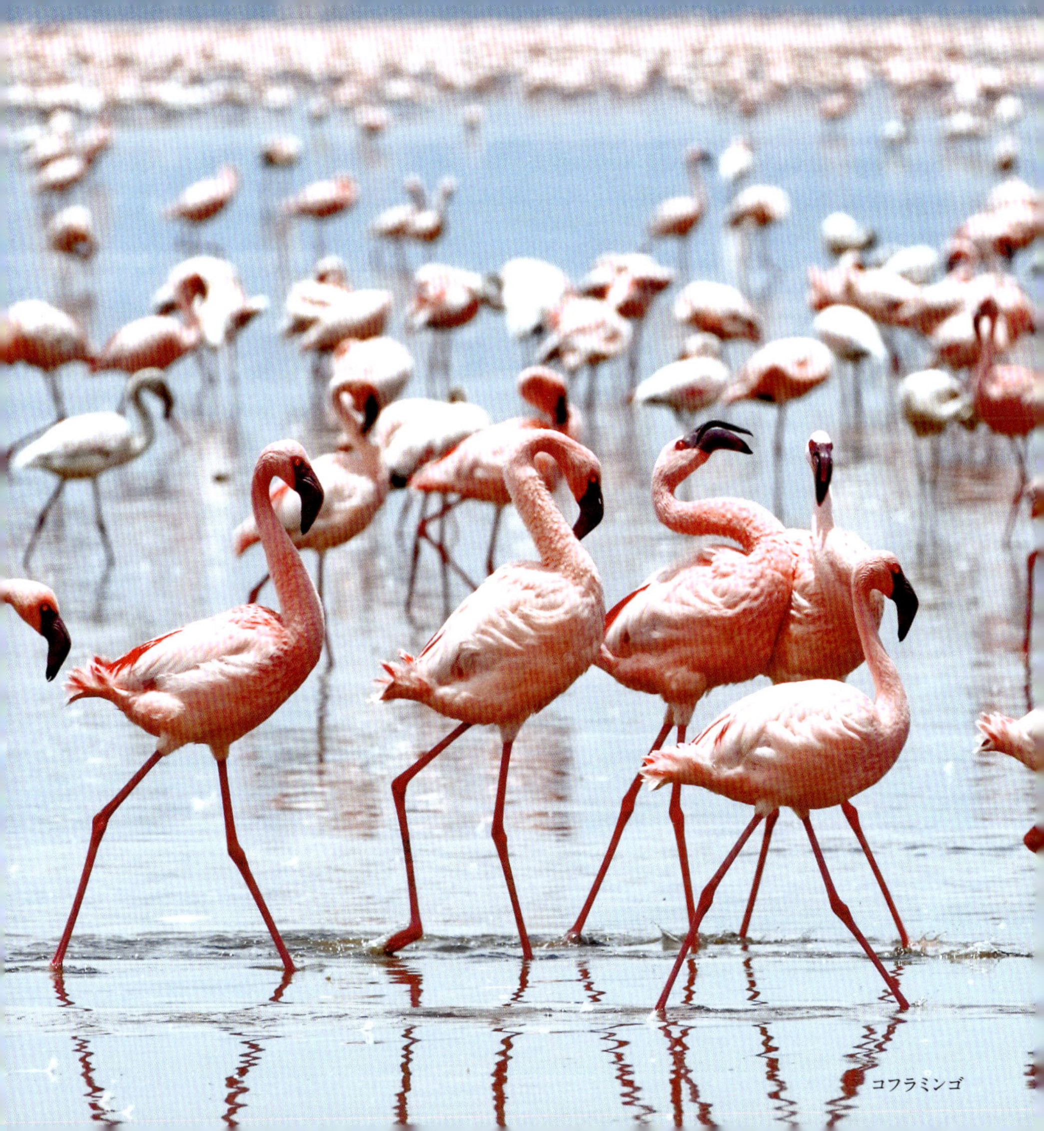

コフラミンゴ

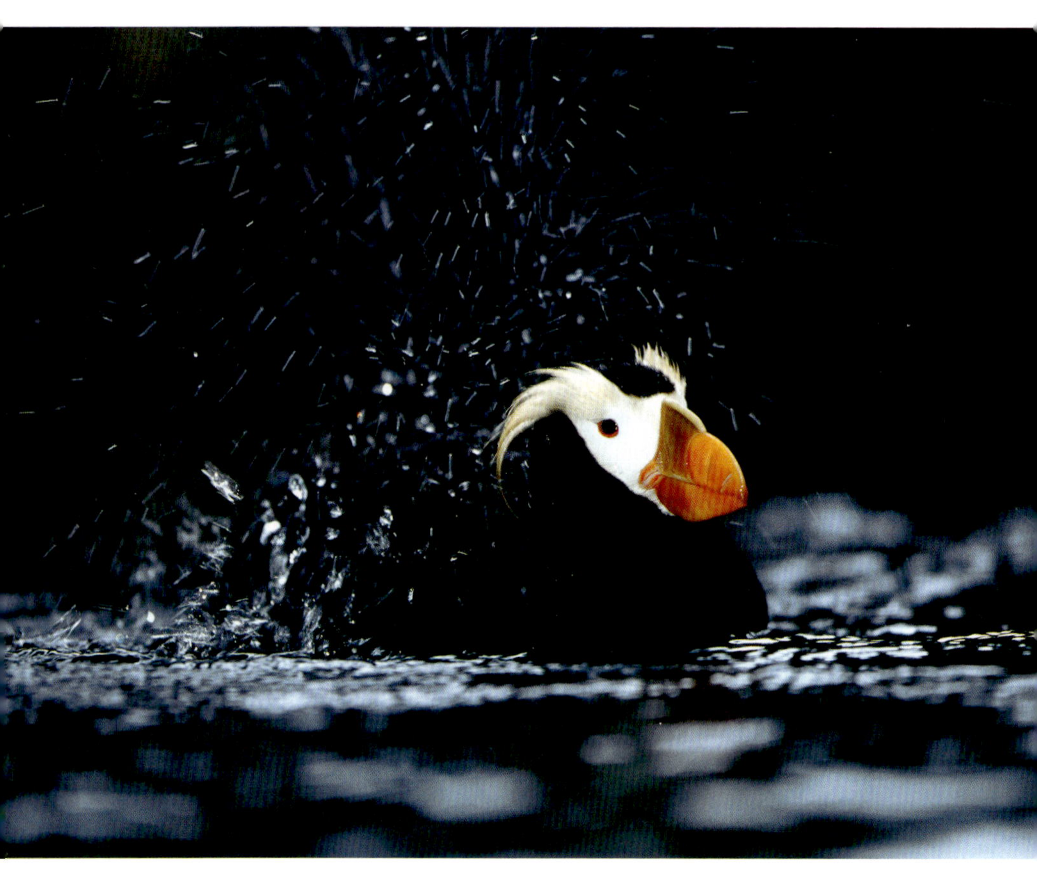

エトピリカ

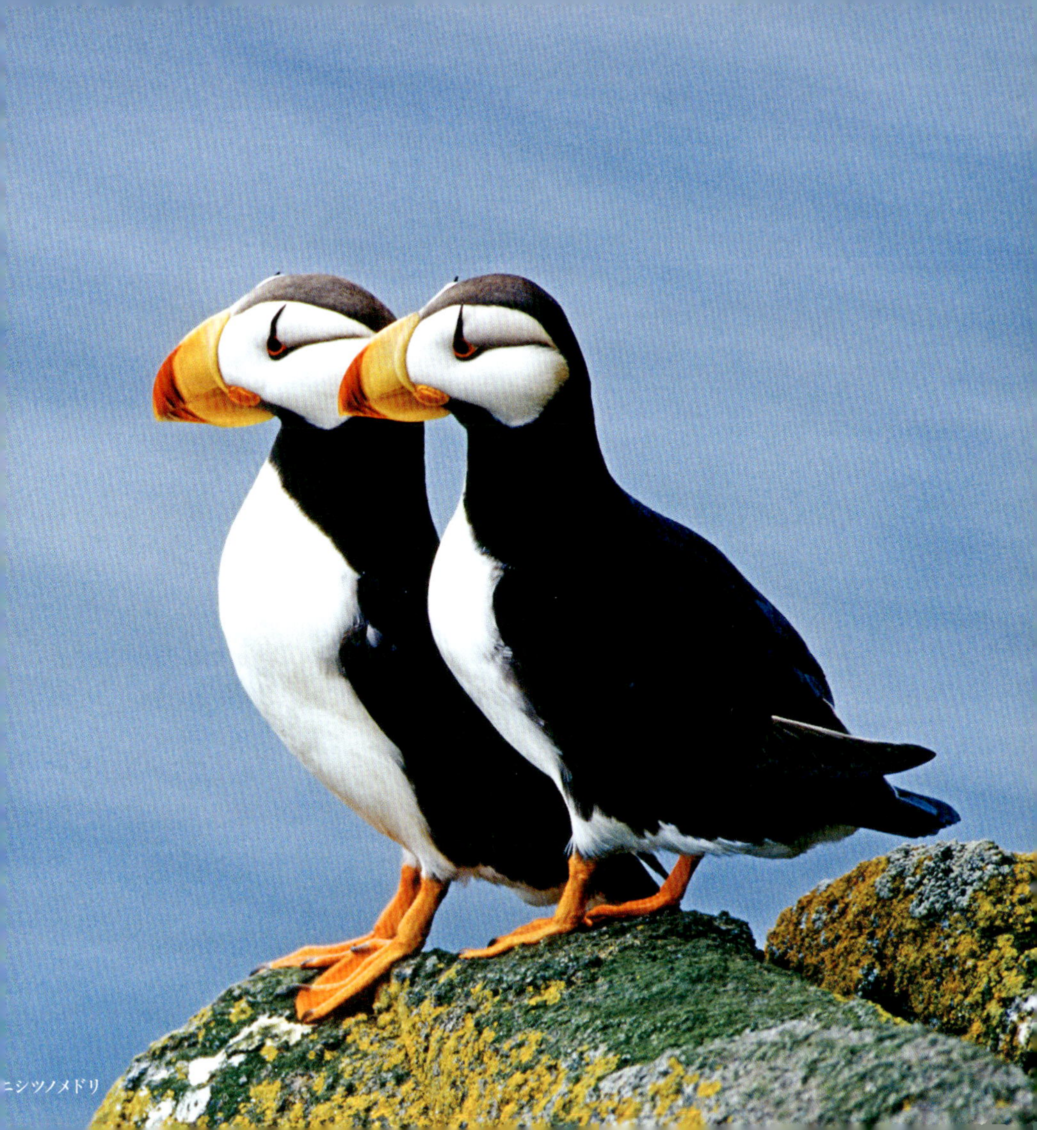

ニシツノメドリ

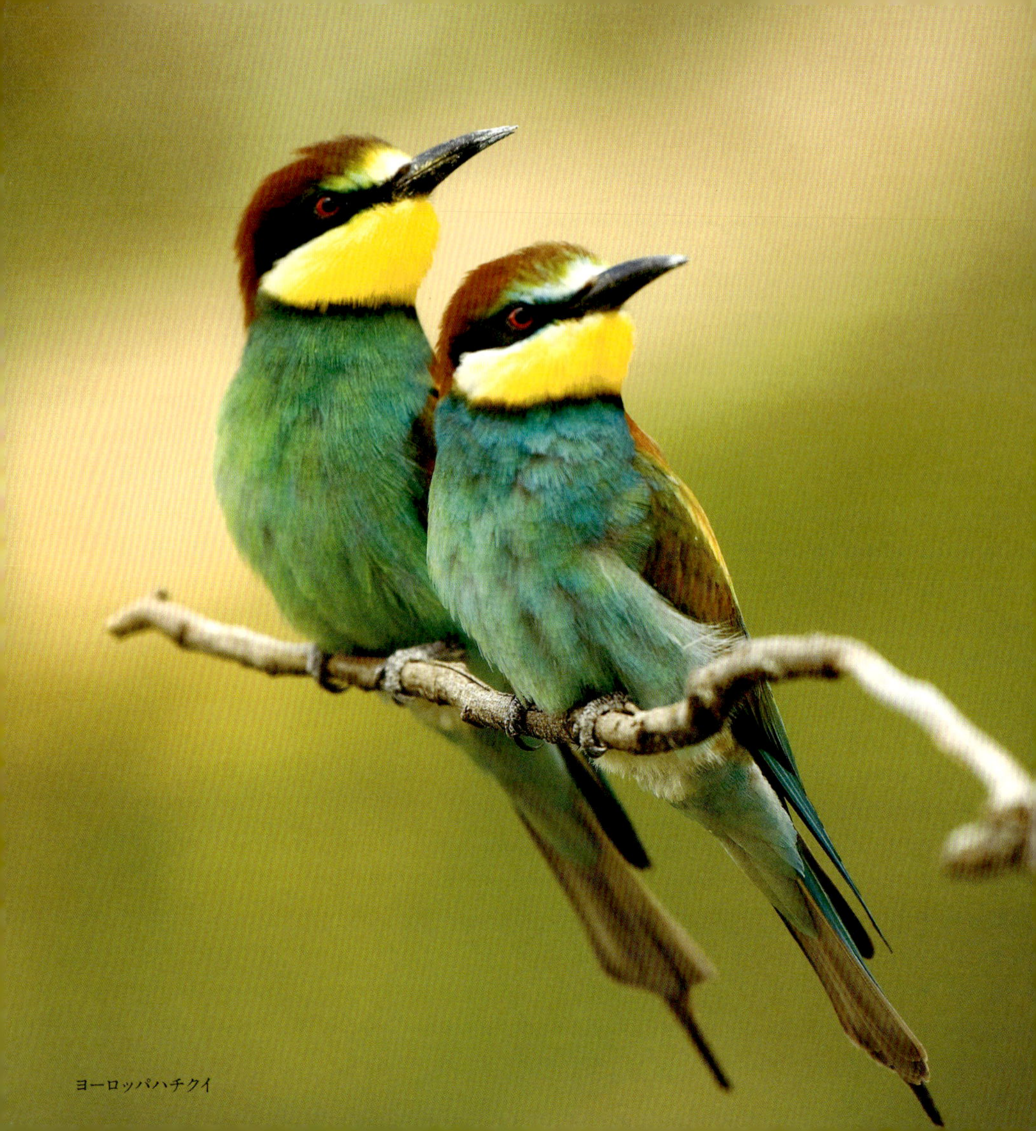
ヨーロッパハチクイ

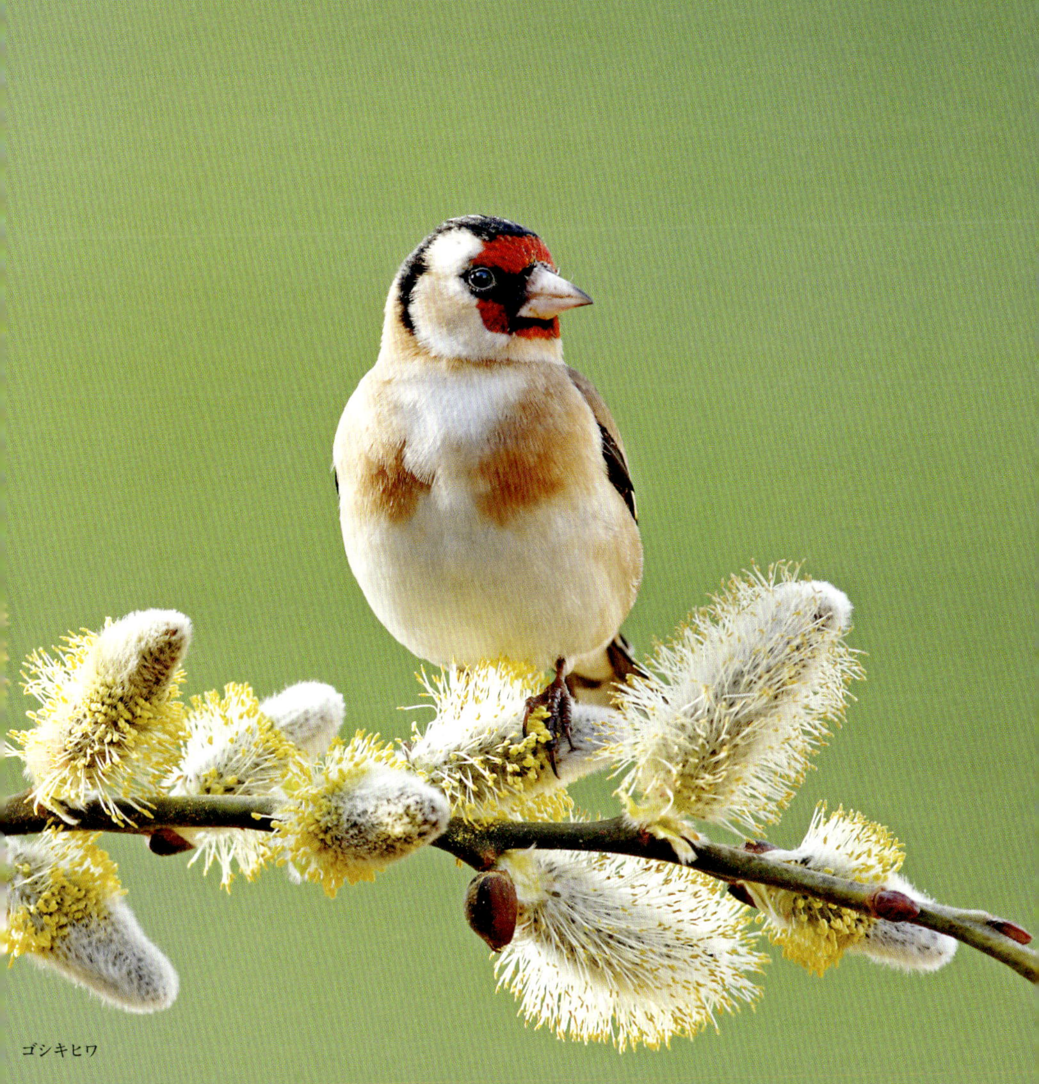

ゴシキヒワ

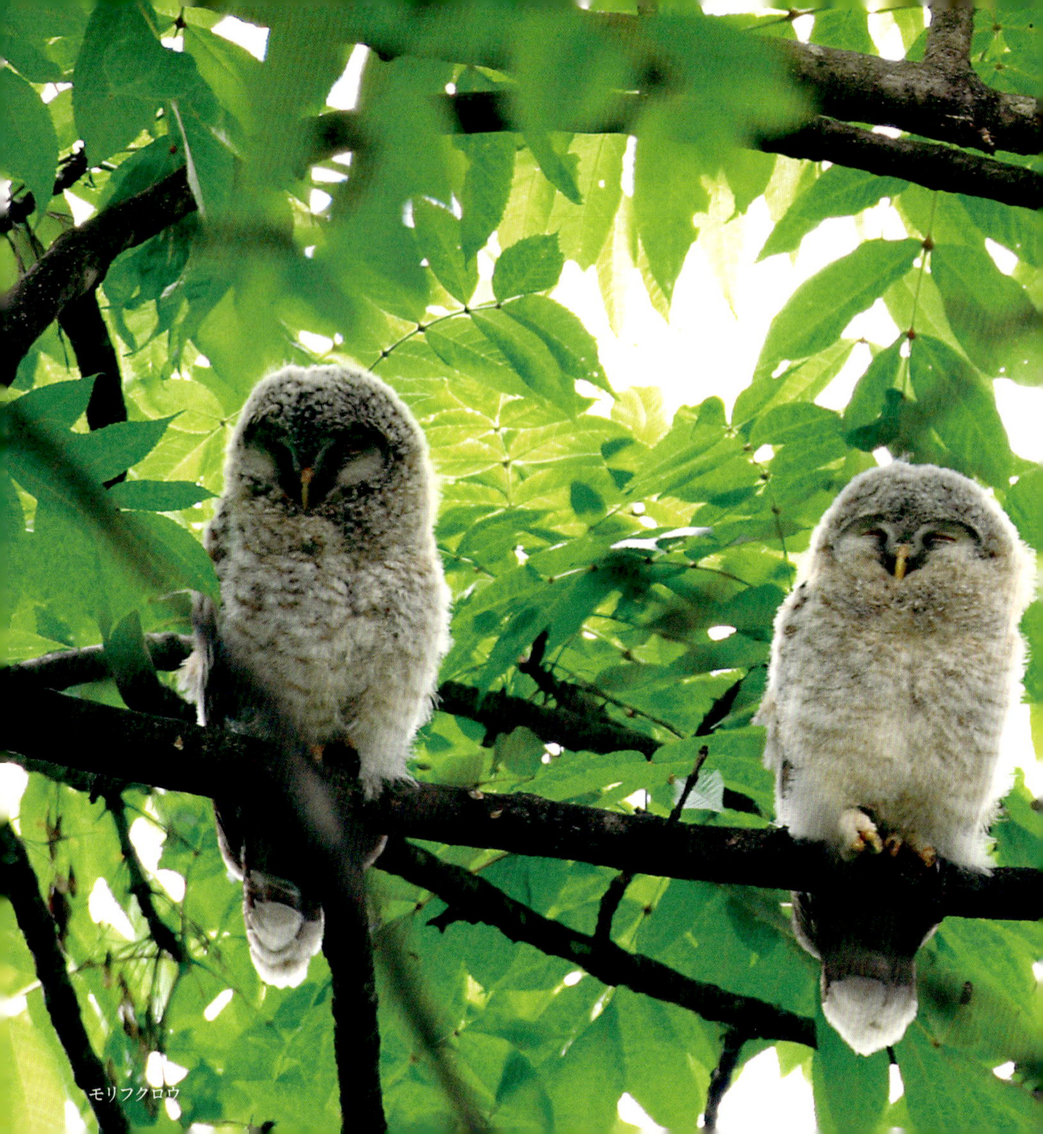

モリフクロウ

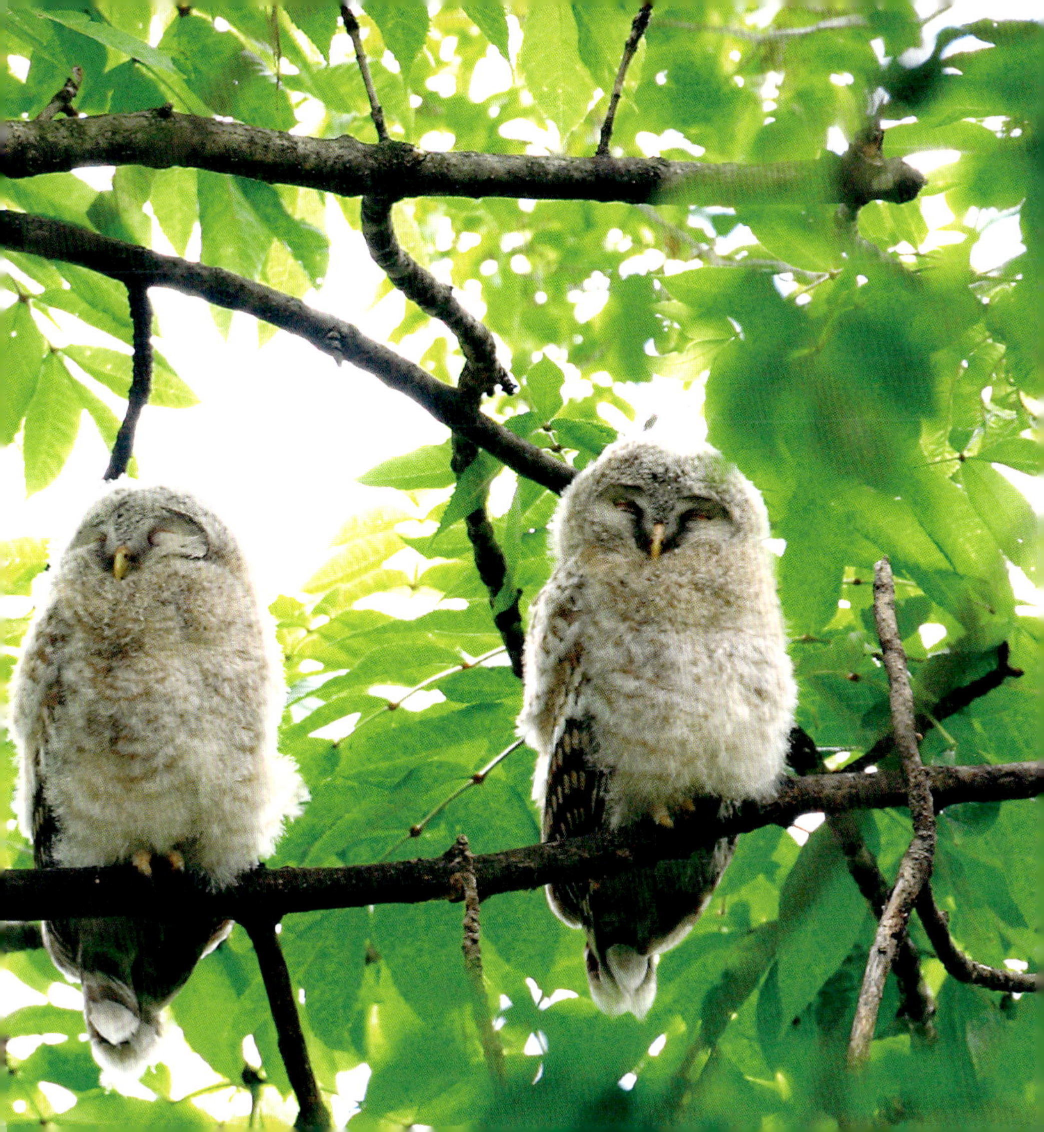

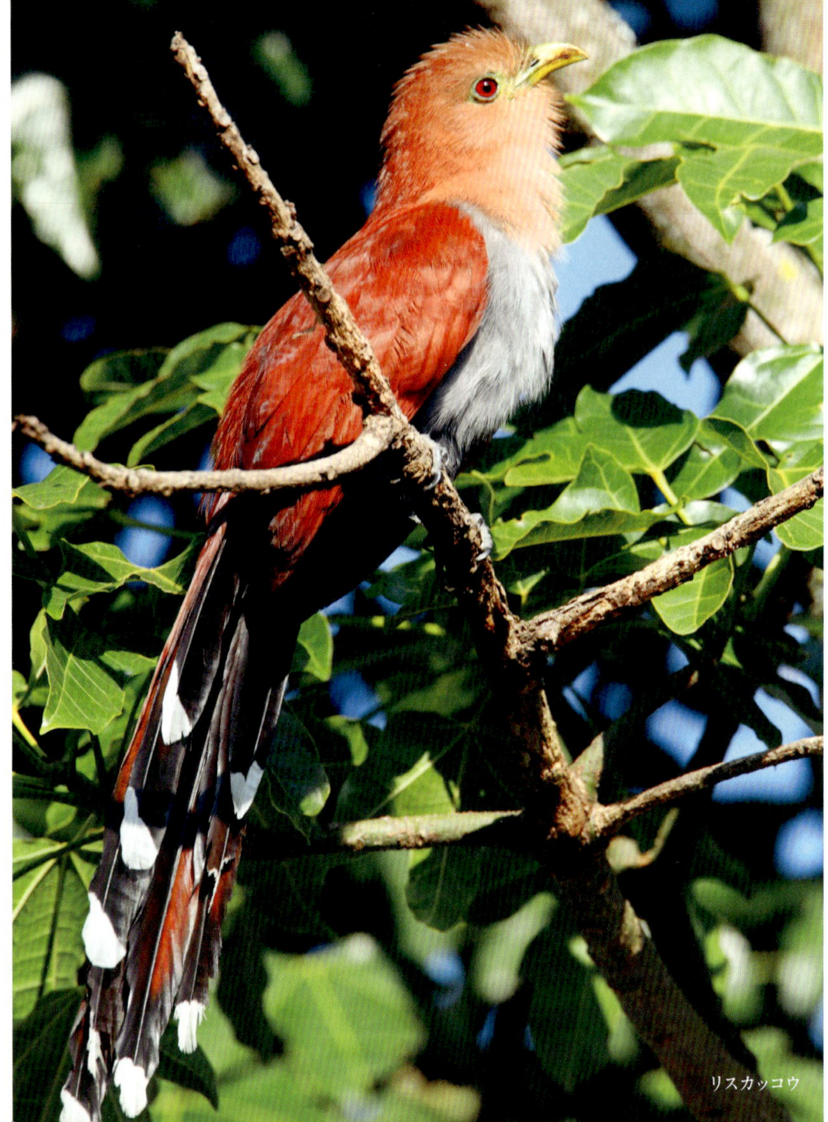
リスカッコウ

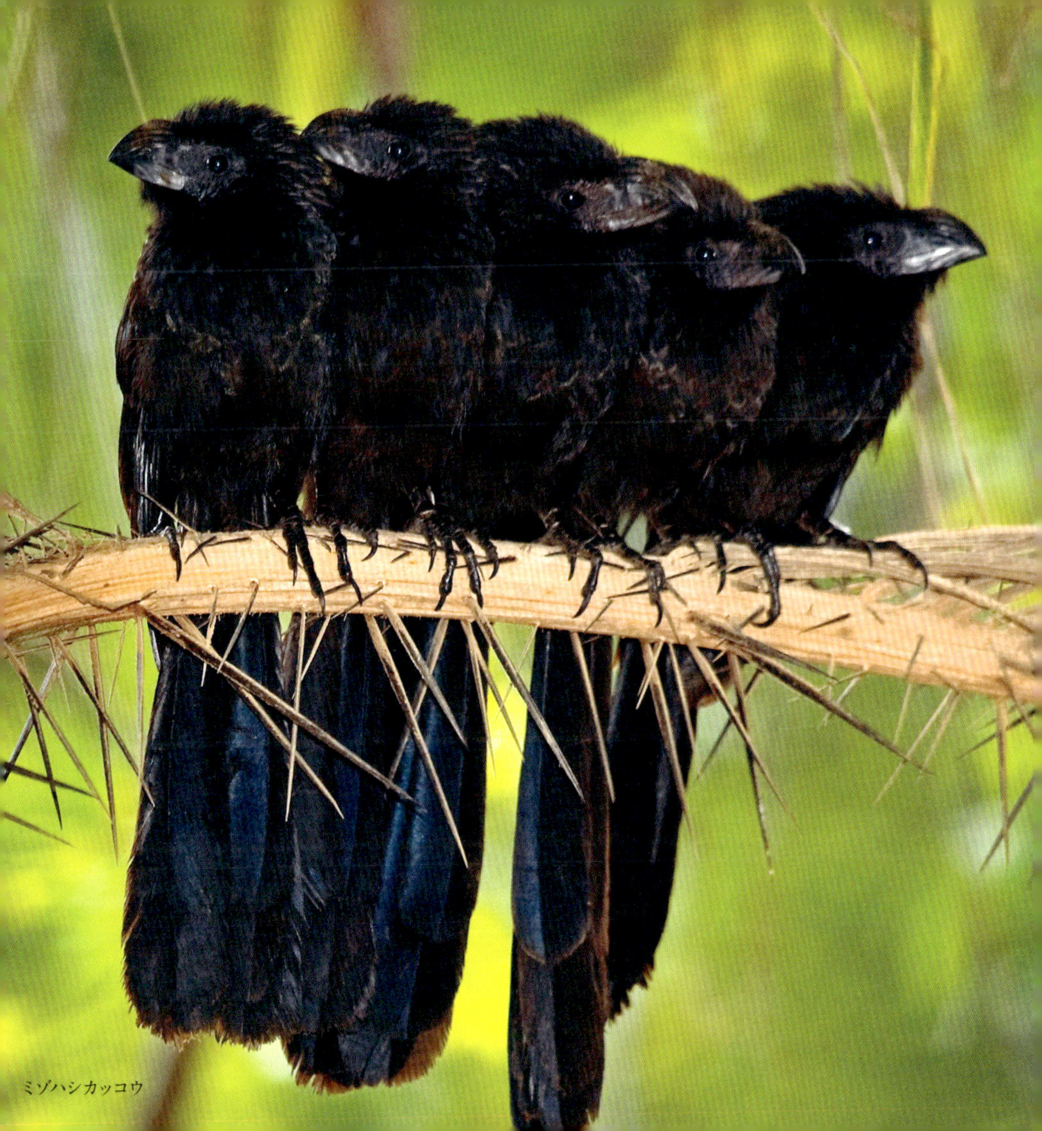

ミゾハシカッコウ

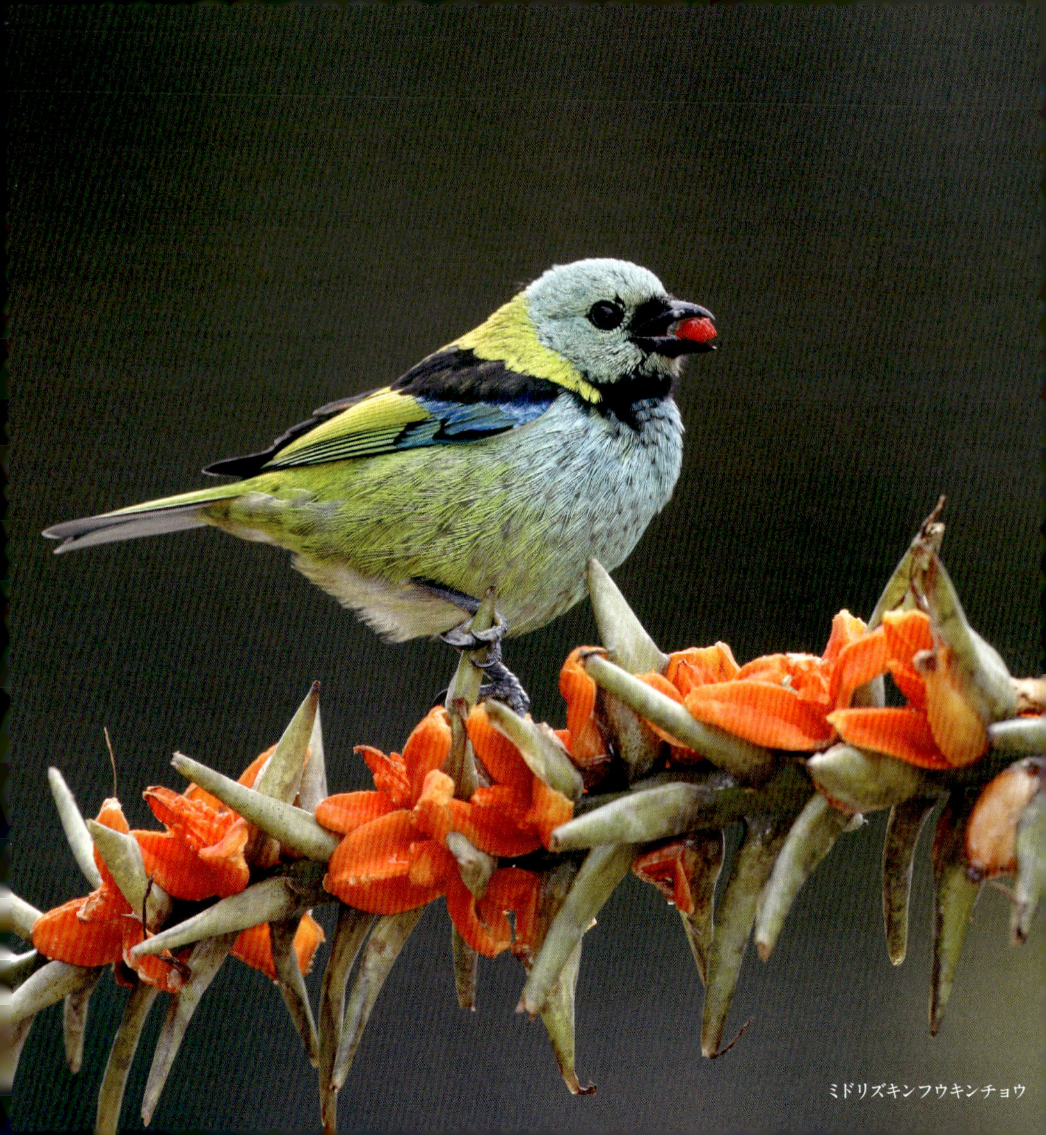
ミドリズキンフウキンチョウ

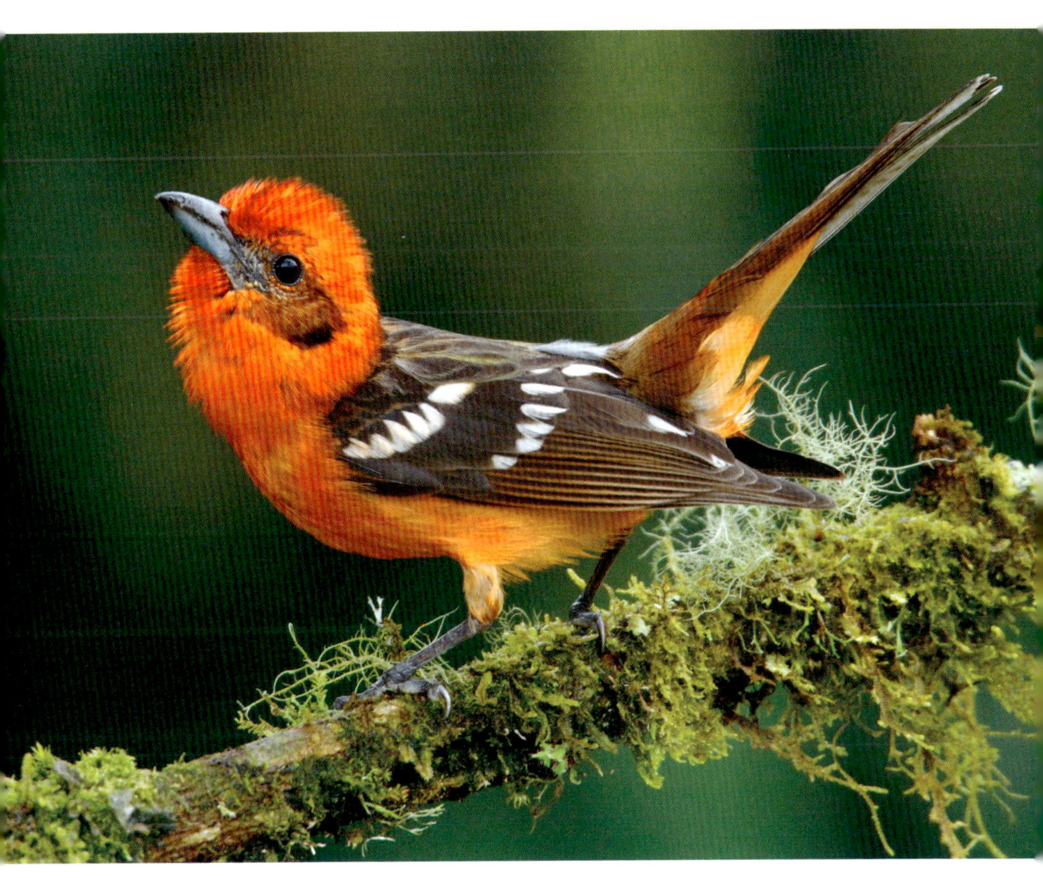

ホノオフウキンチョウ

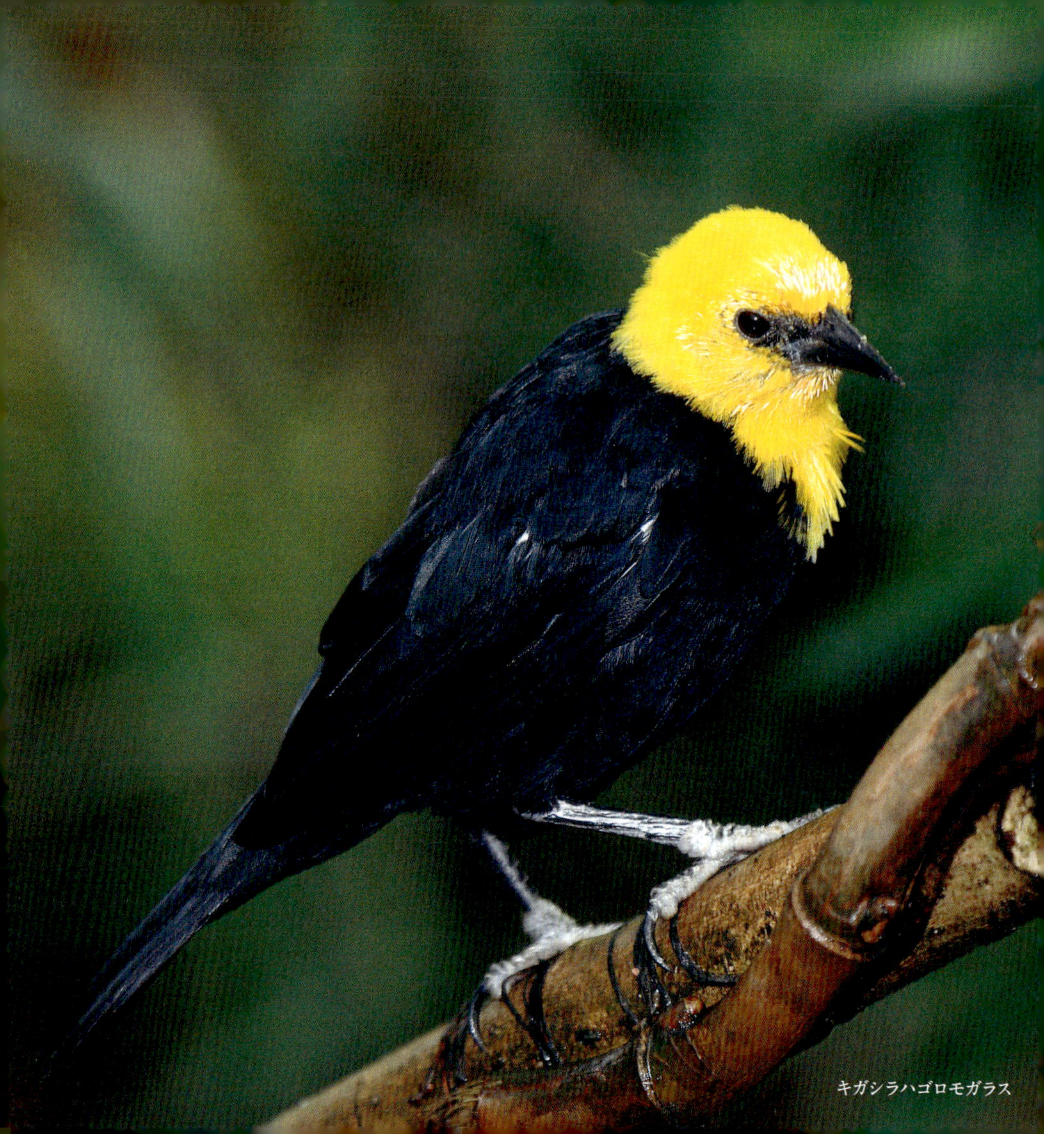

キガシラハゴロモガラス

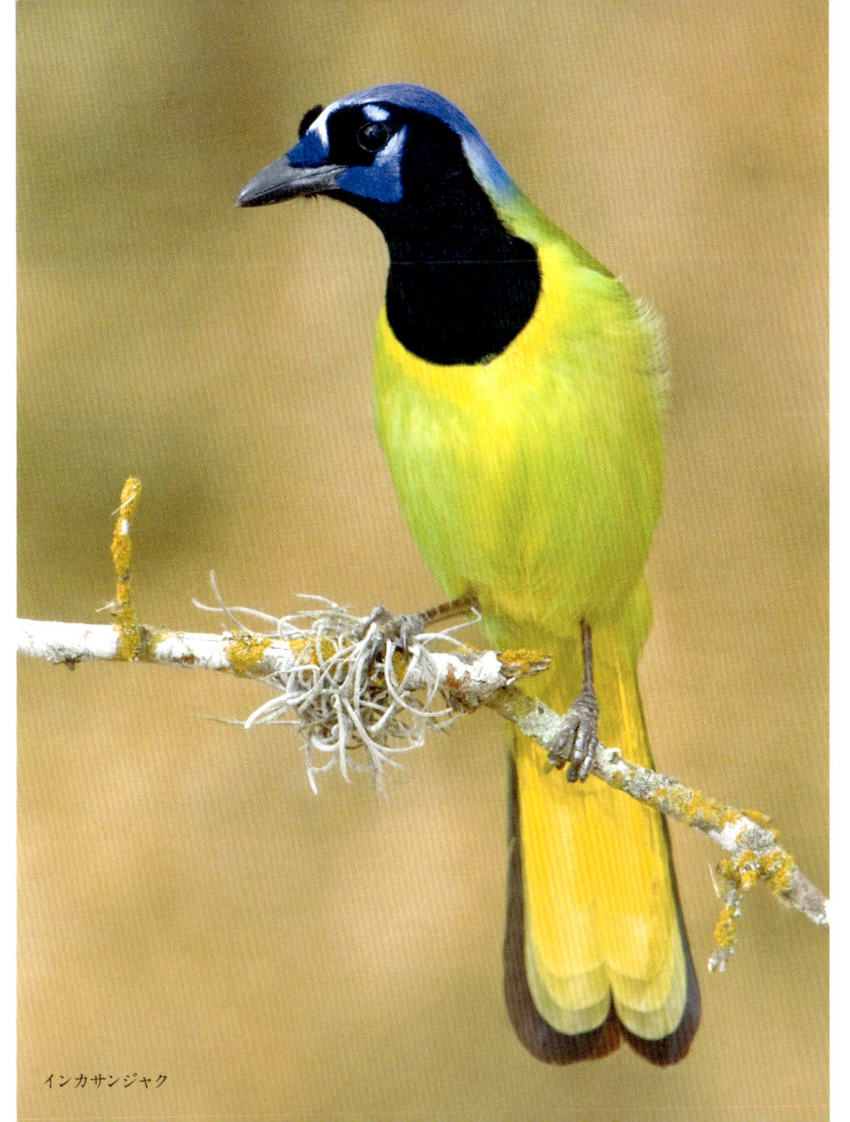

インカサンジャク

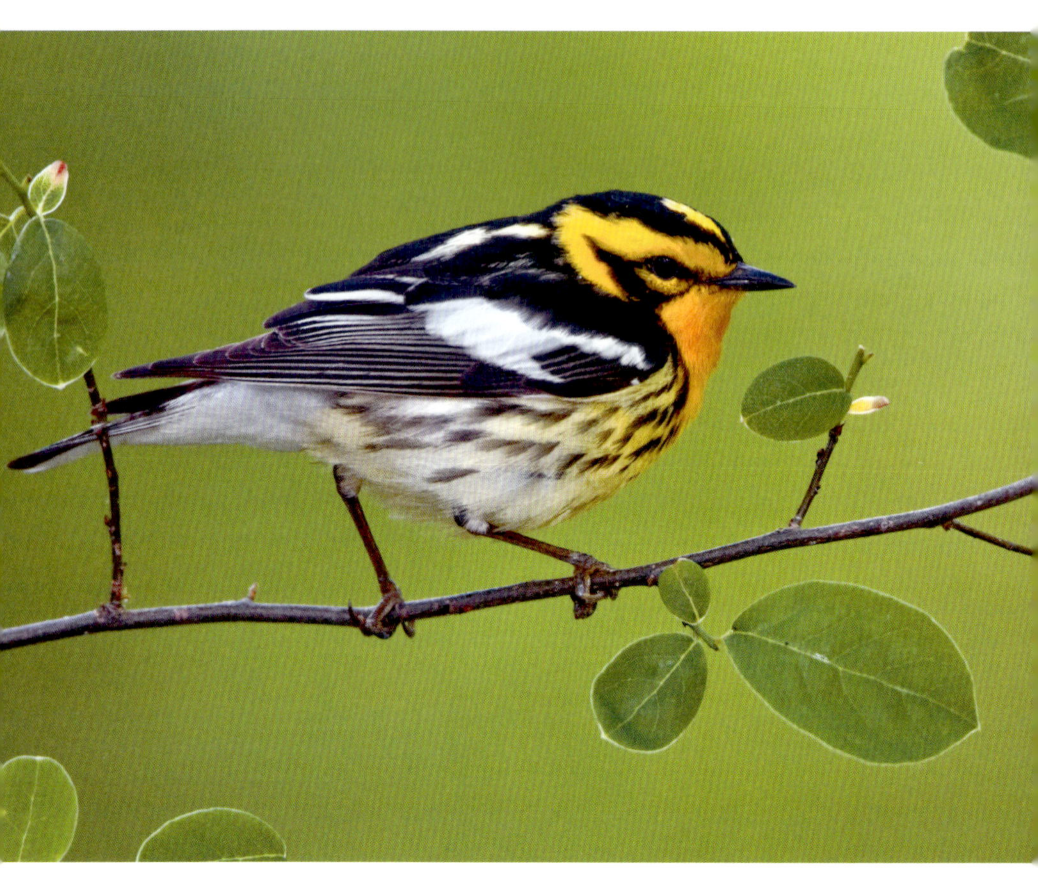

キマユアメリカムシクイ

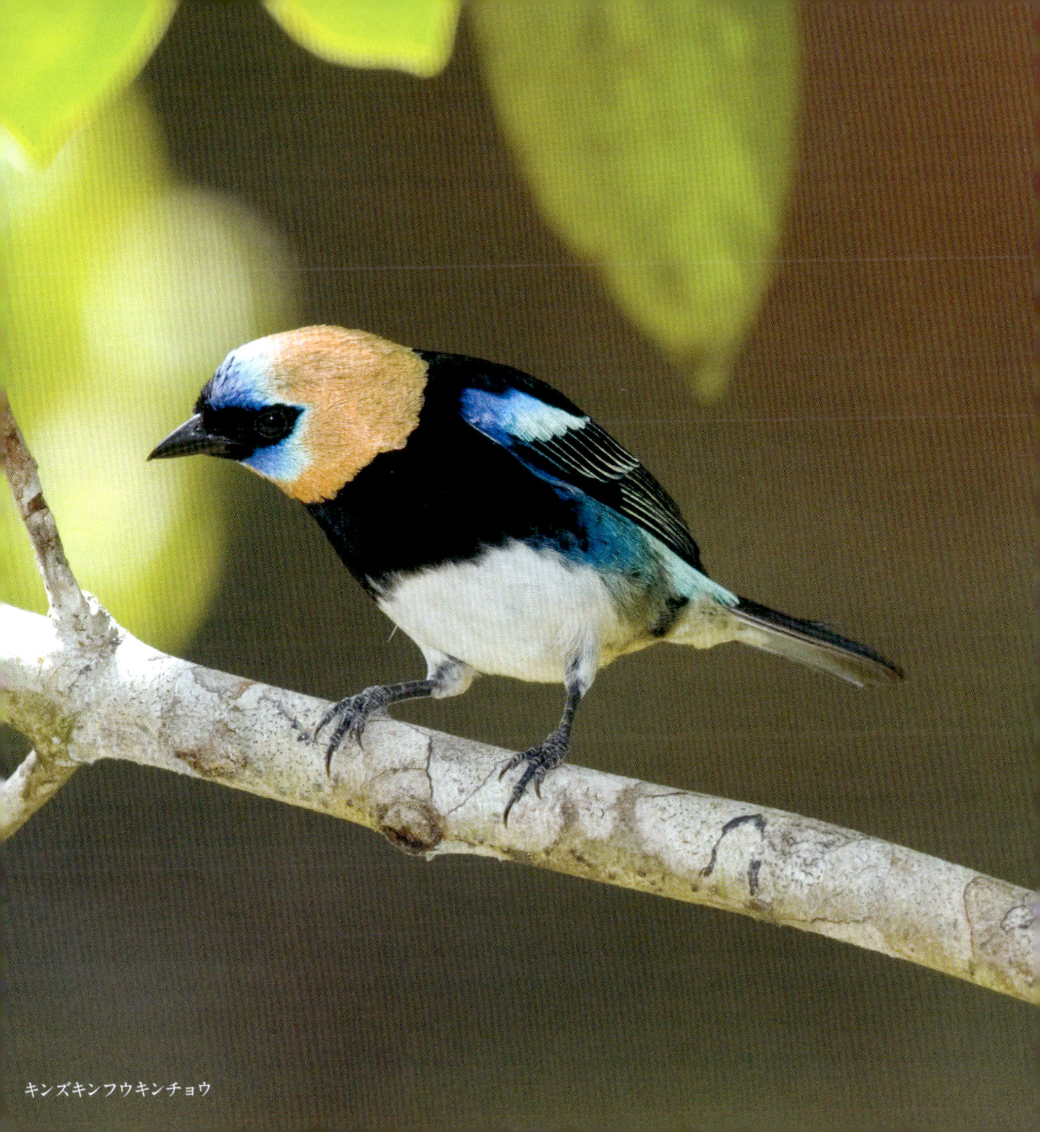

キンズキンフウキンチョウ

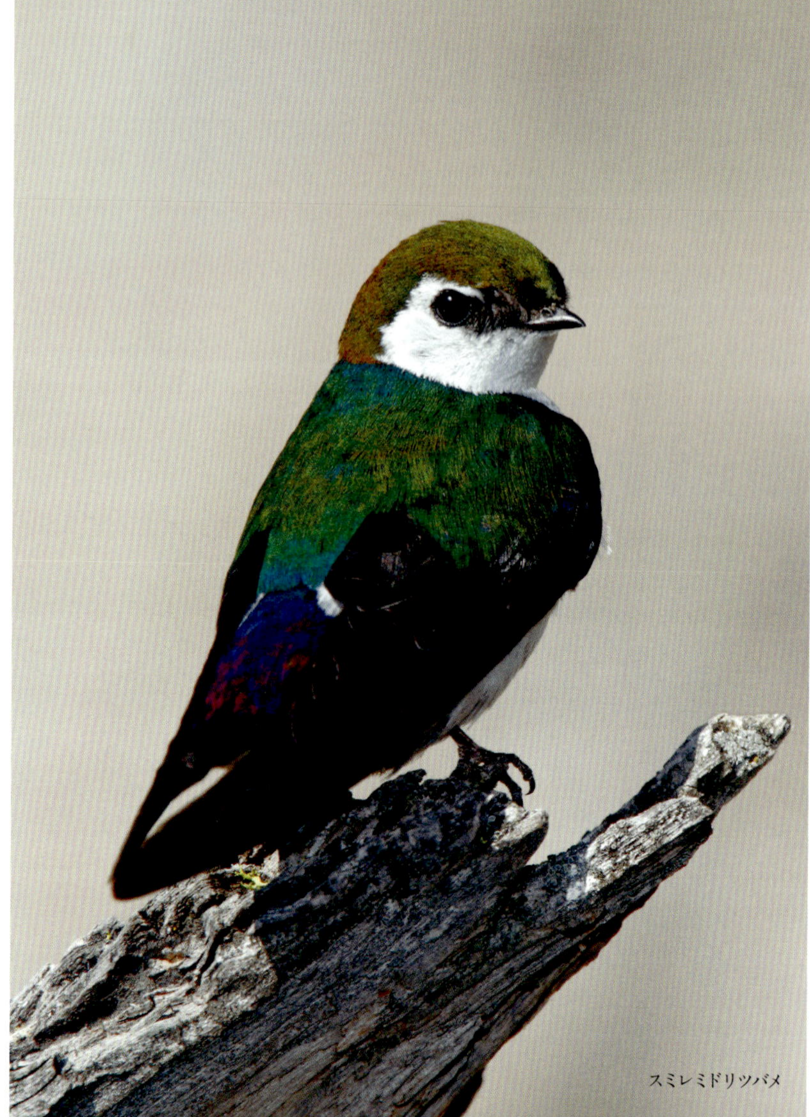

スミレミドリツバメ

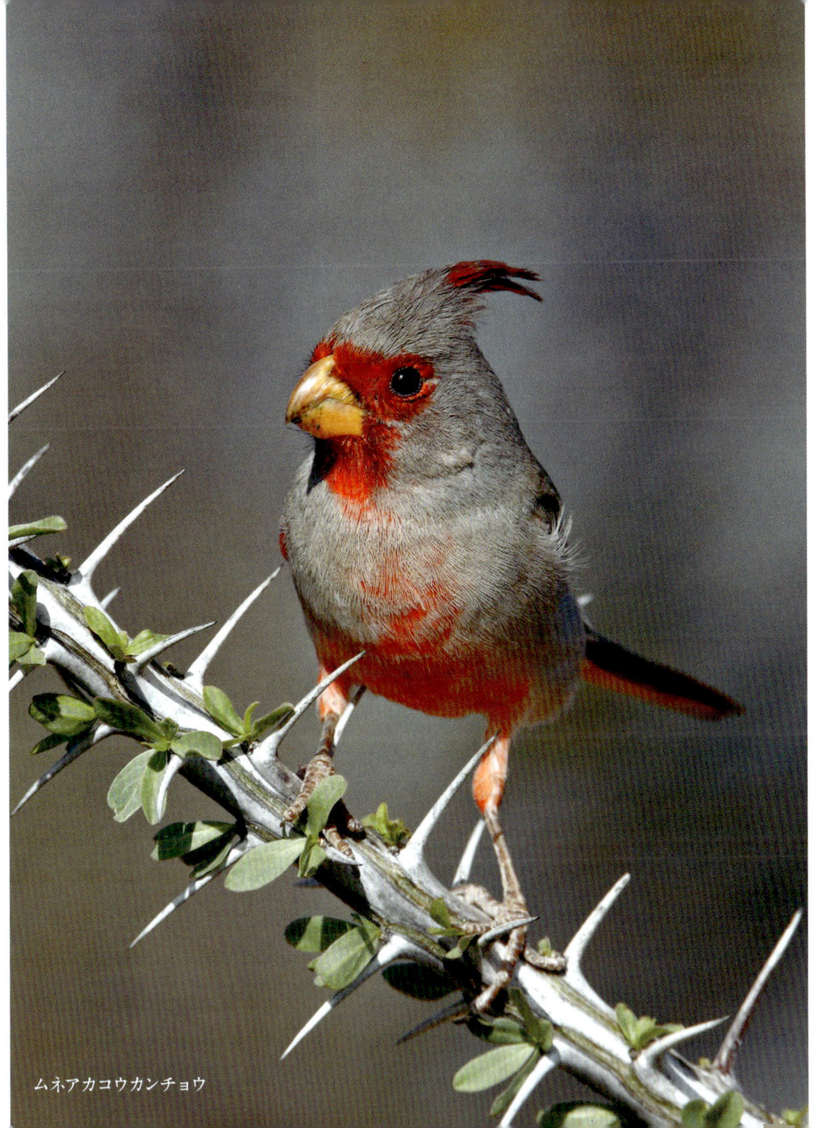
ムネアカコウカンチョウ

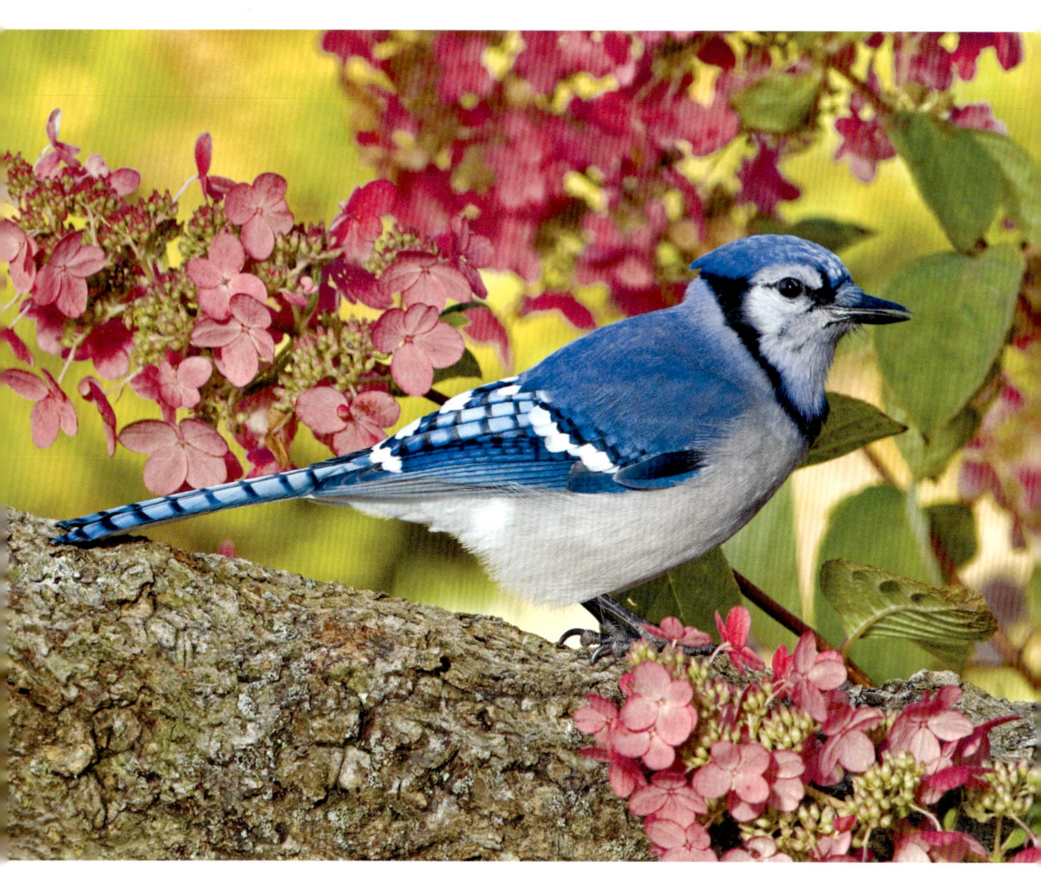

アオカケス

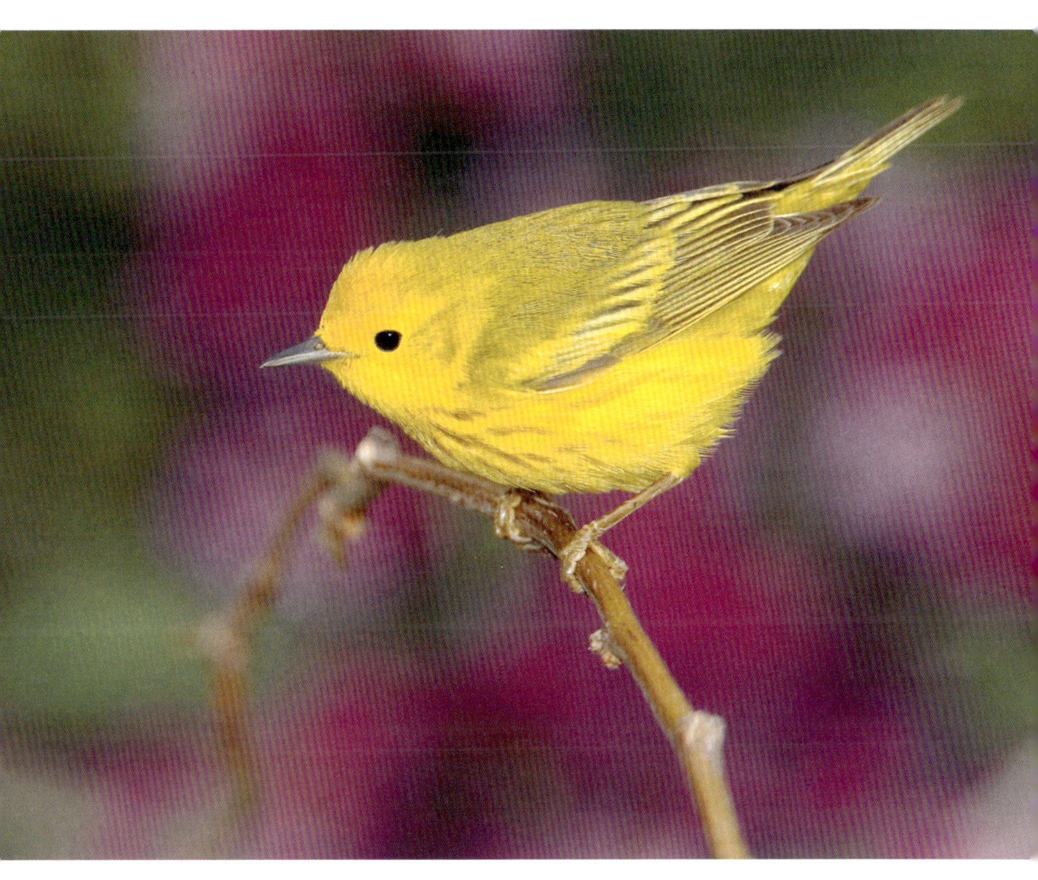

キイロアメリカムシクイ

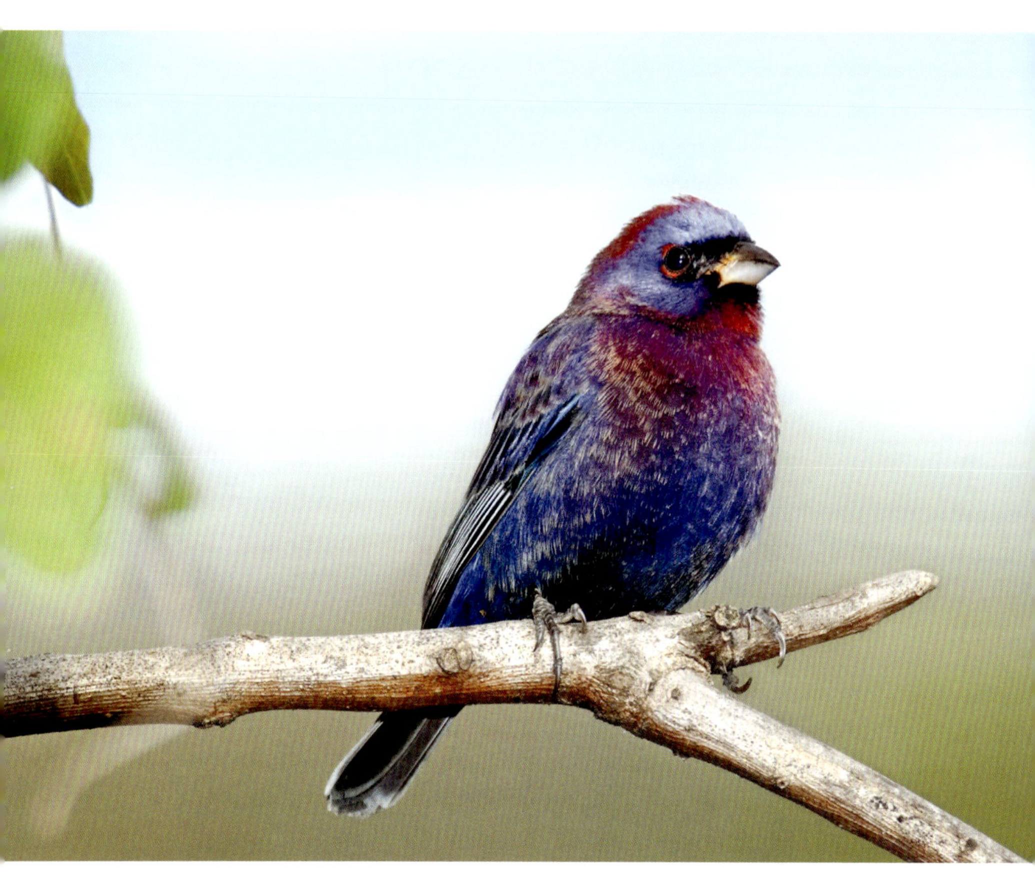

ムラサキノジコ

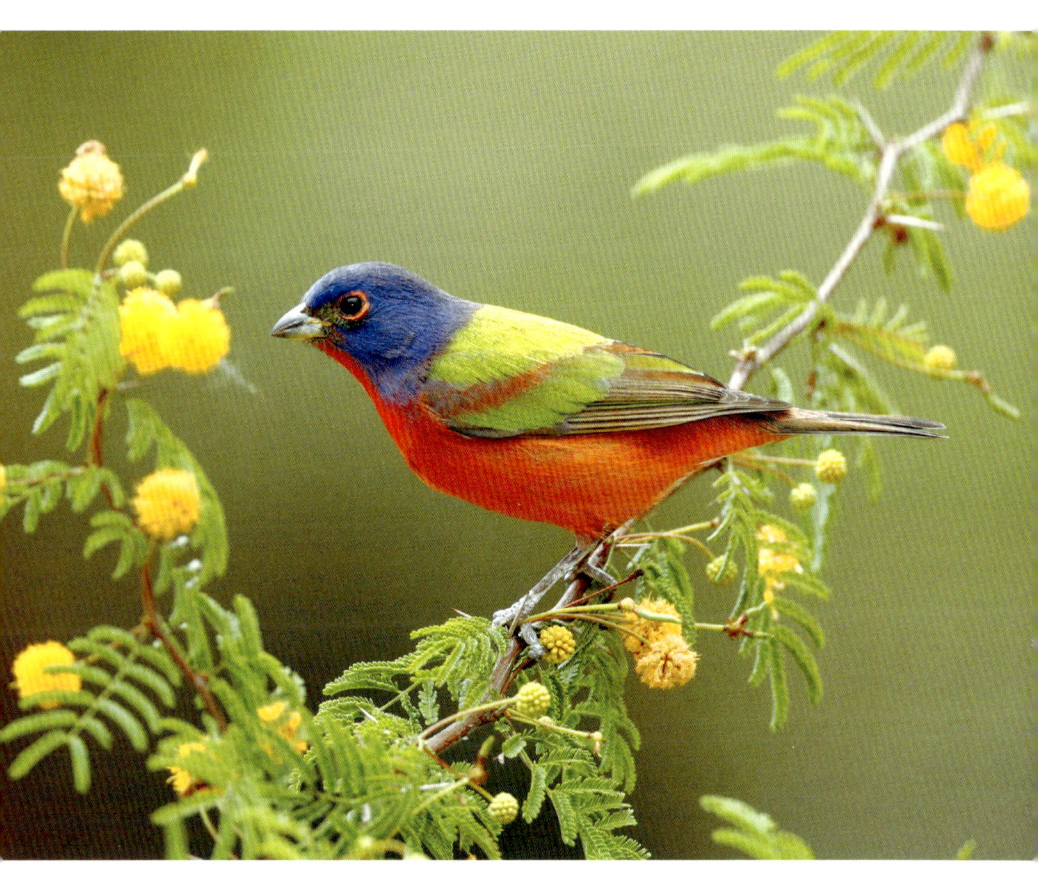

ゴシキノジコ

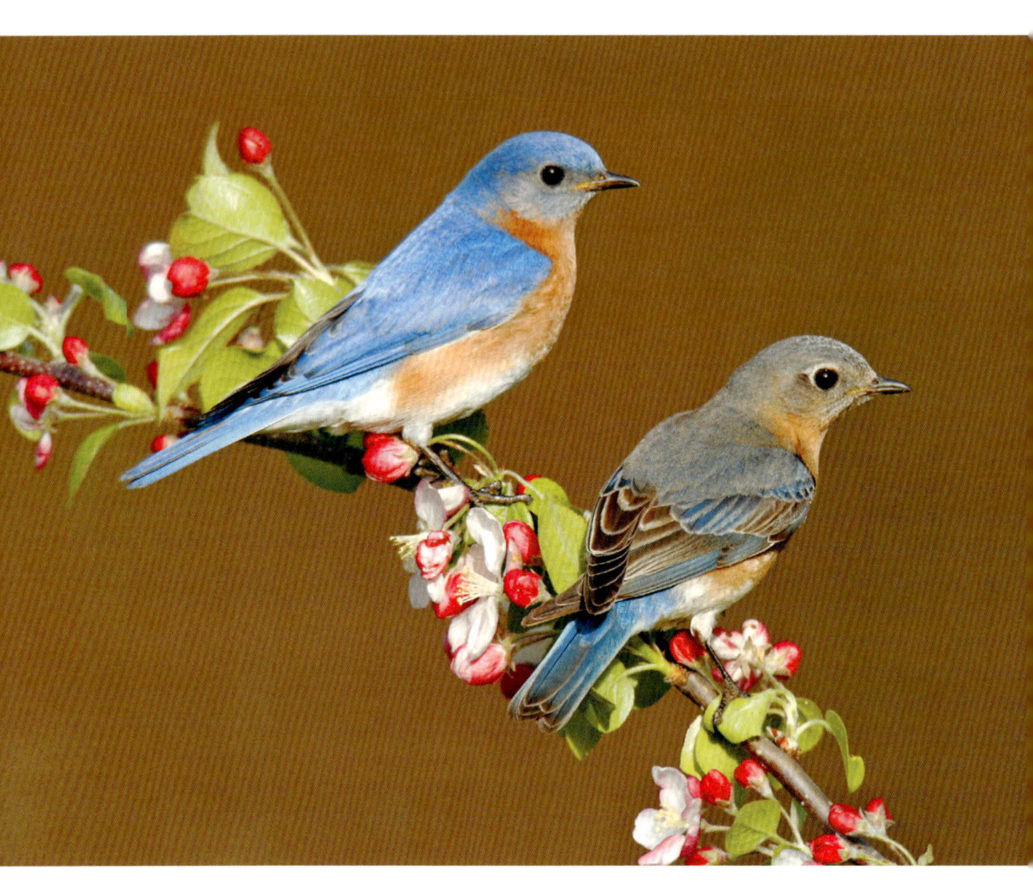

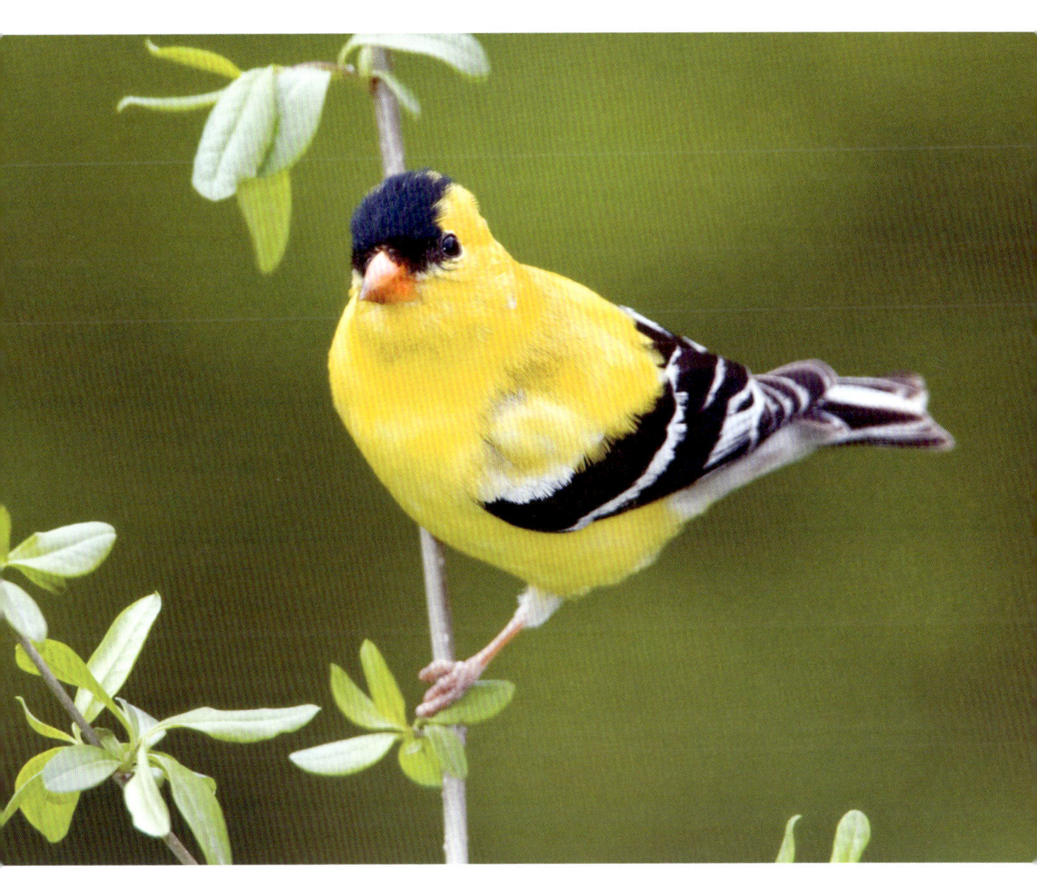

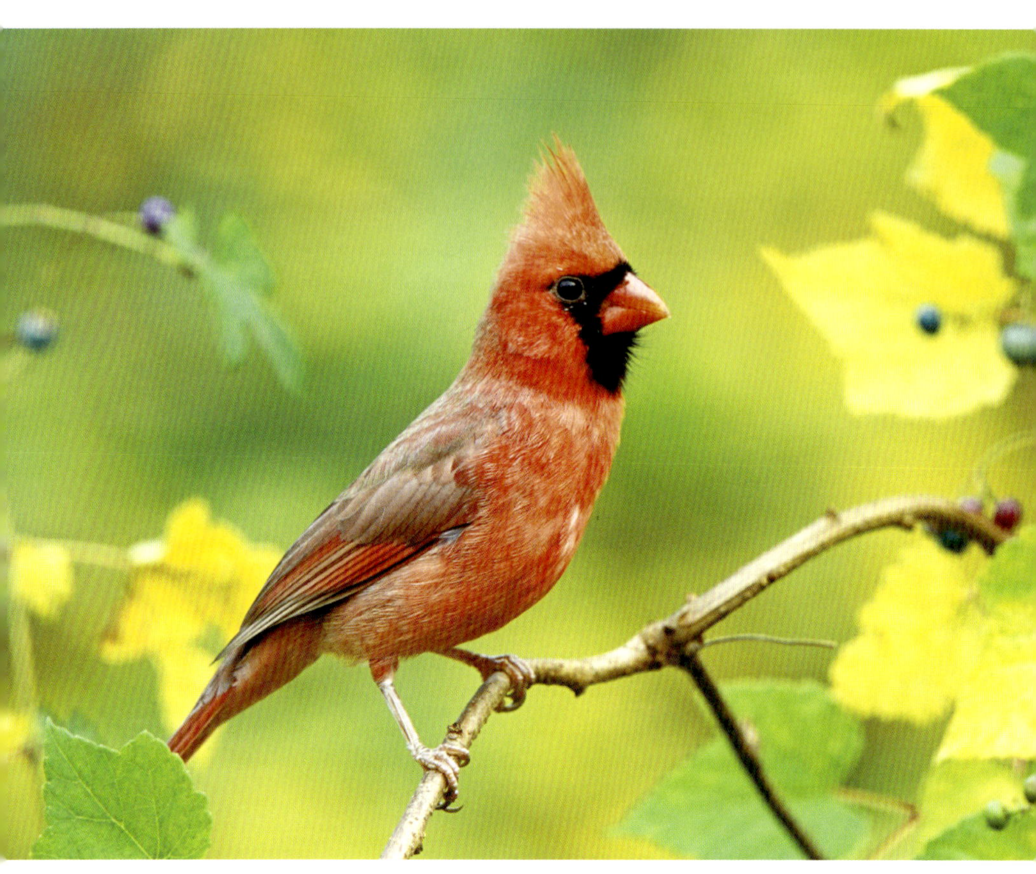

ショウジョウコウカンチョウ

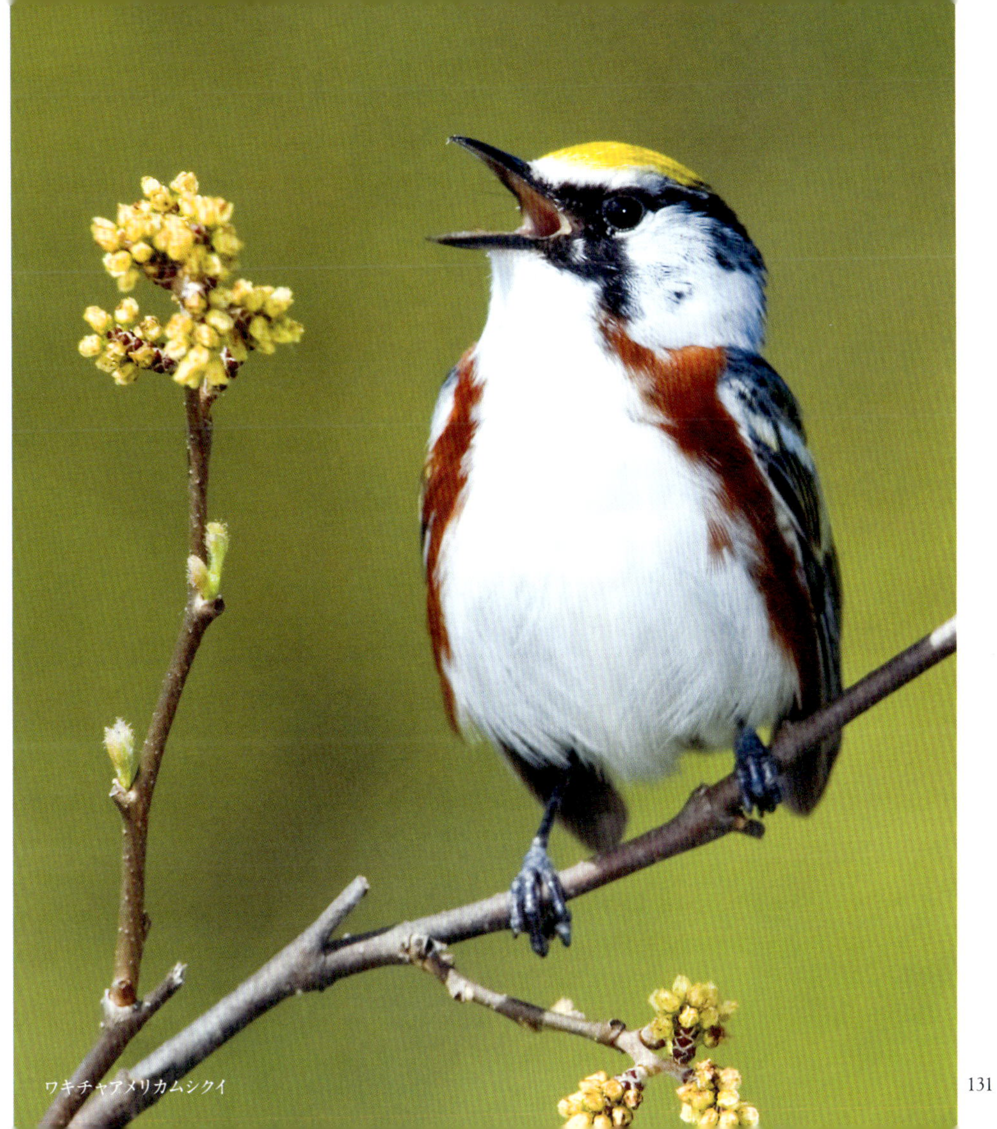
ワキチャアメリカムシクイ

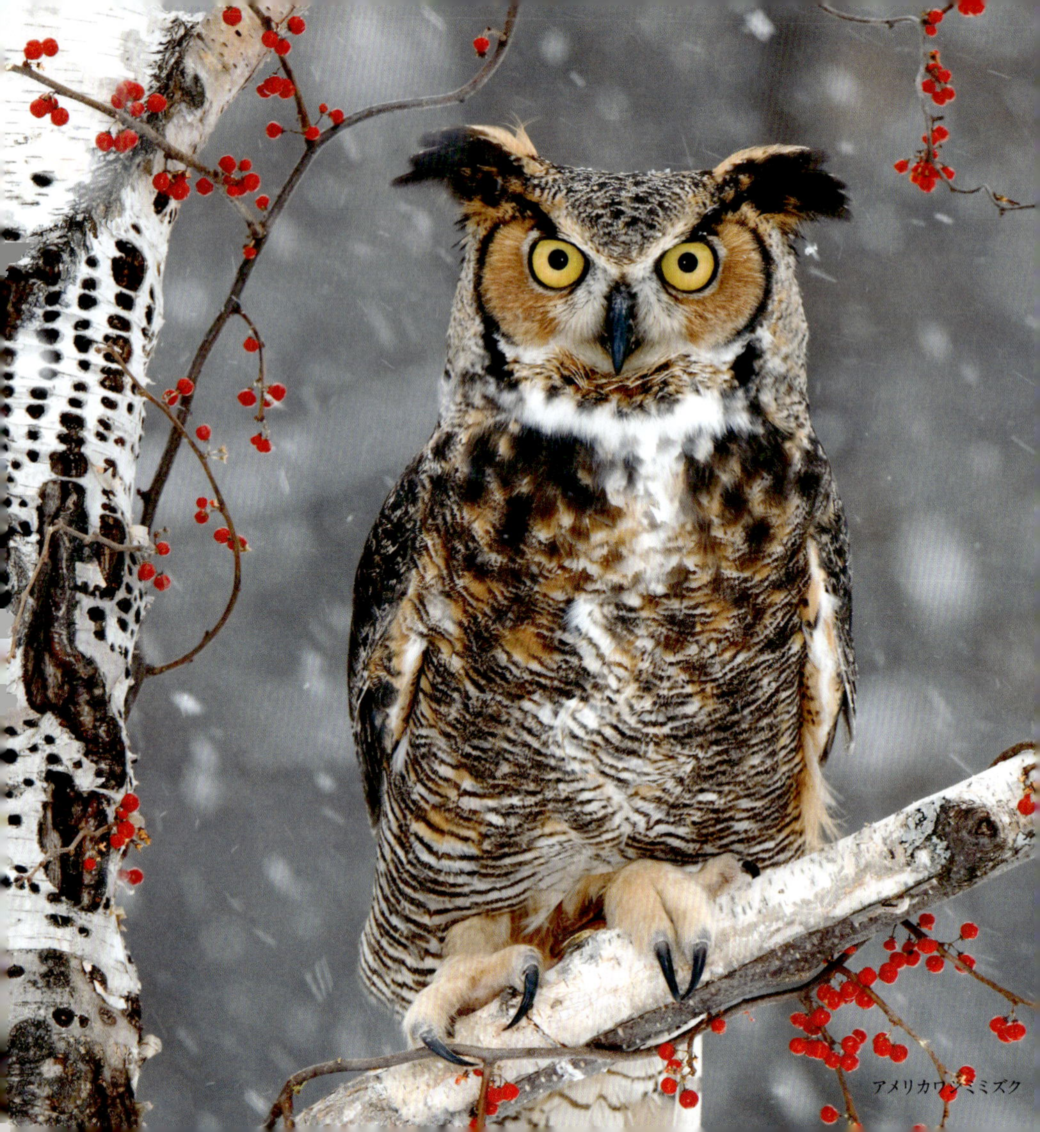

アメリカワシミミズク

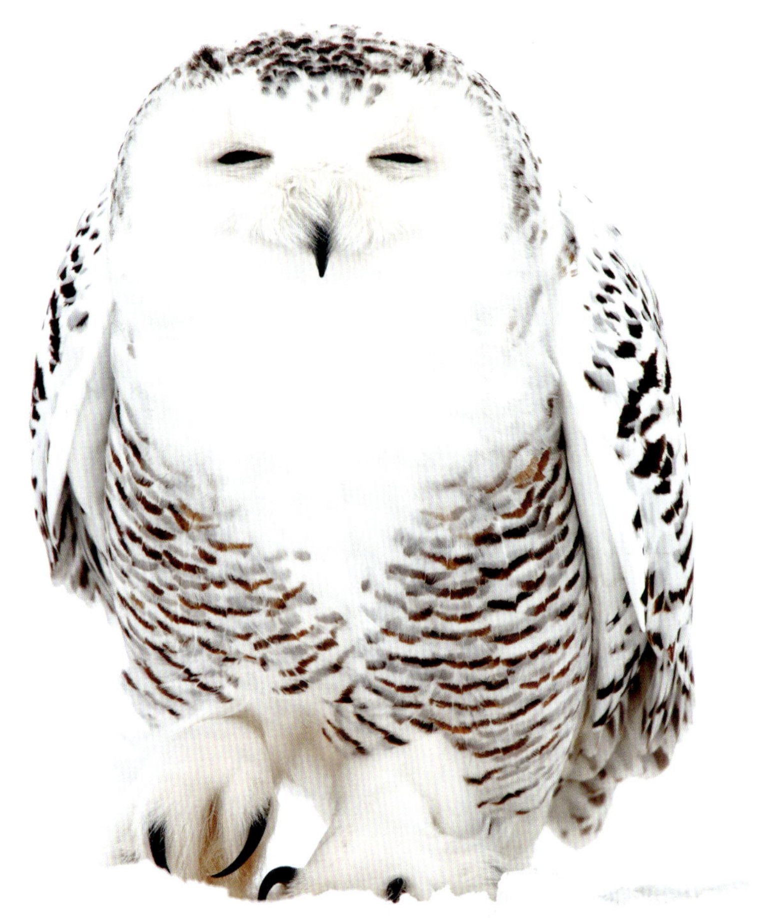

シロフクロウ

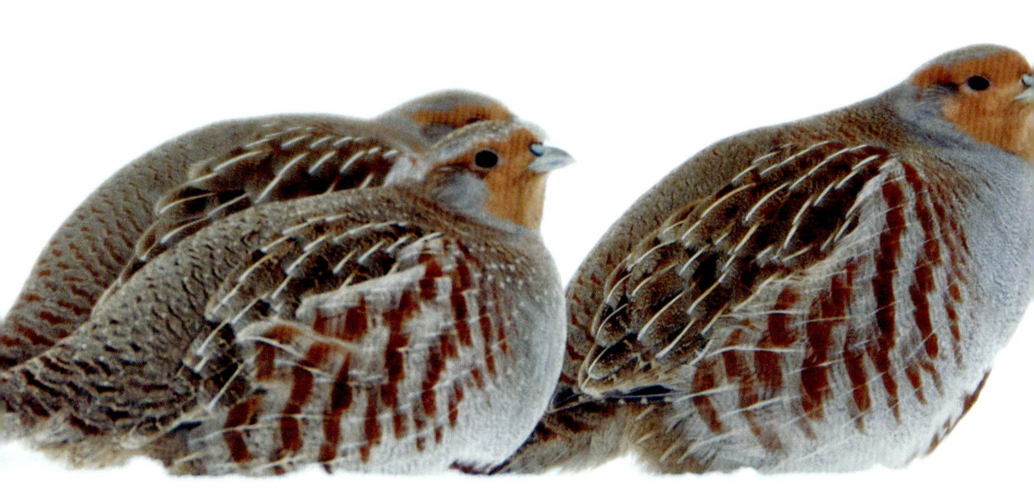

ヨーロッパヤマウズラ

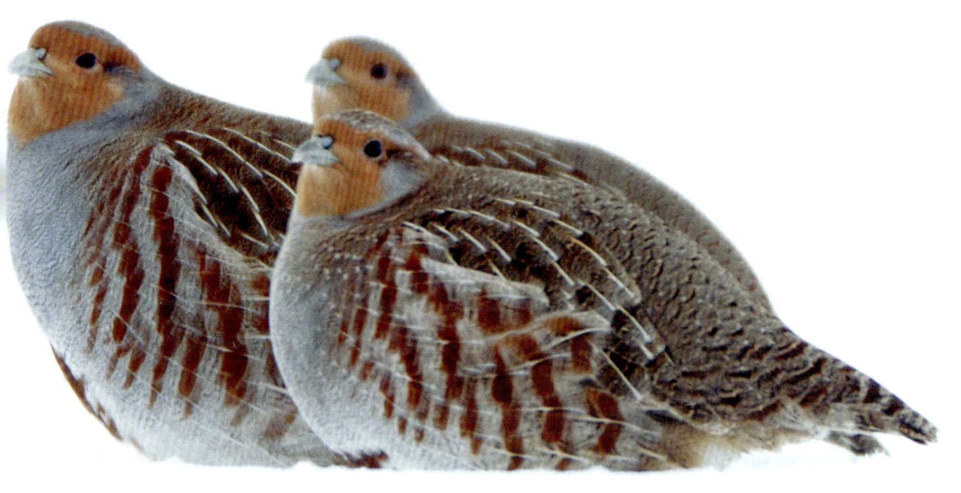

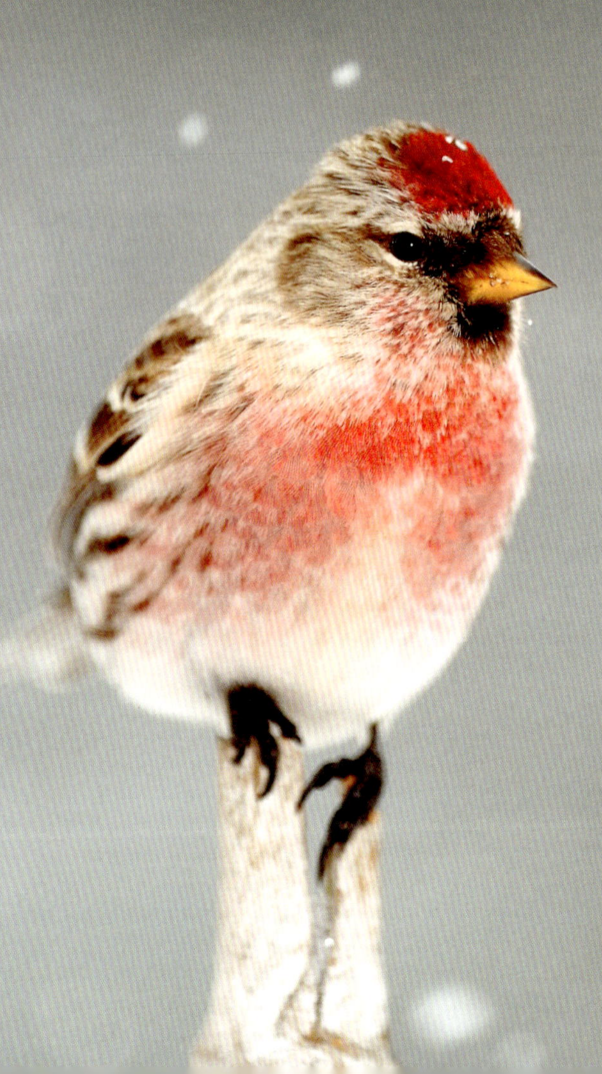

ベニヒワ

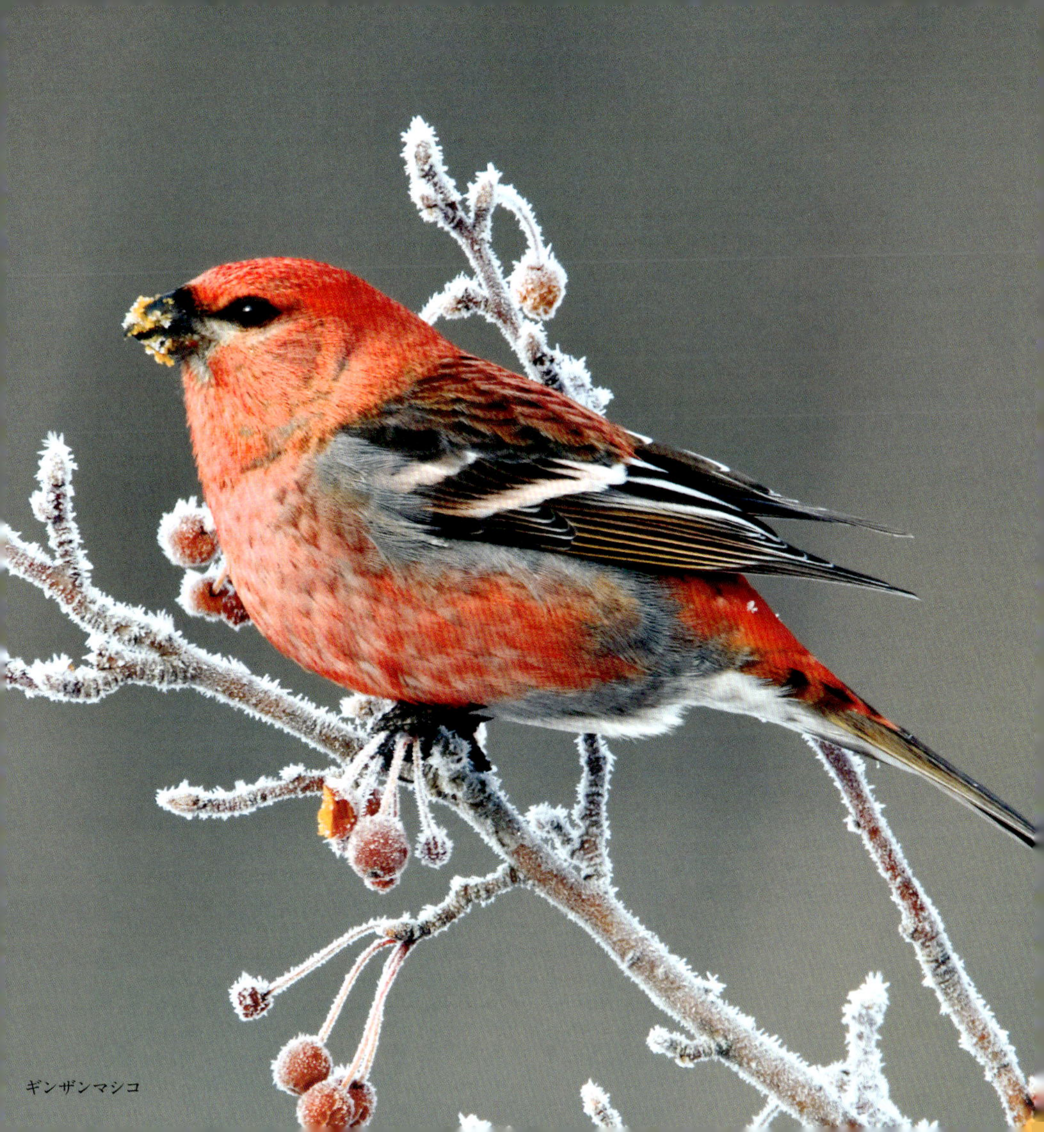

ギンザンマシコ

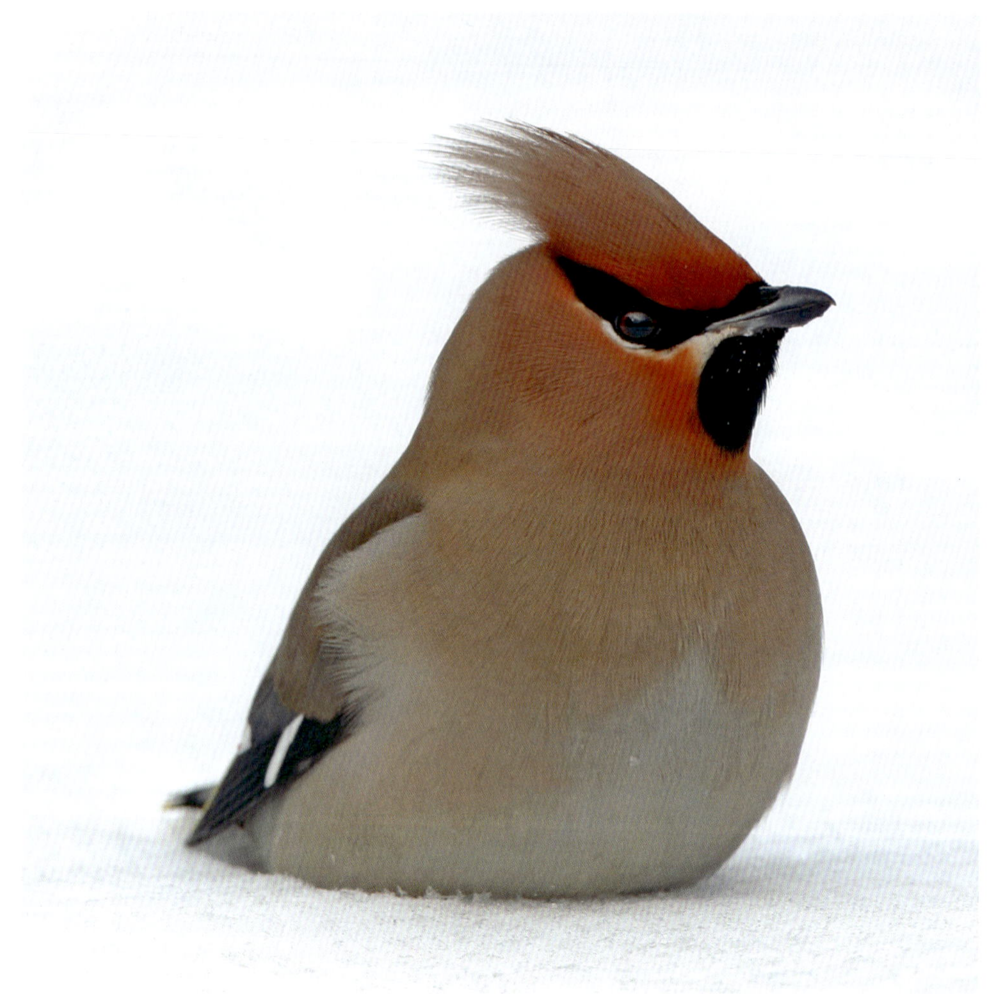

キレンジャク

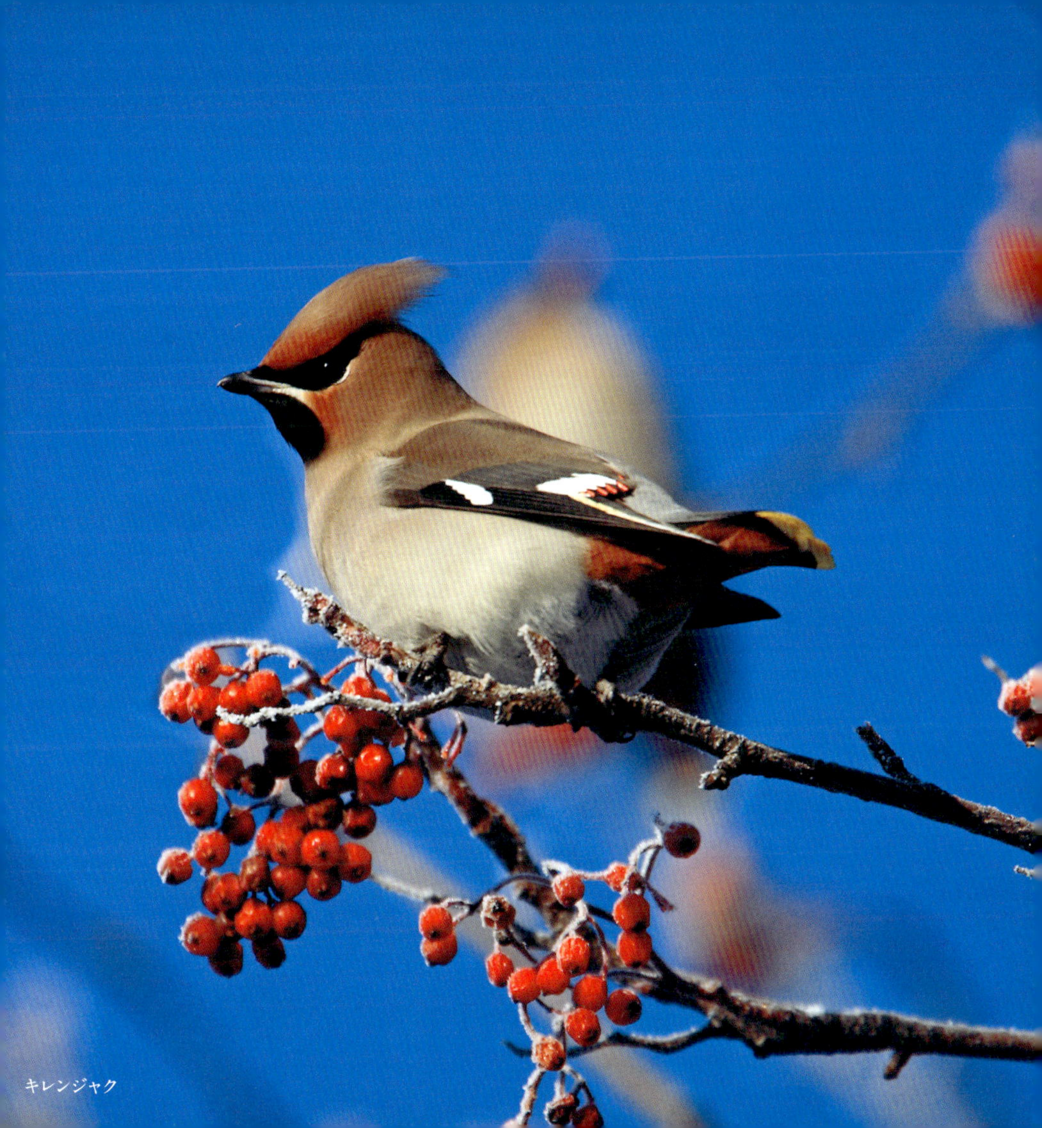
キレンジャク

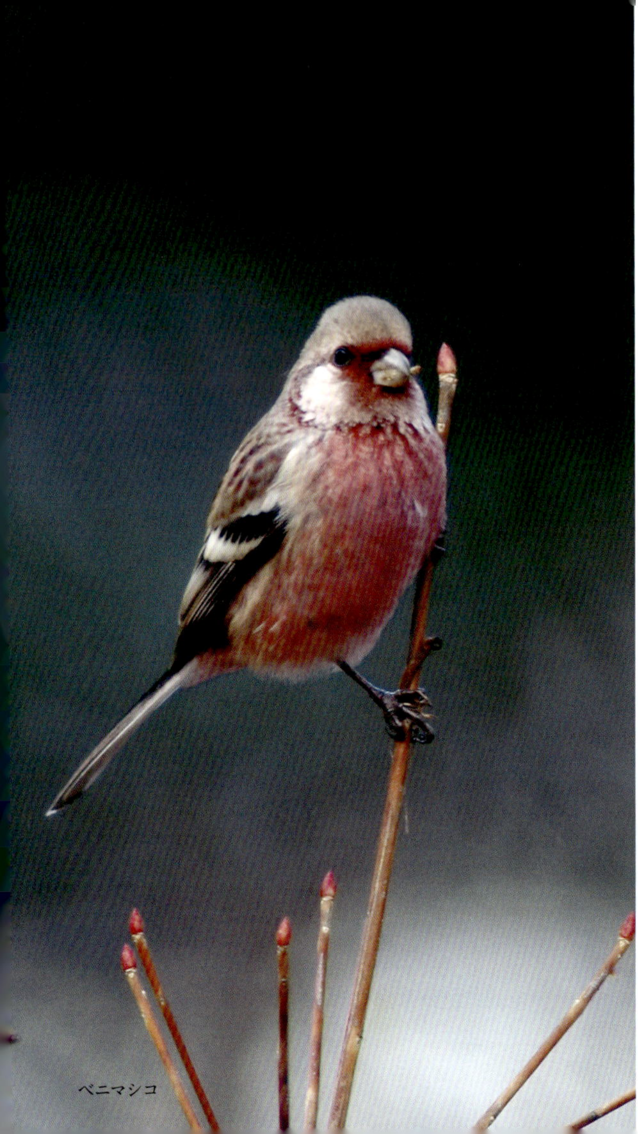

ベニマシコ

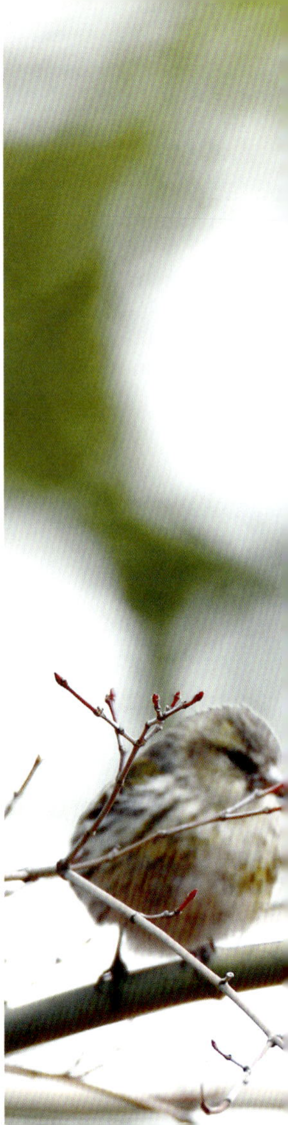

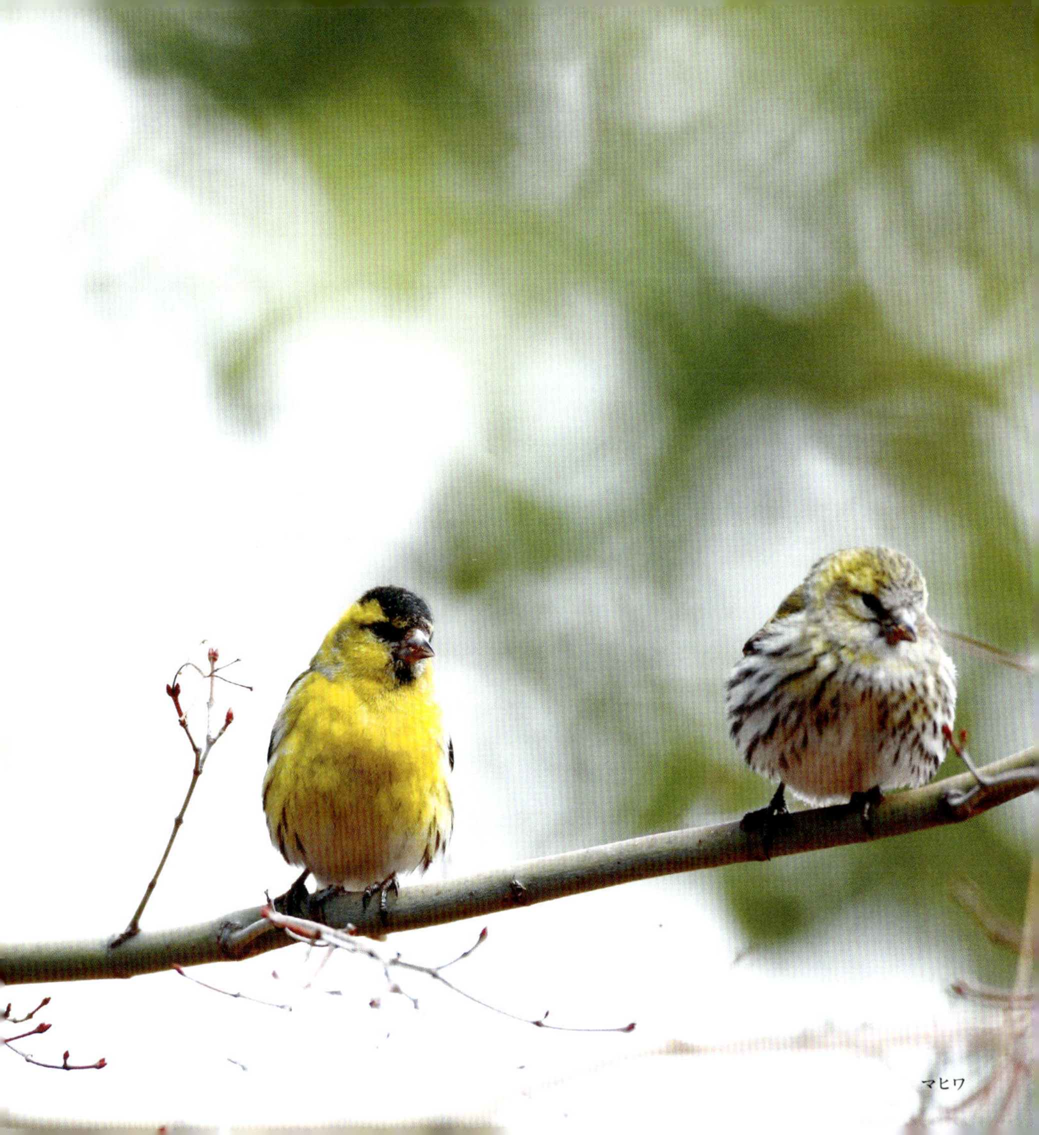

マヒワ

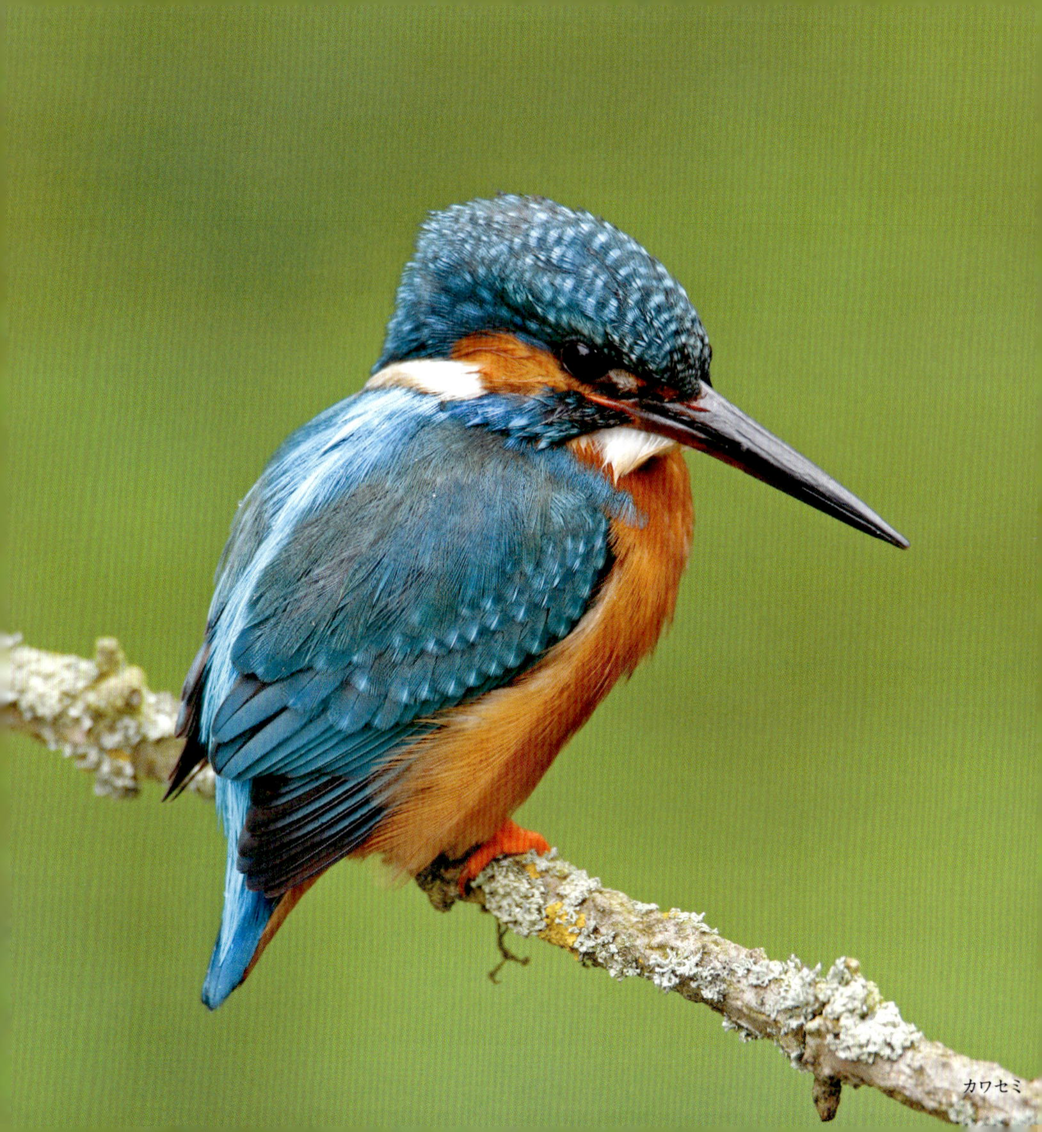

カワセミ

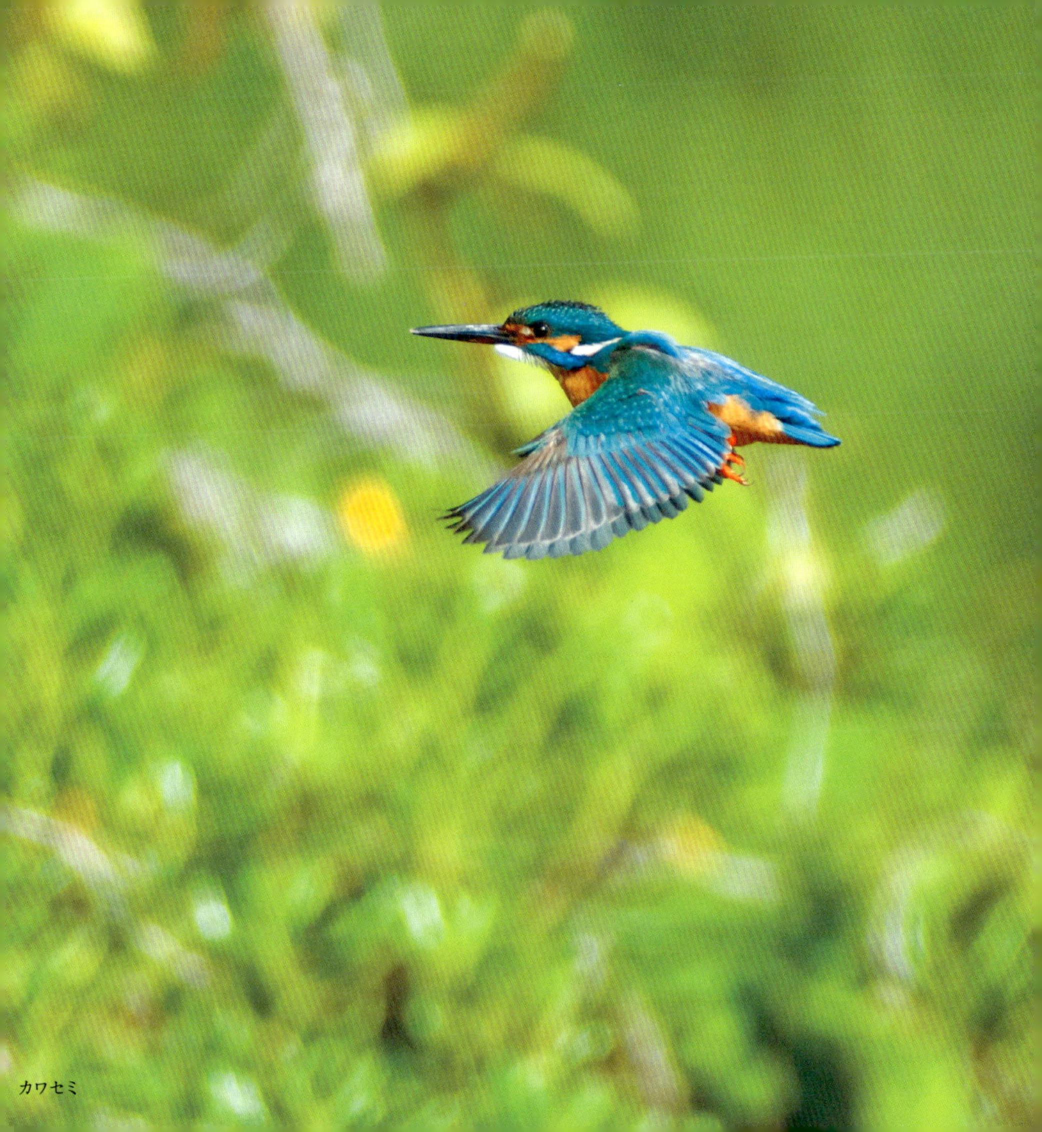

カワセミ

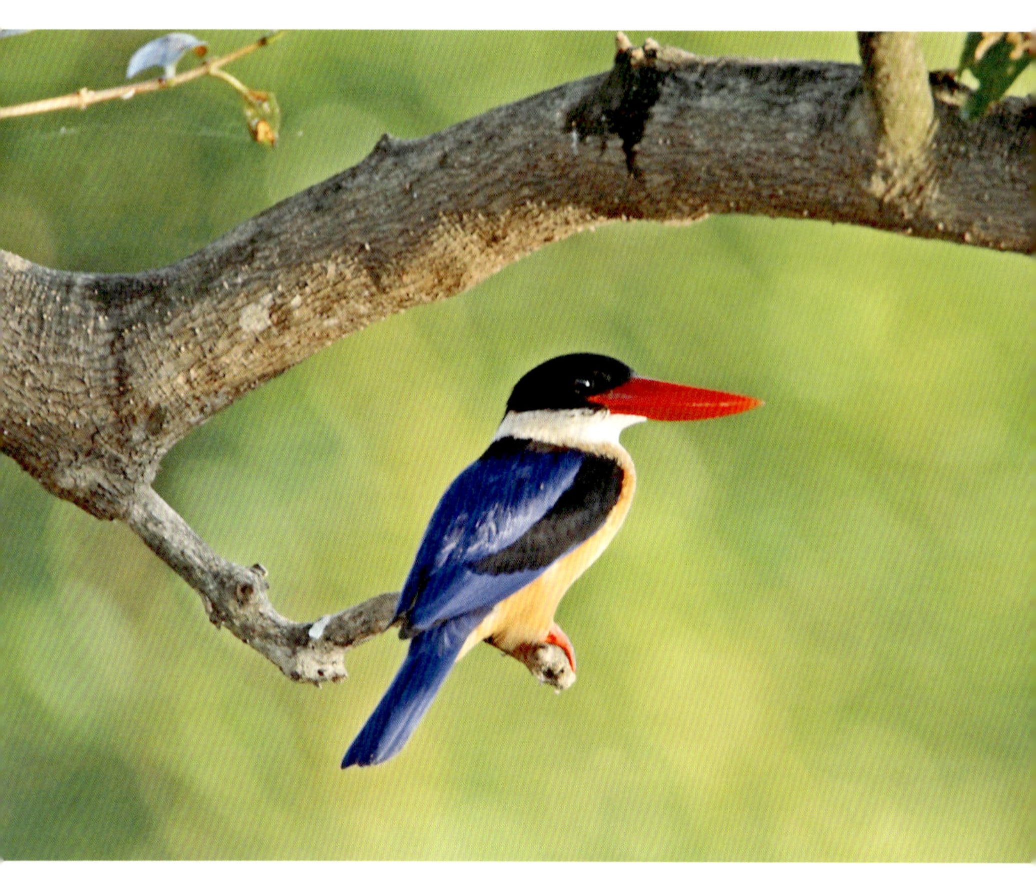

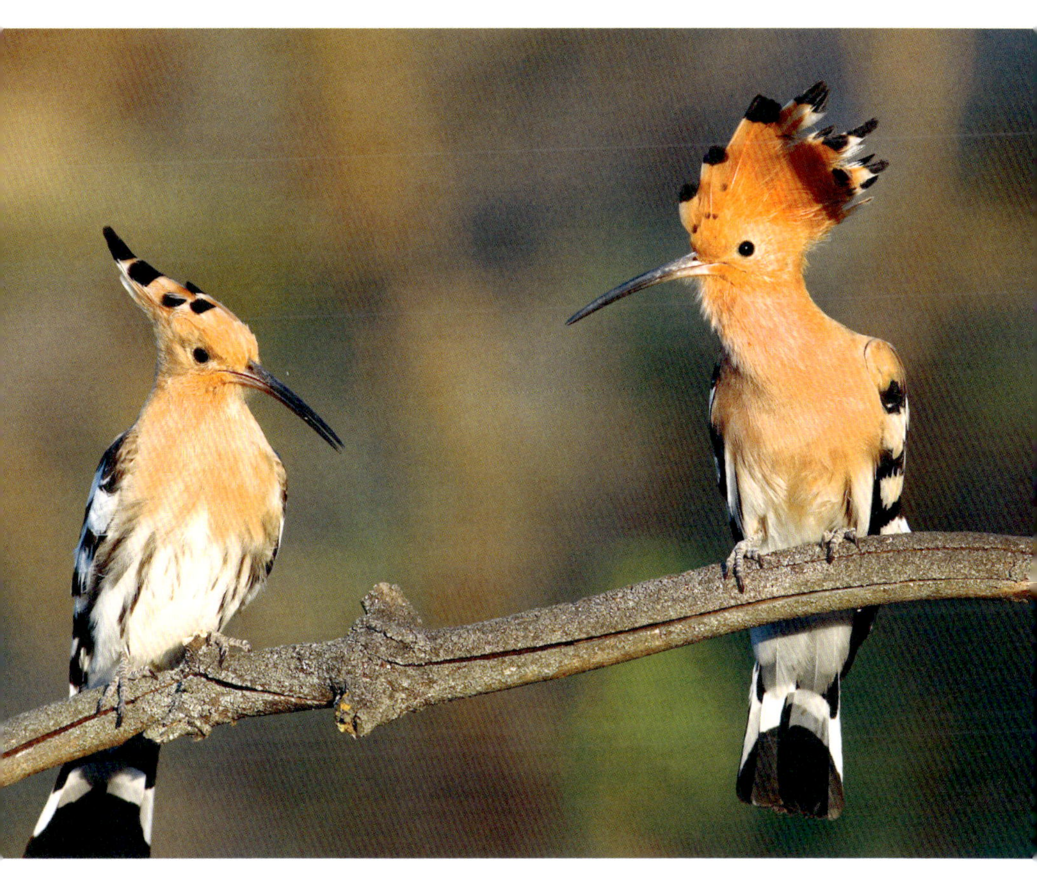

ヤツガシラ

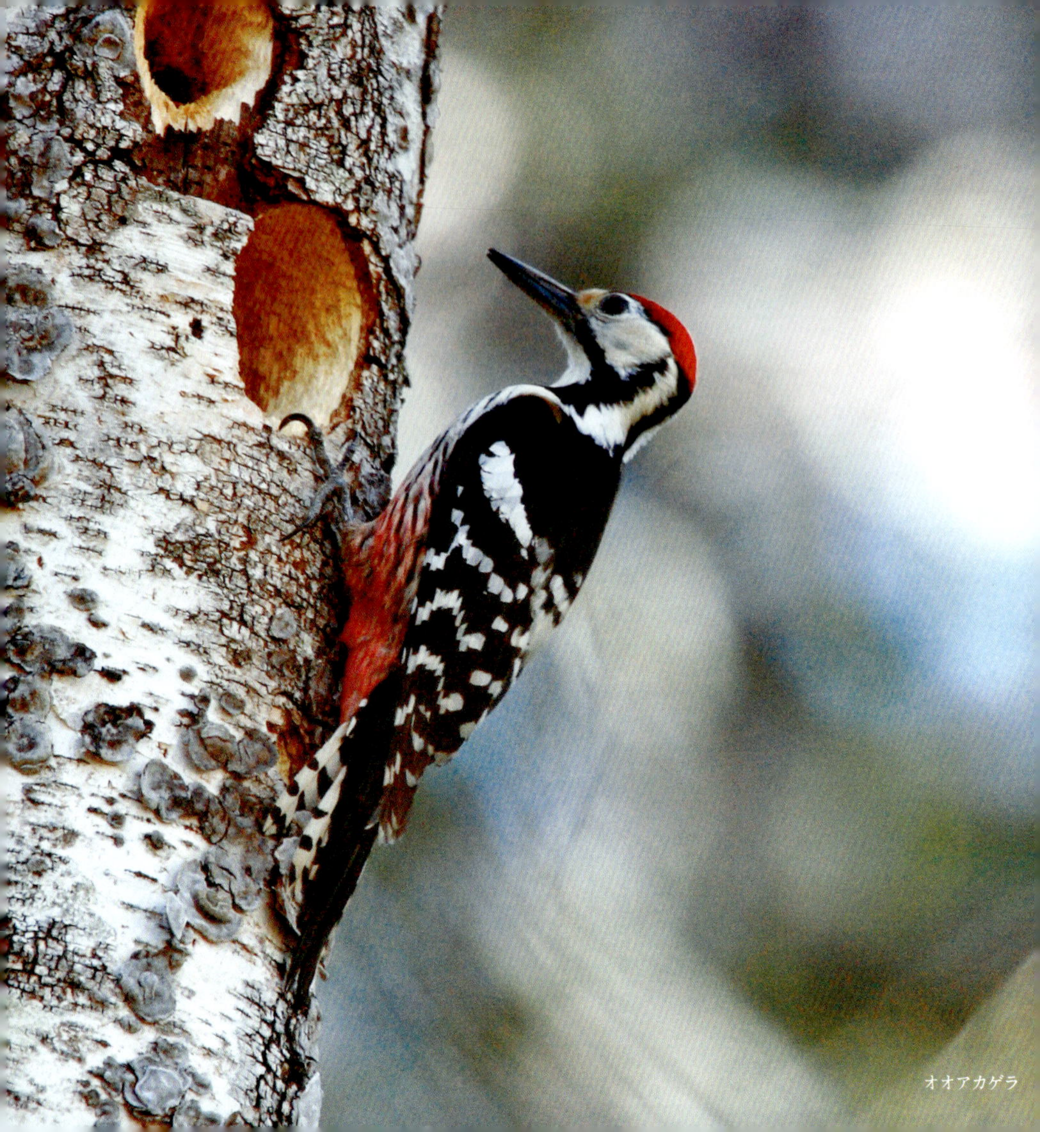

オオアカゲラ

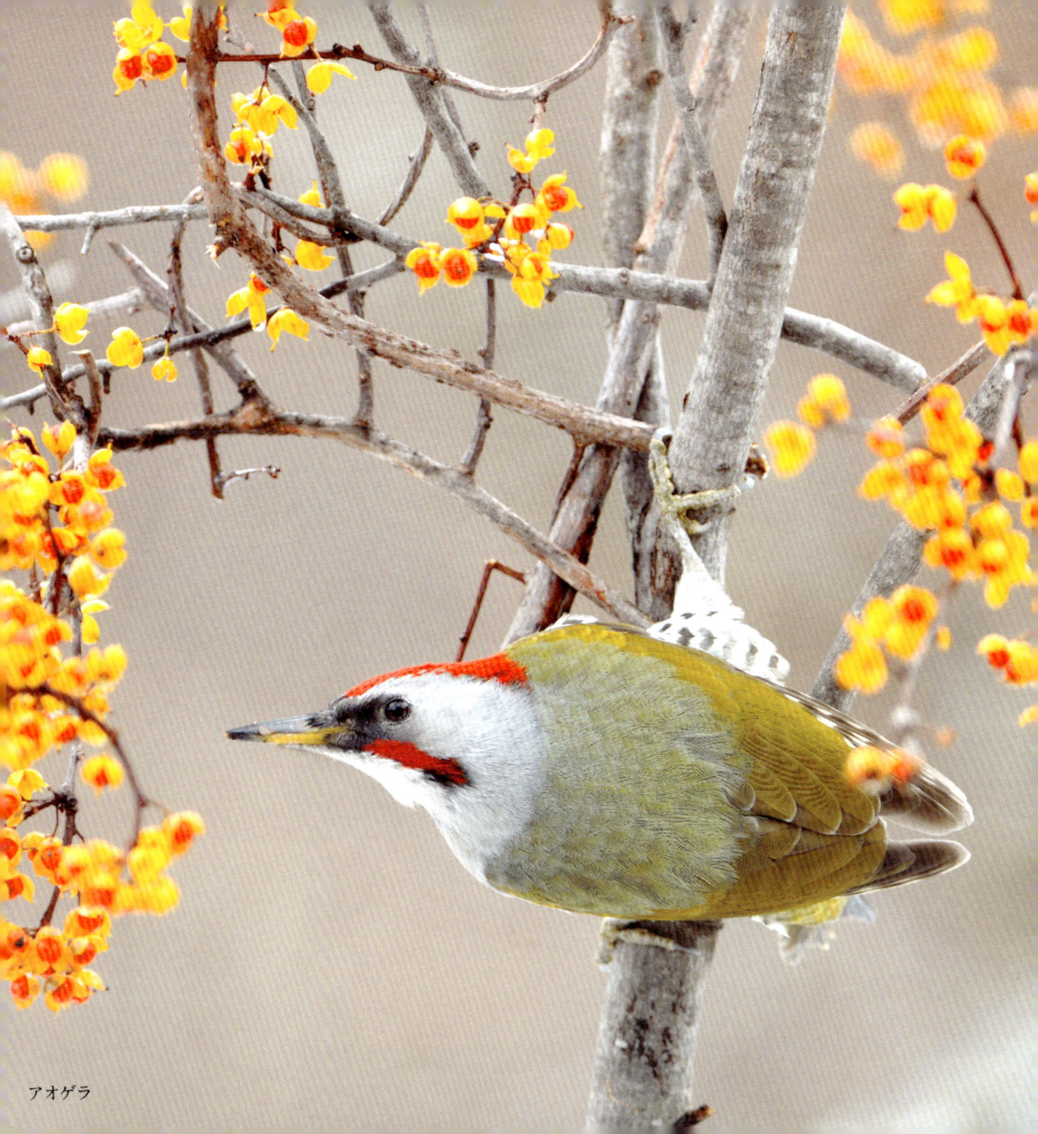
アオゲラ

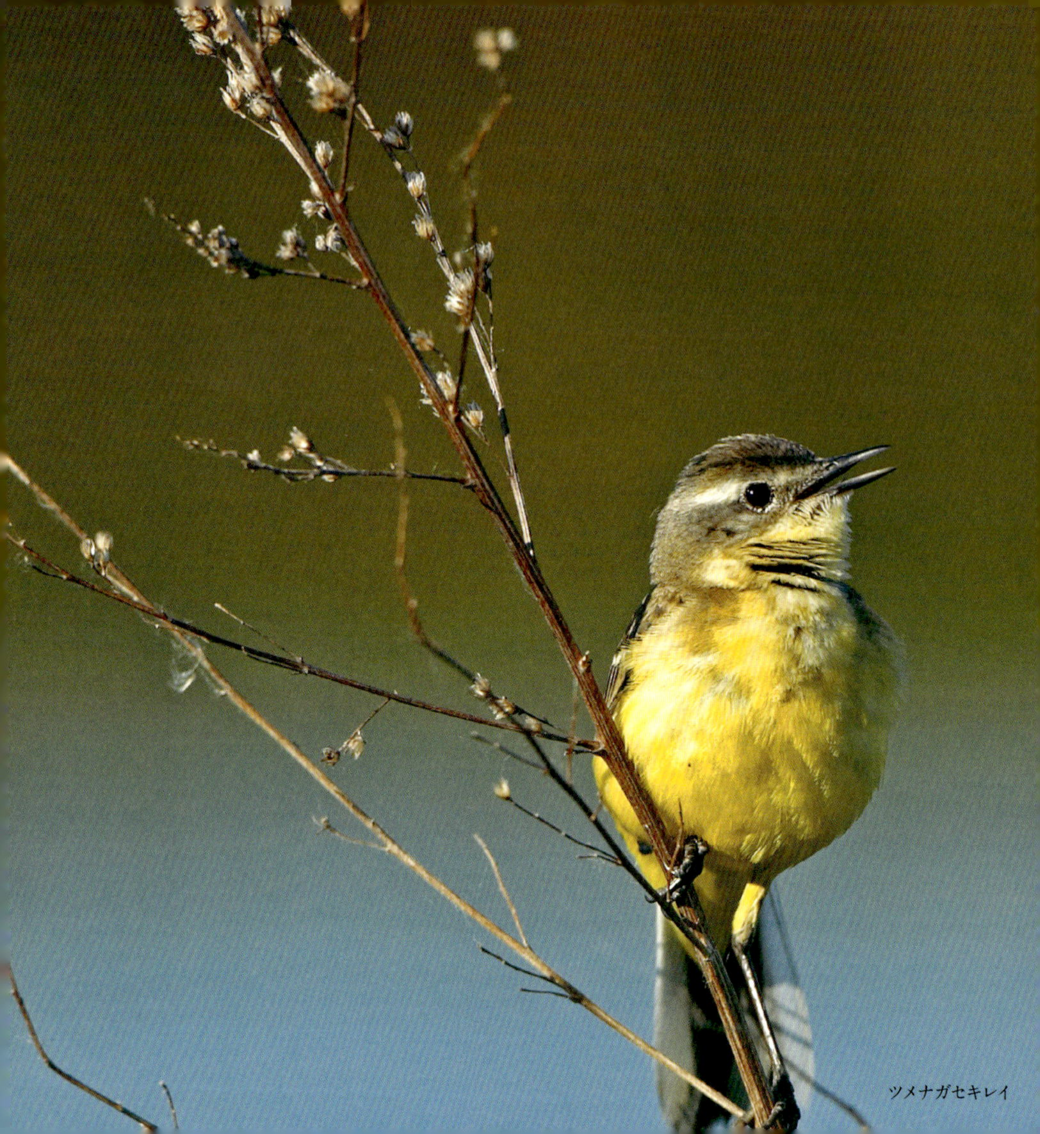

ツメナガセキレイ

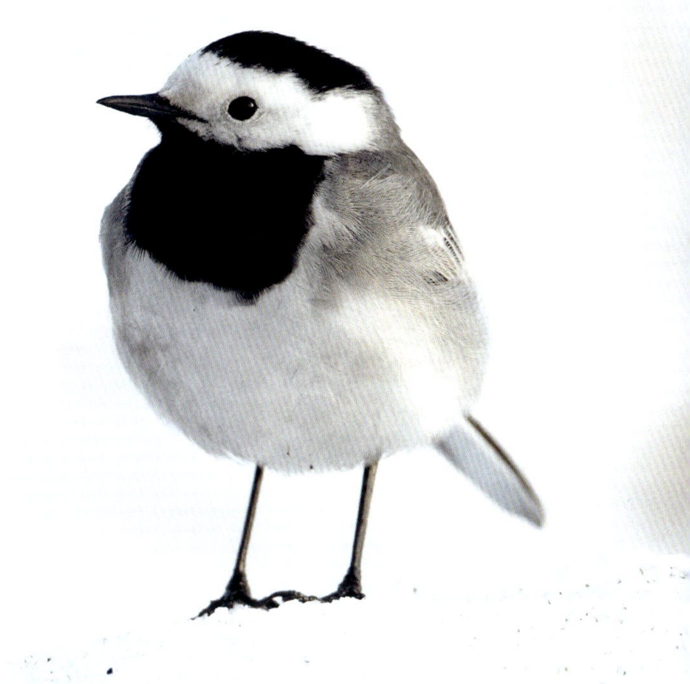

ハクセキレイ

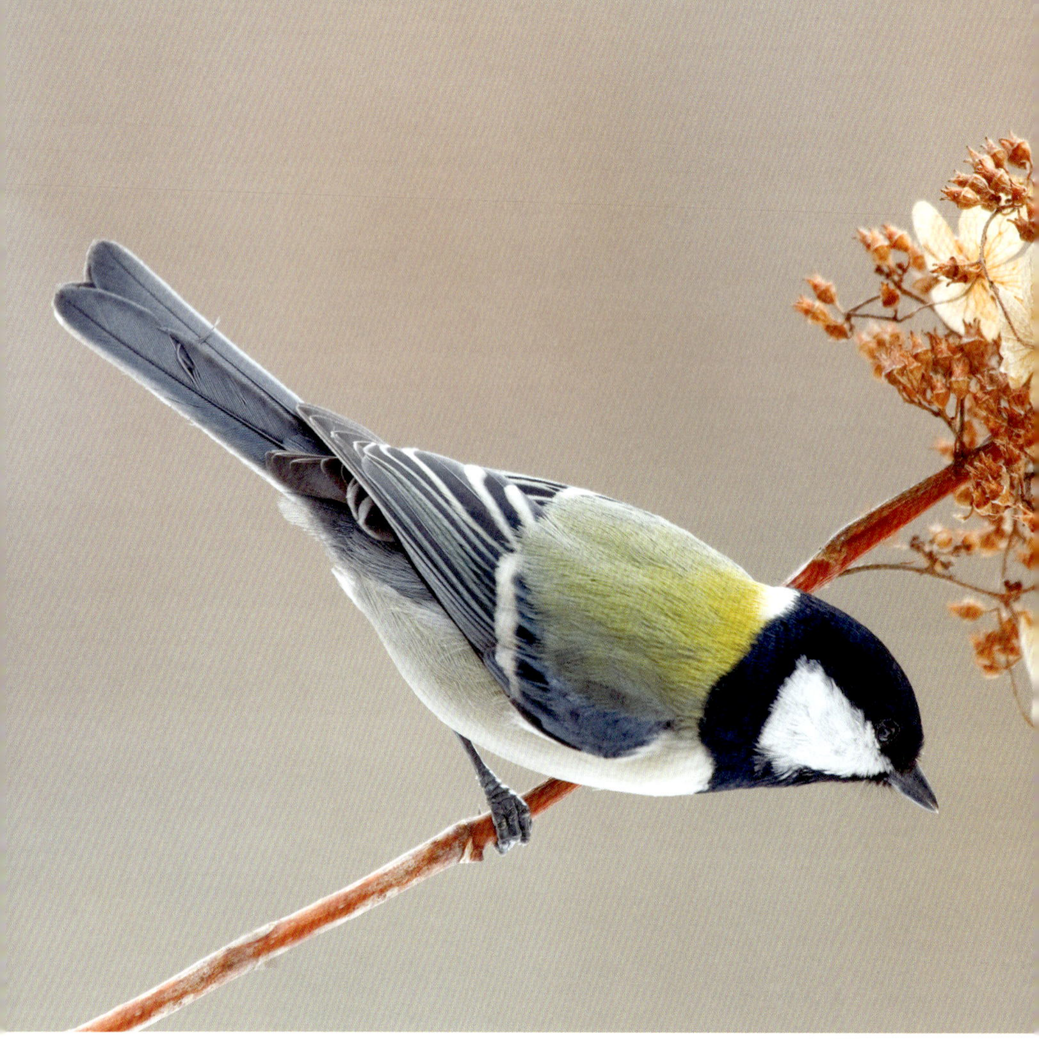

シジュウカラ

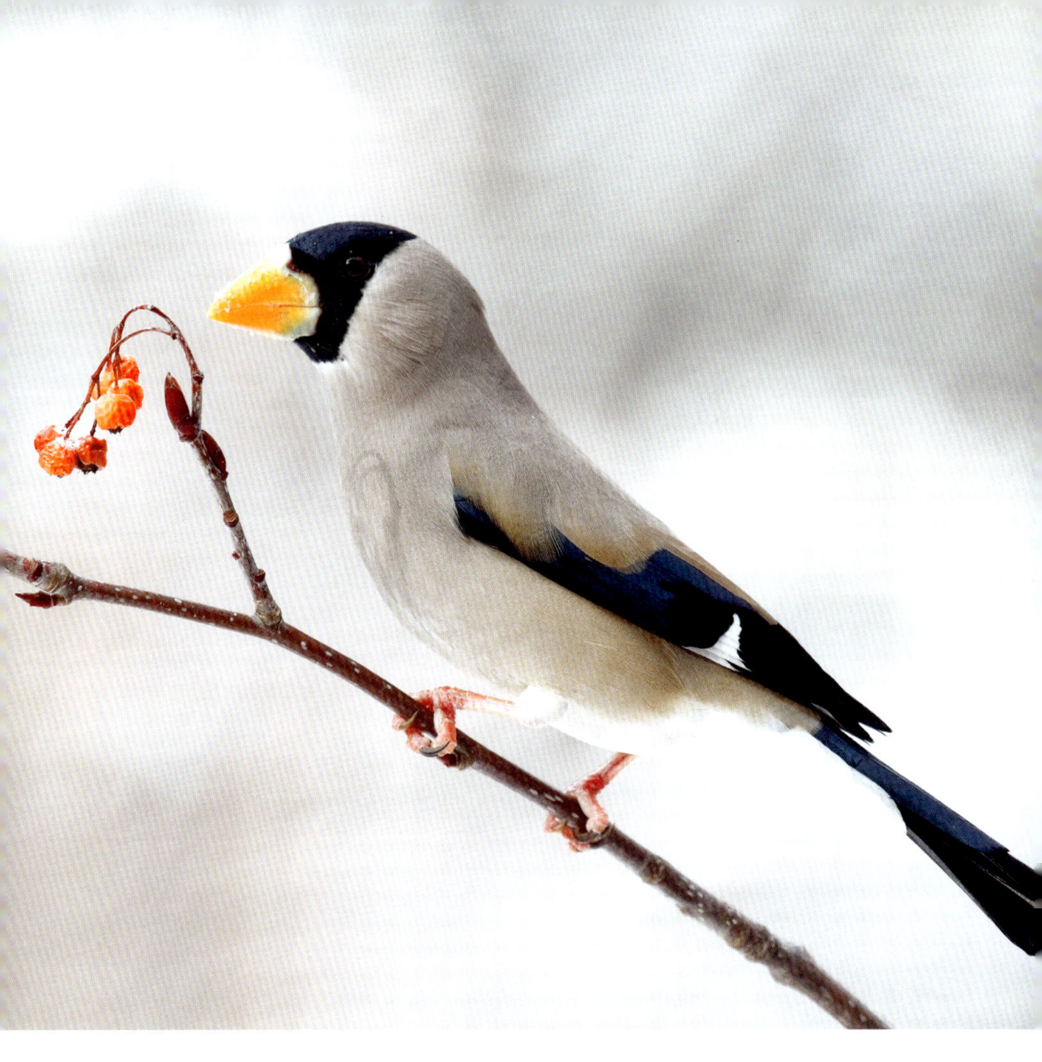

イカル

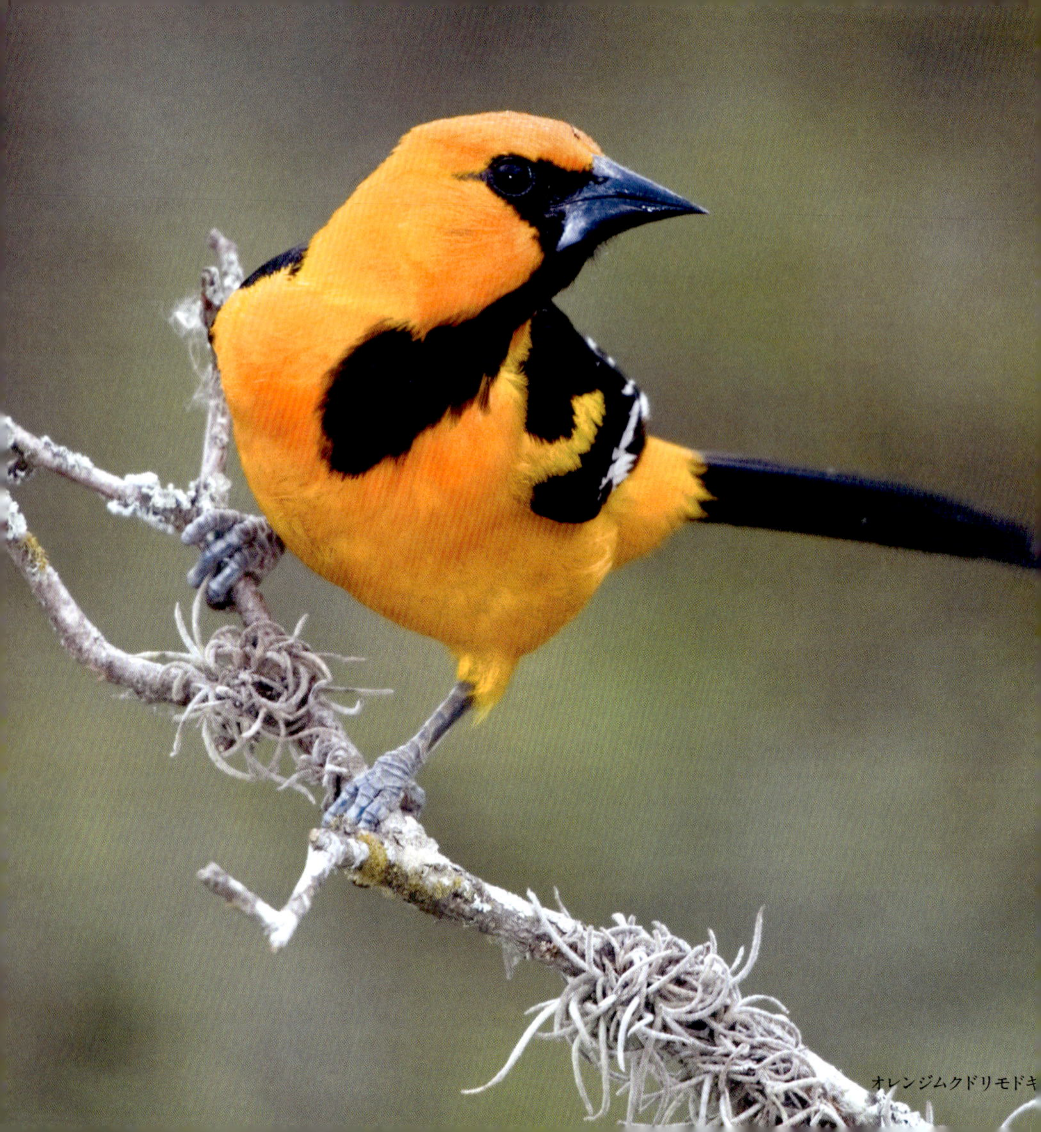
オレンジムクドリモドキ

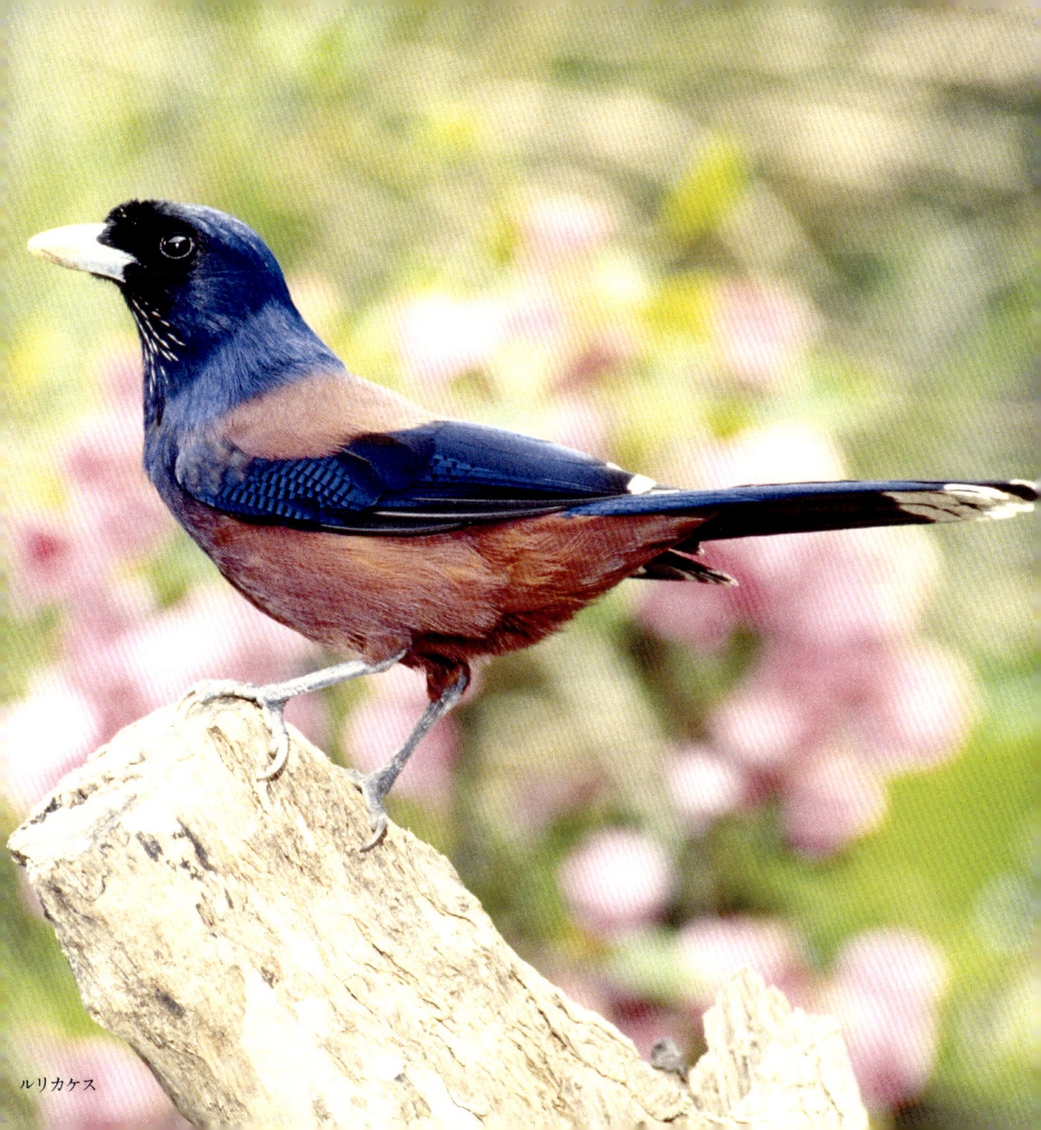

ルリカケス

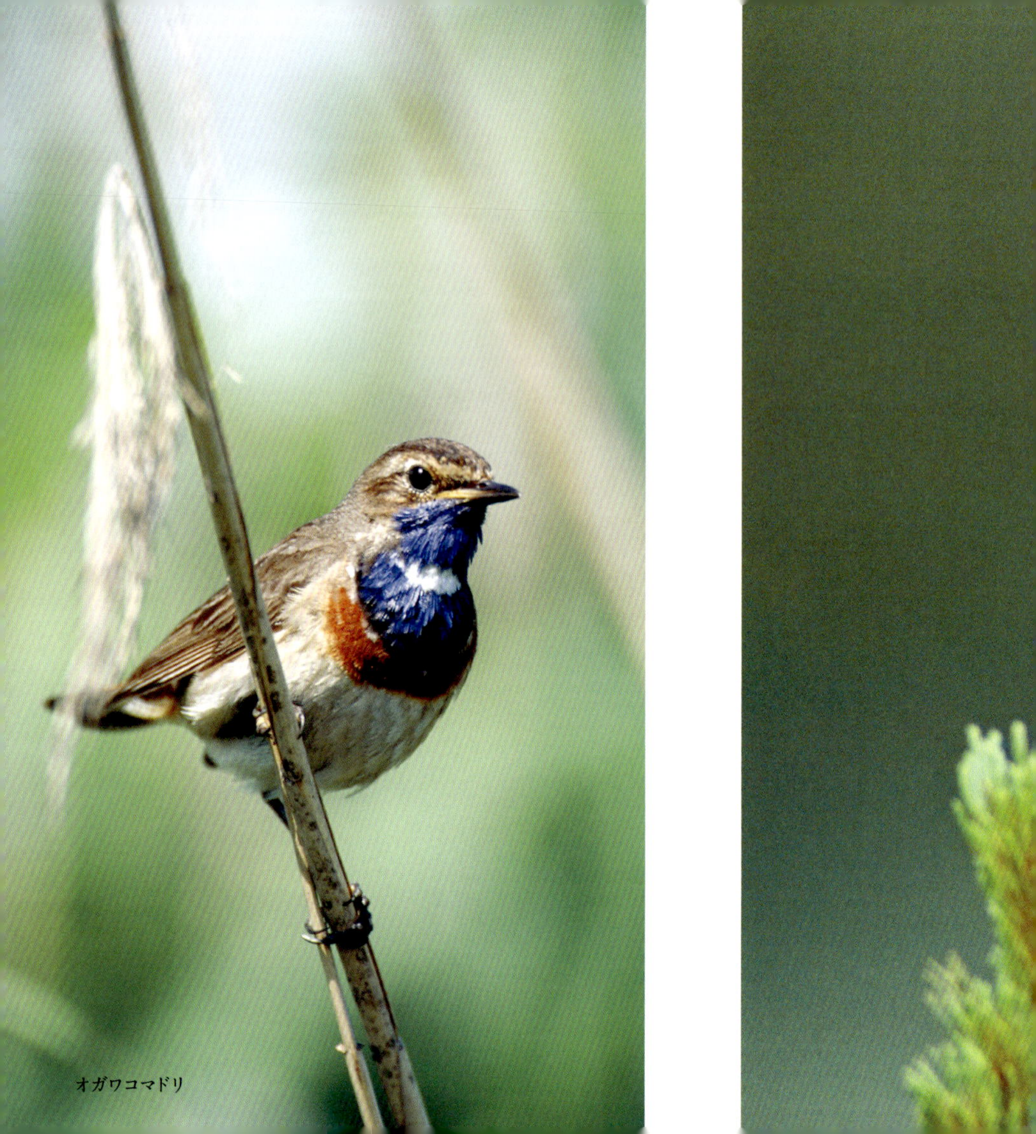

オガワコマドリ

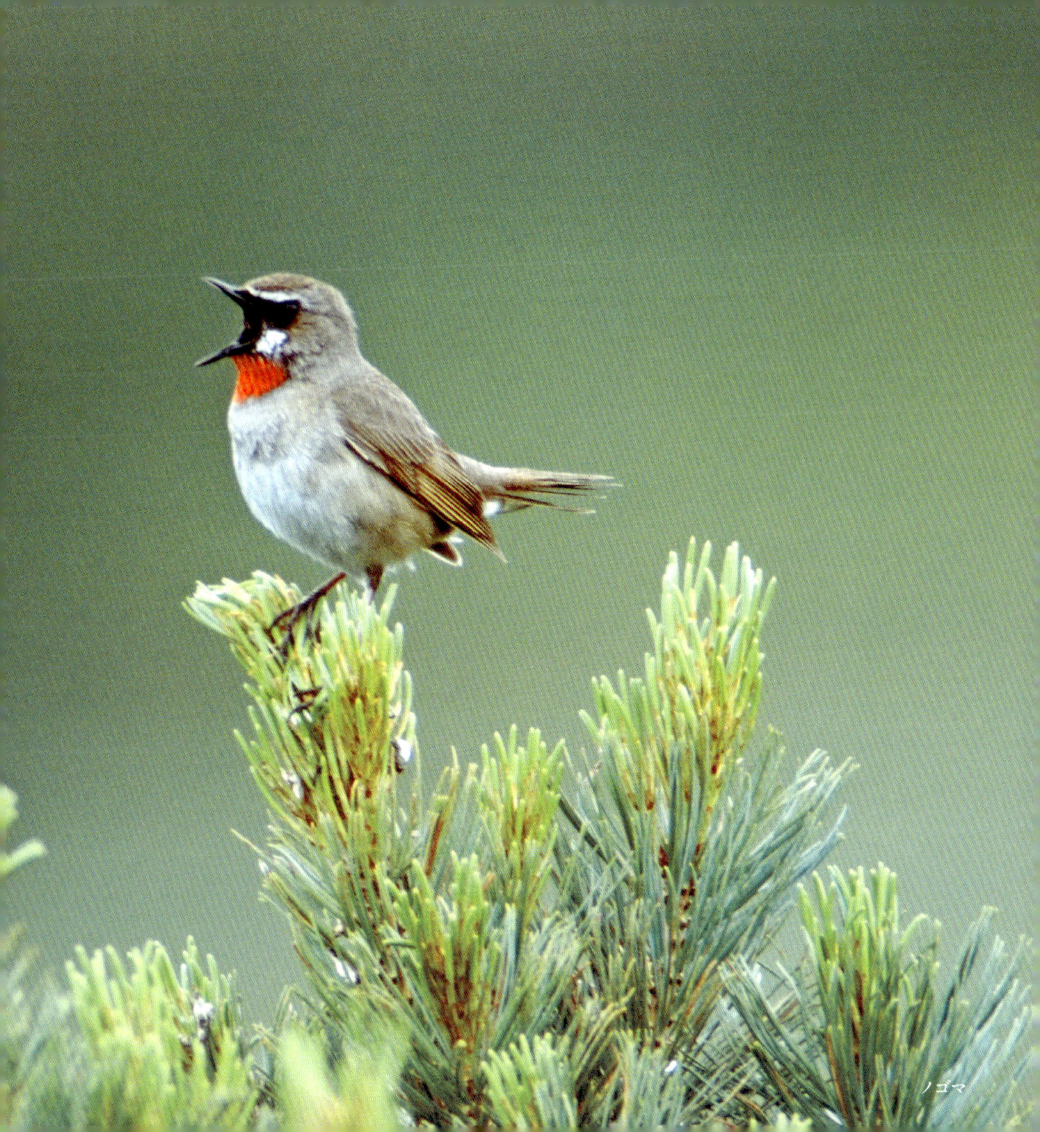
ノゴマ

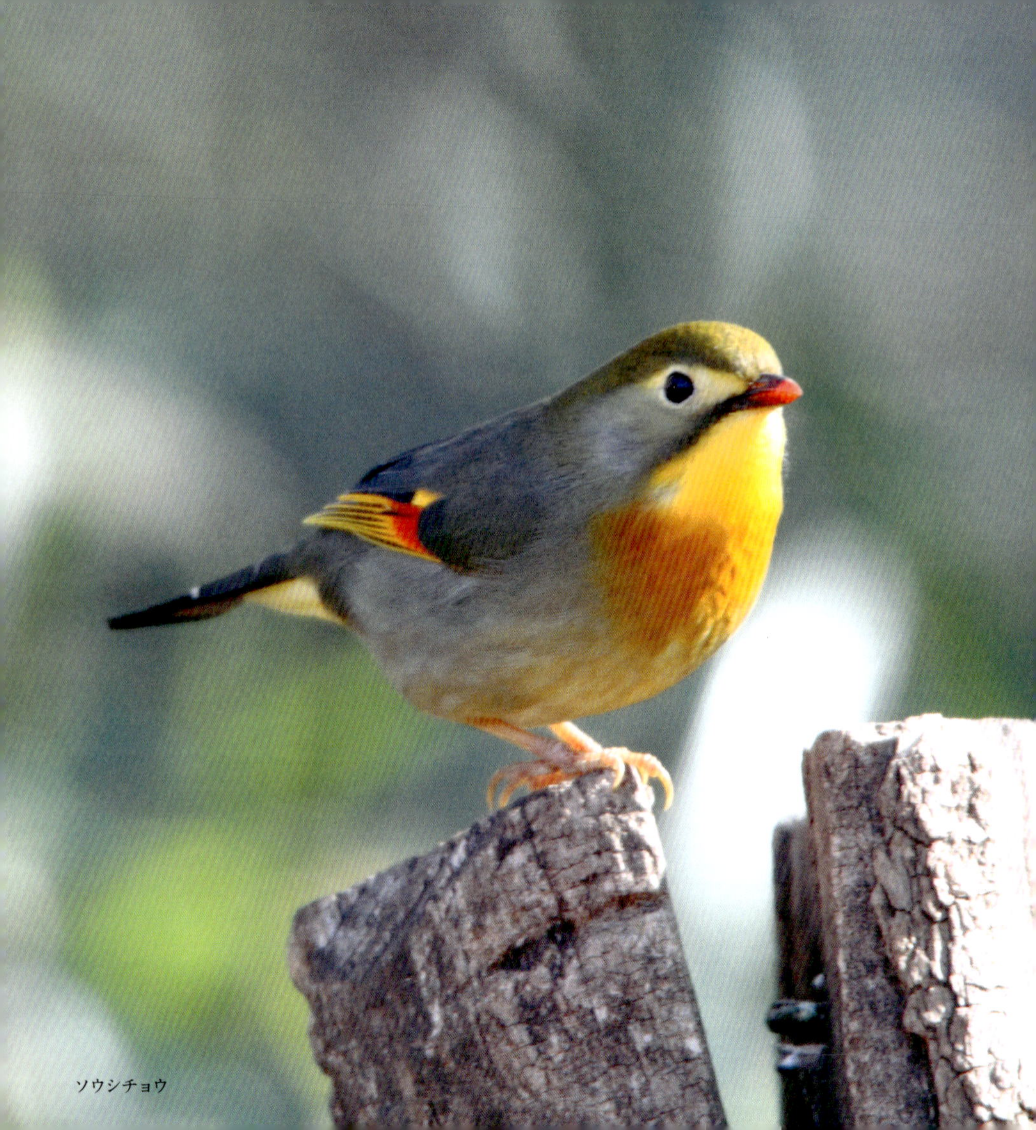

ソウシチョウ

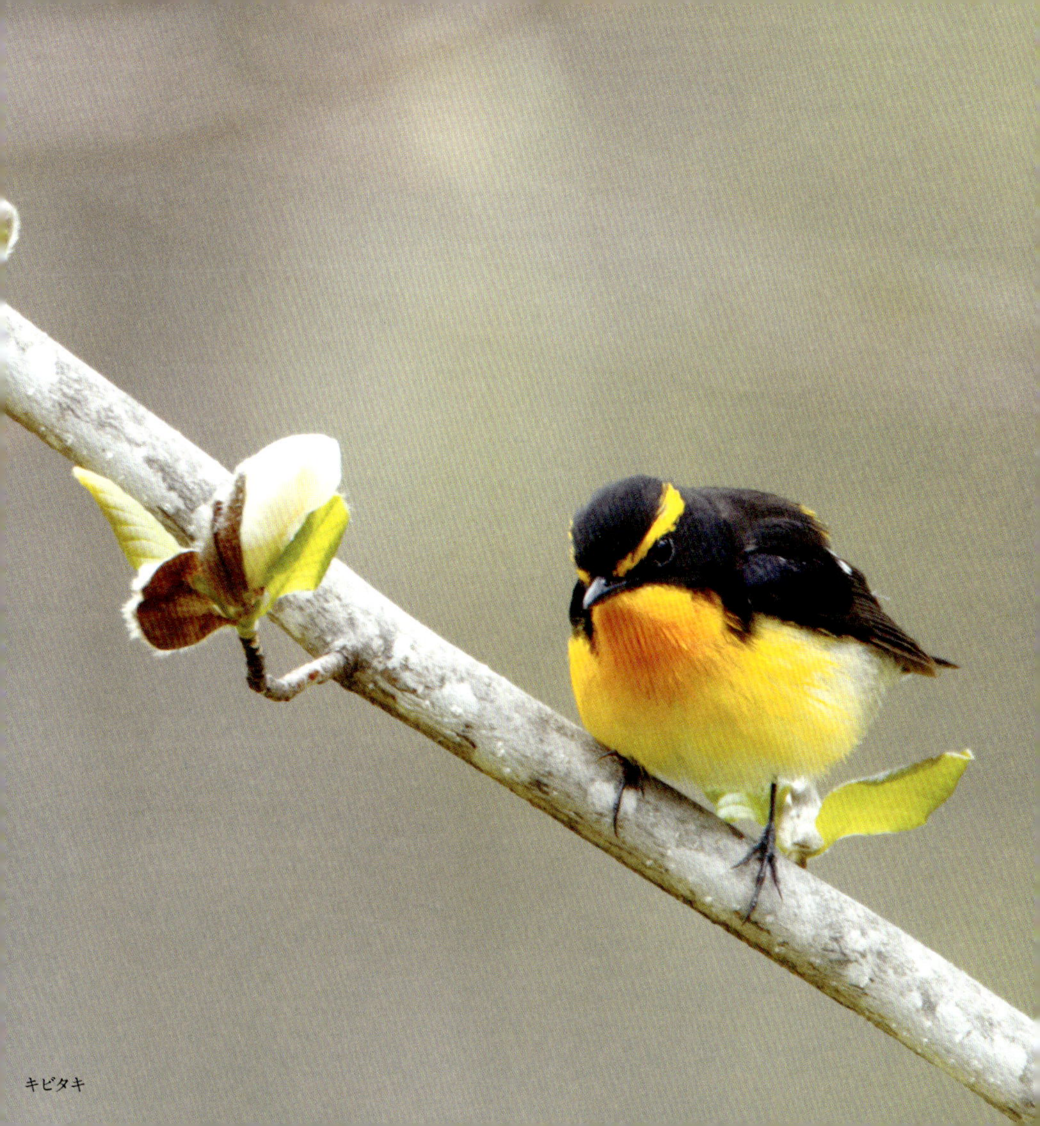
キビタキ

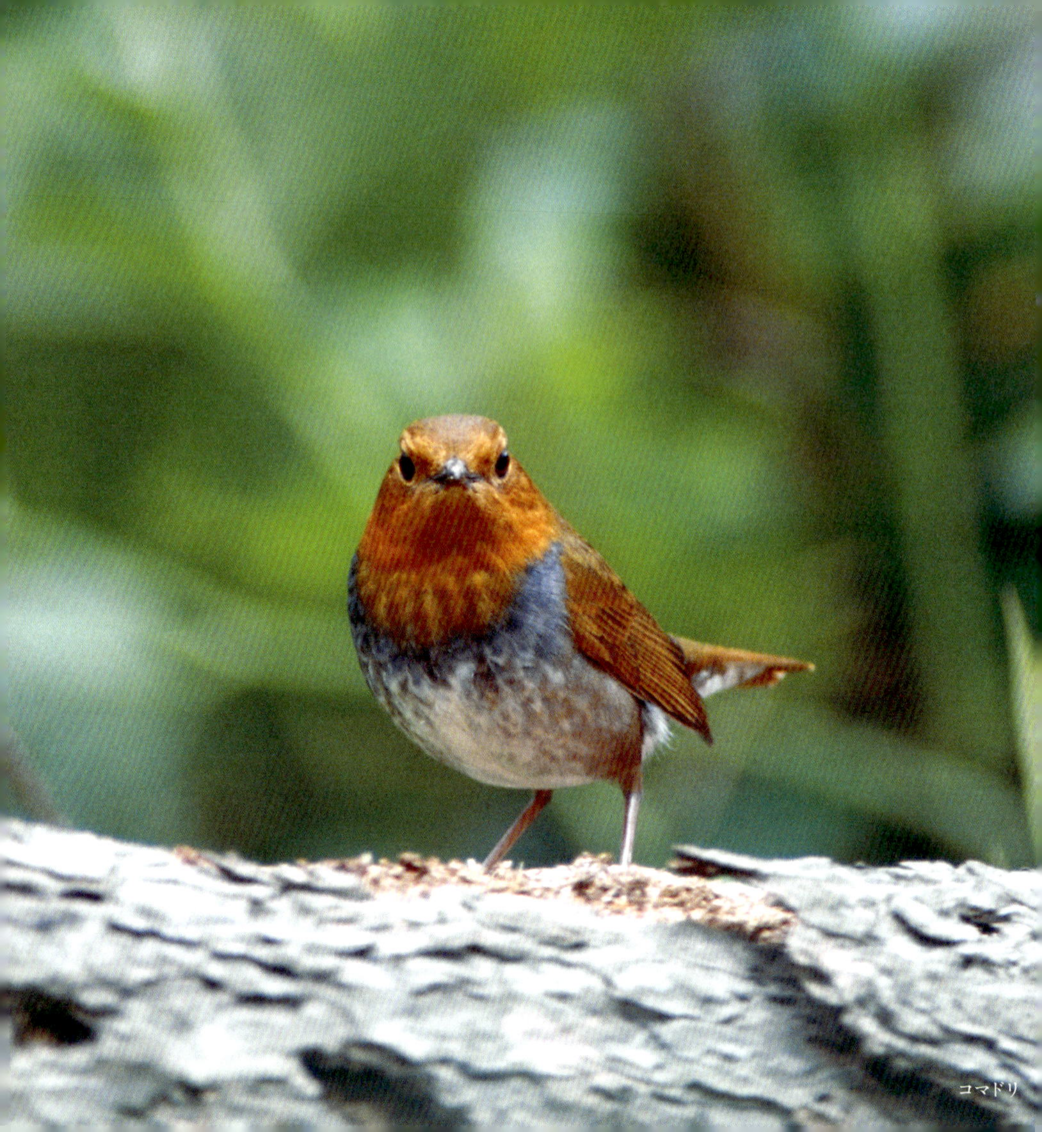
コマドリ

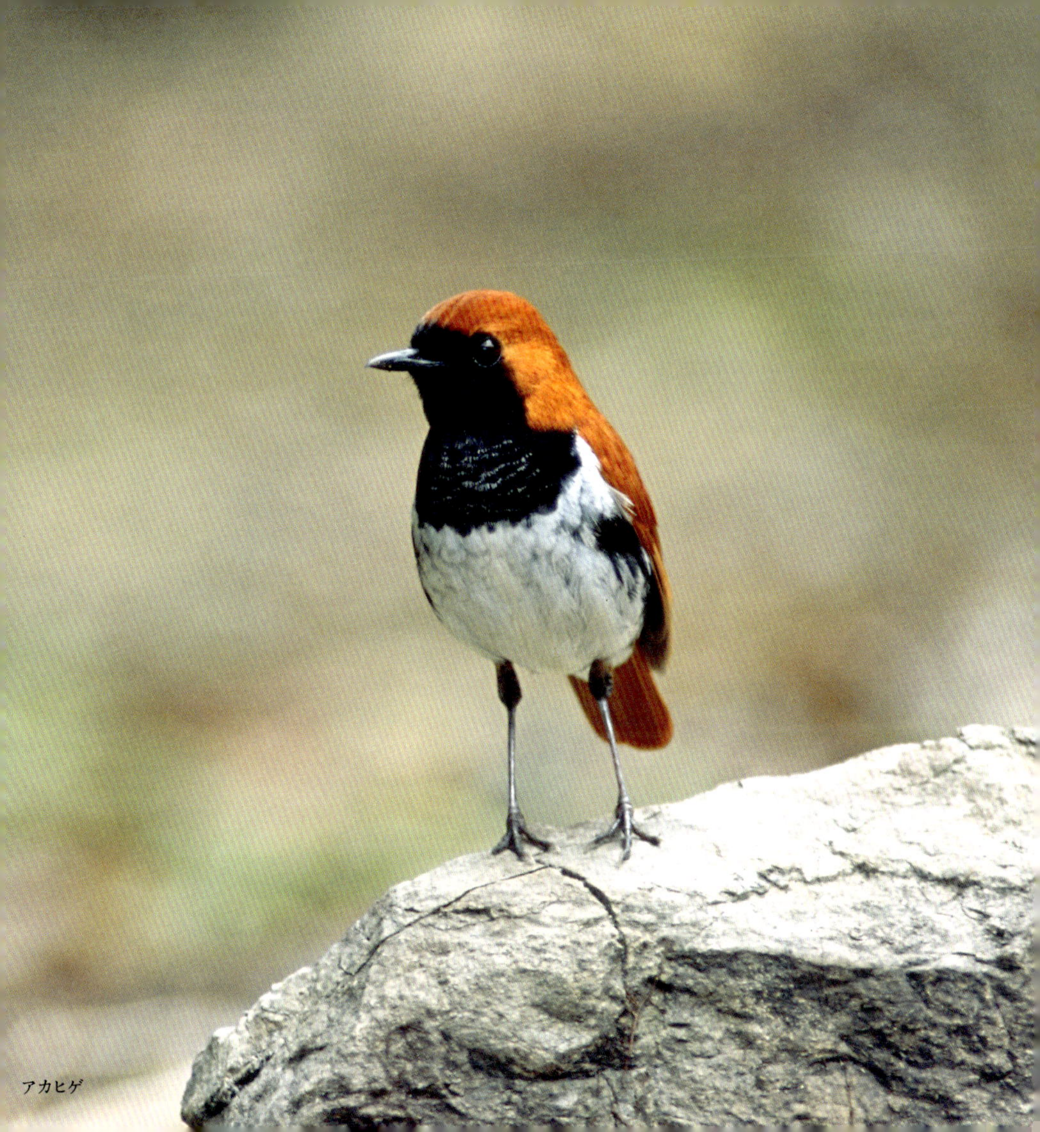
アカヒゲ

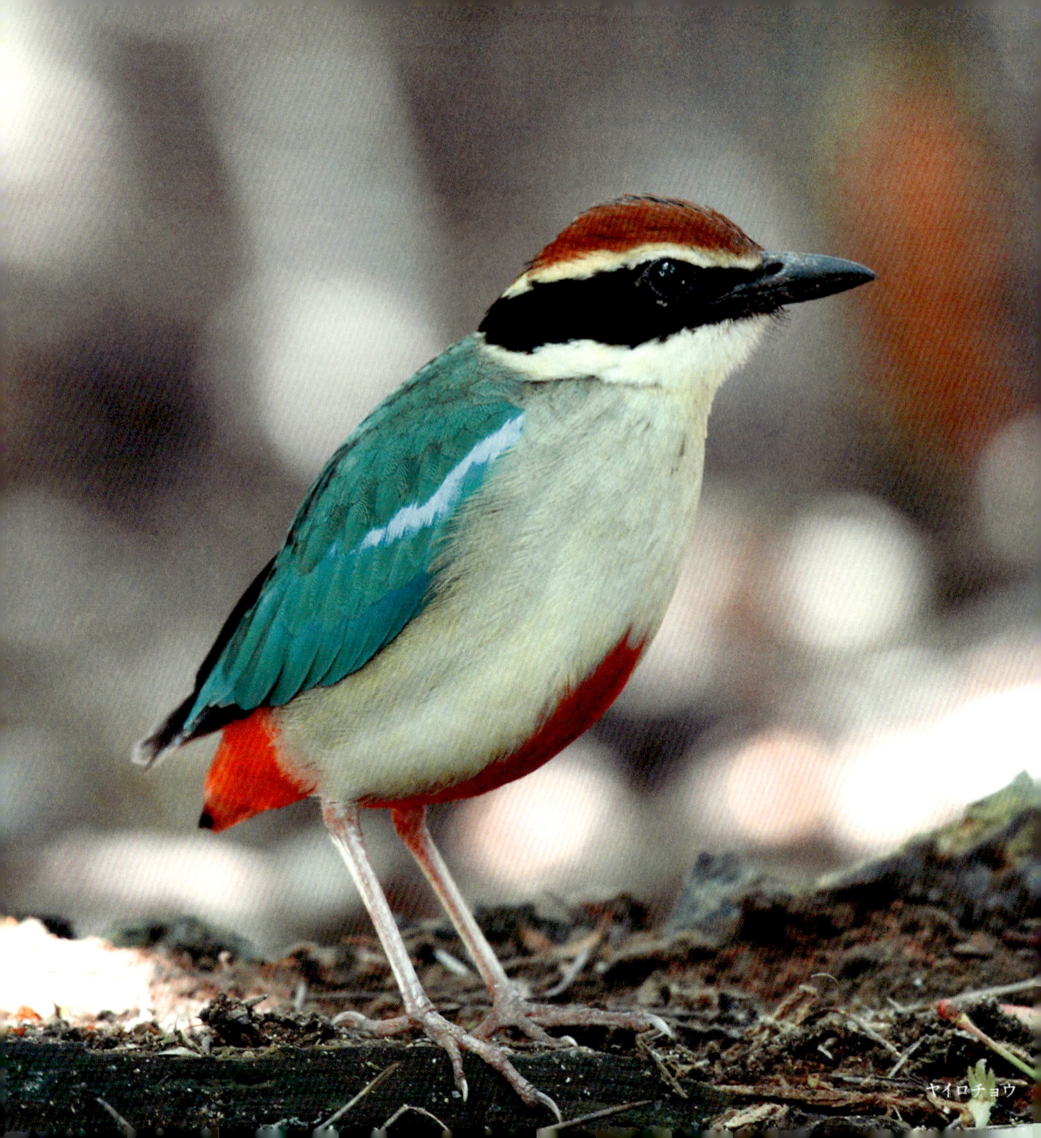

ヤイロチョウ

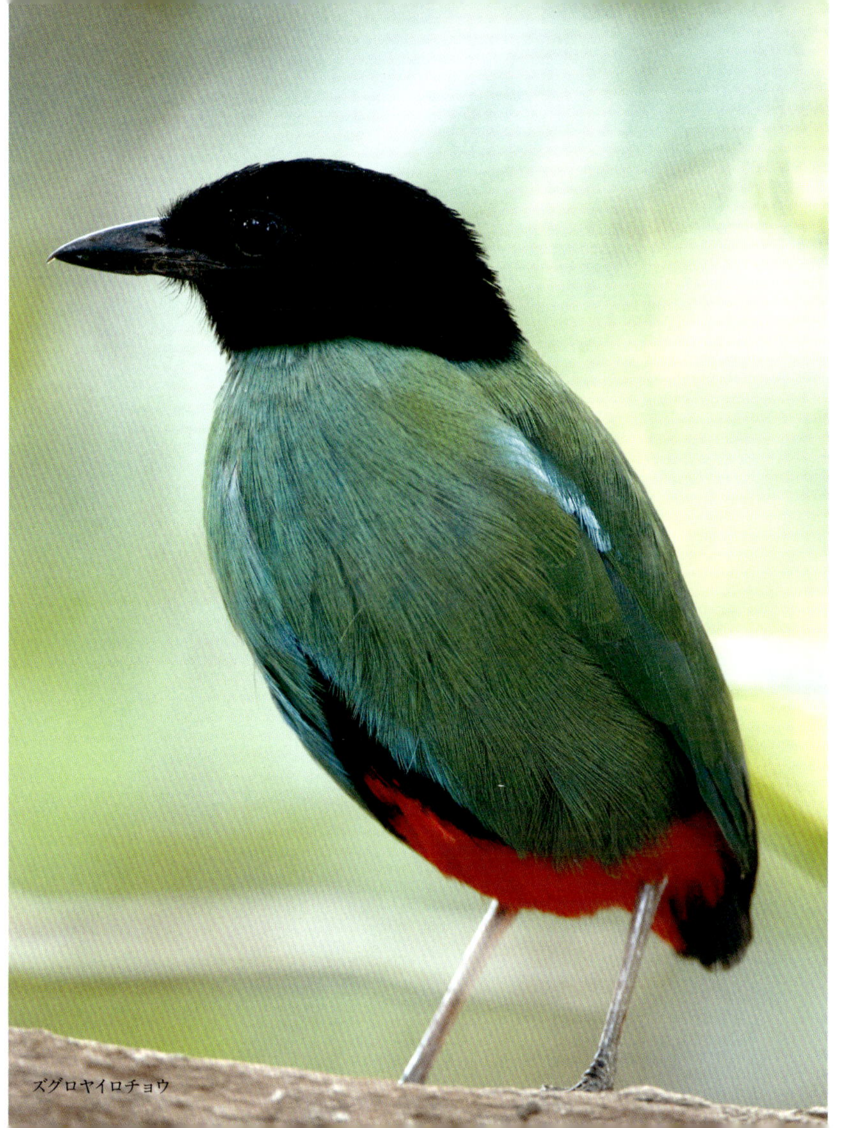

ズグロヤイロチョウ

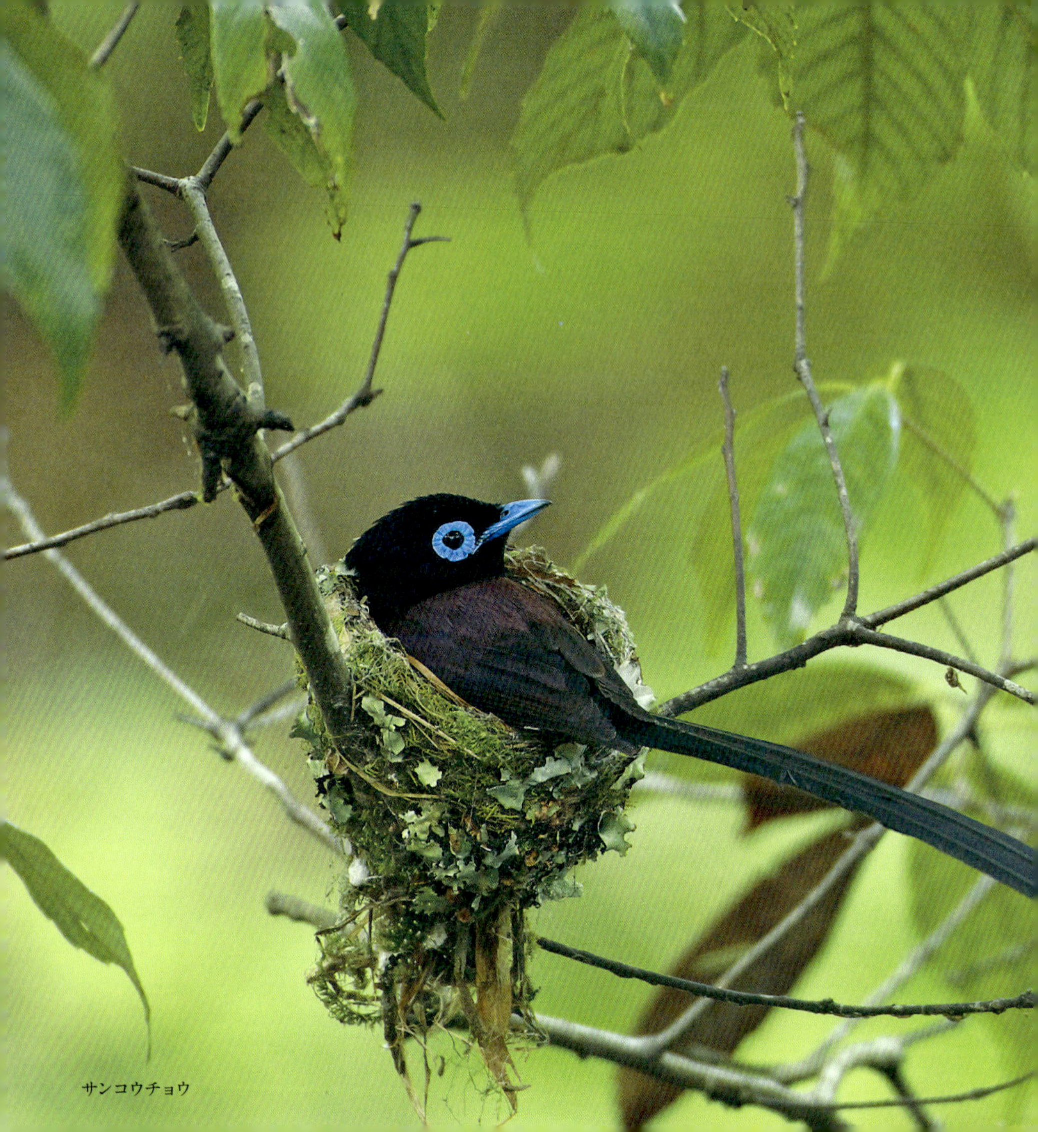

サンコウチョウ

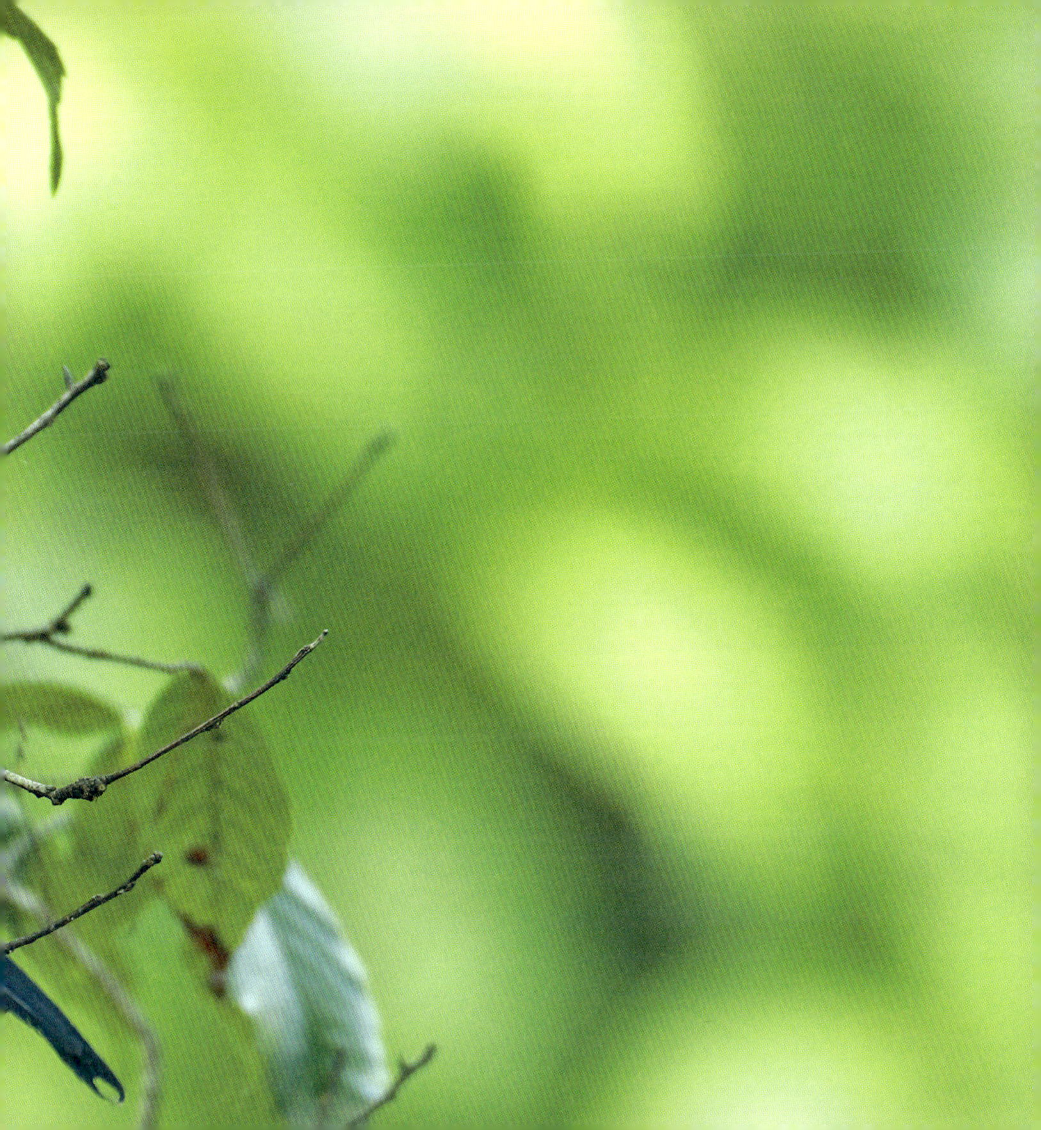

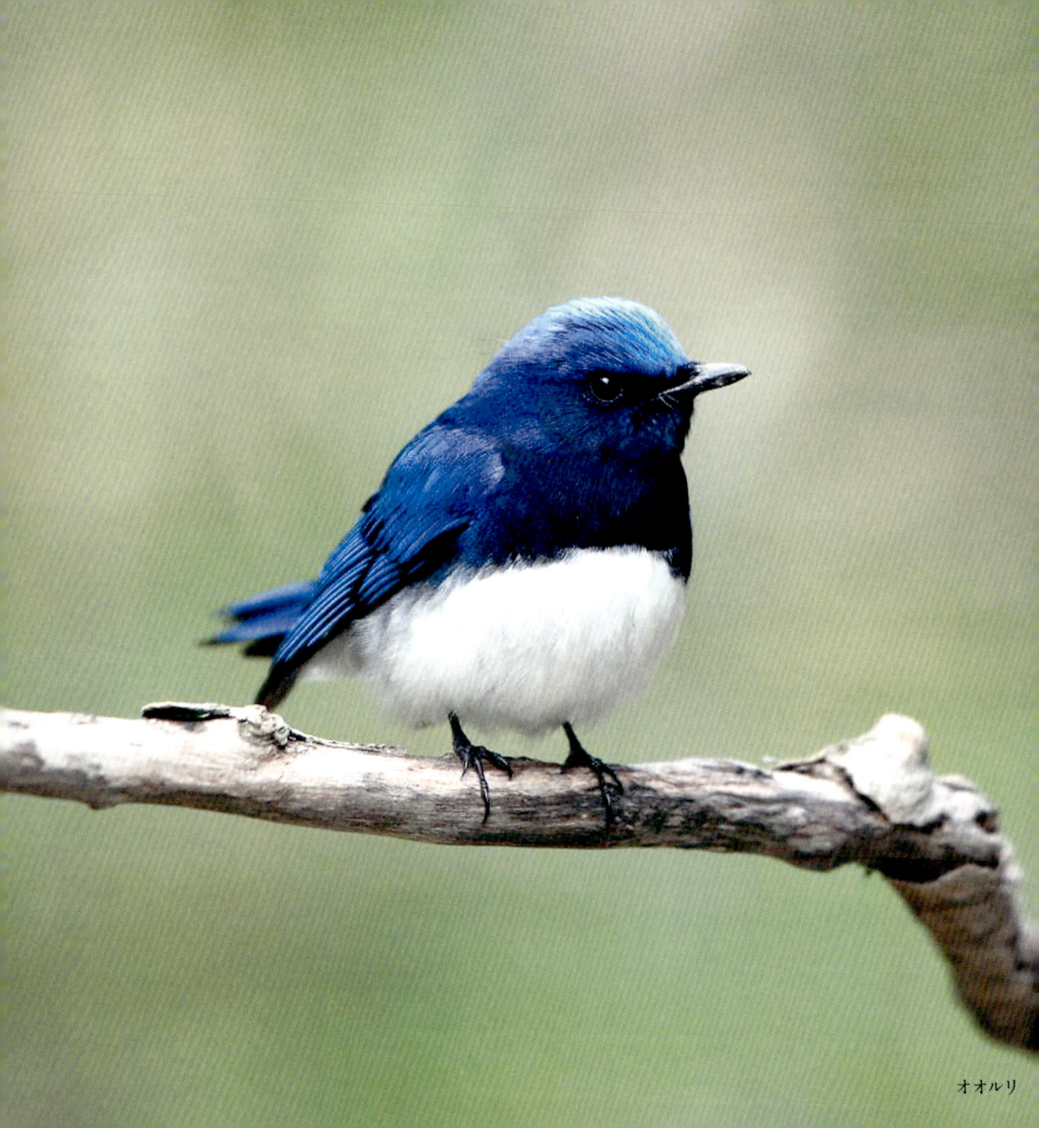

オオルリ

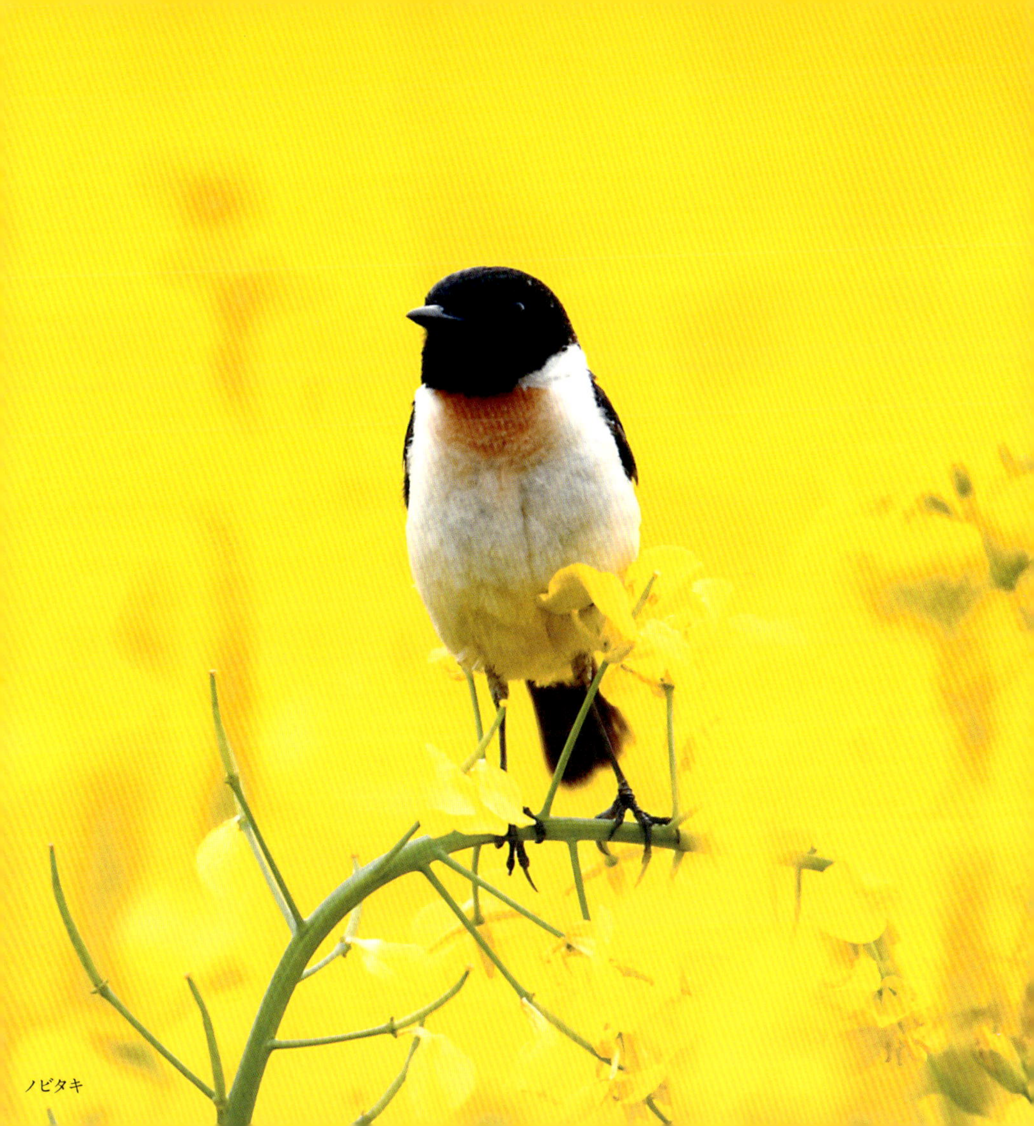
ノビタキ

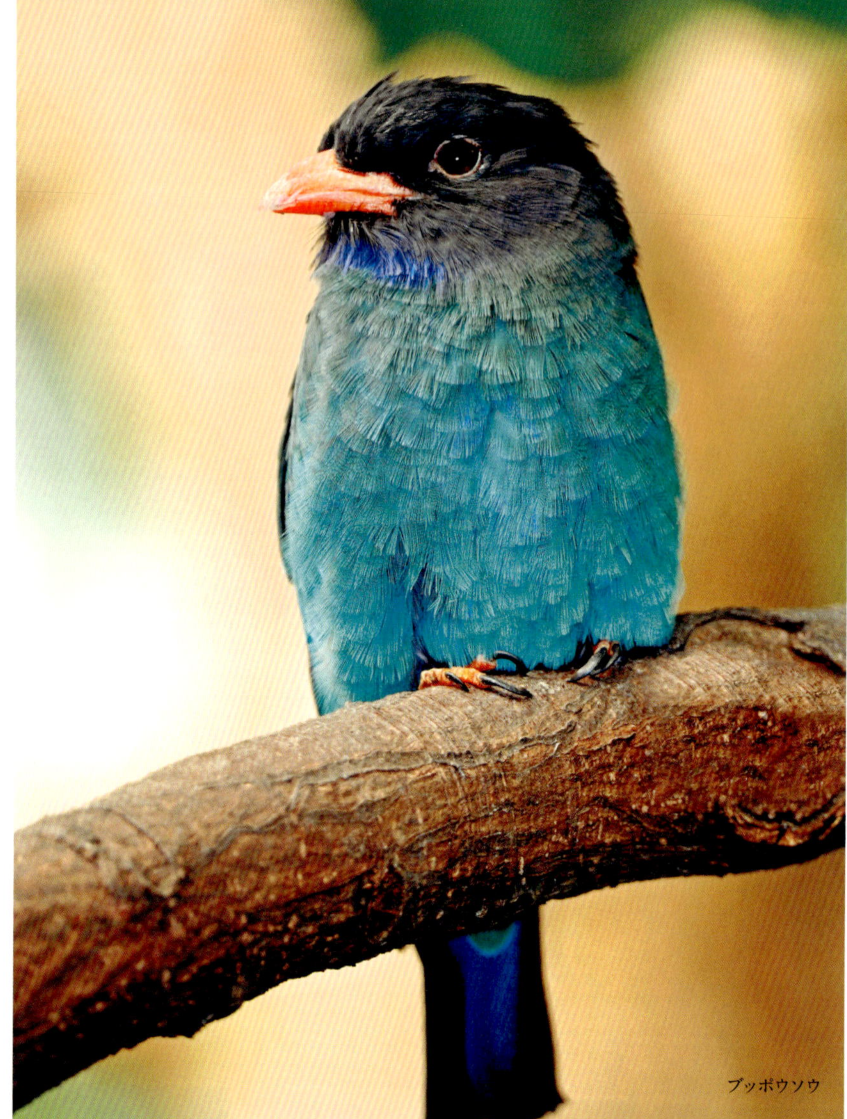

ブッポウソウ

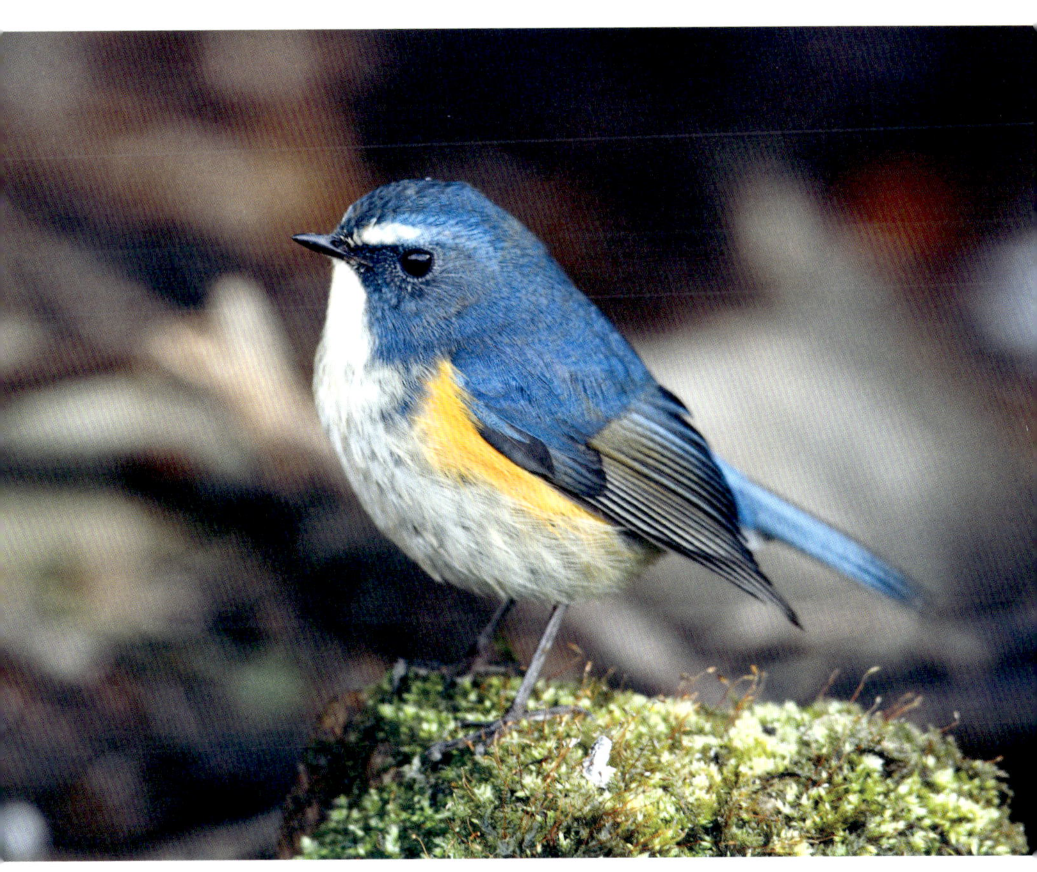

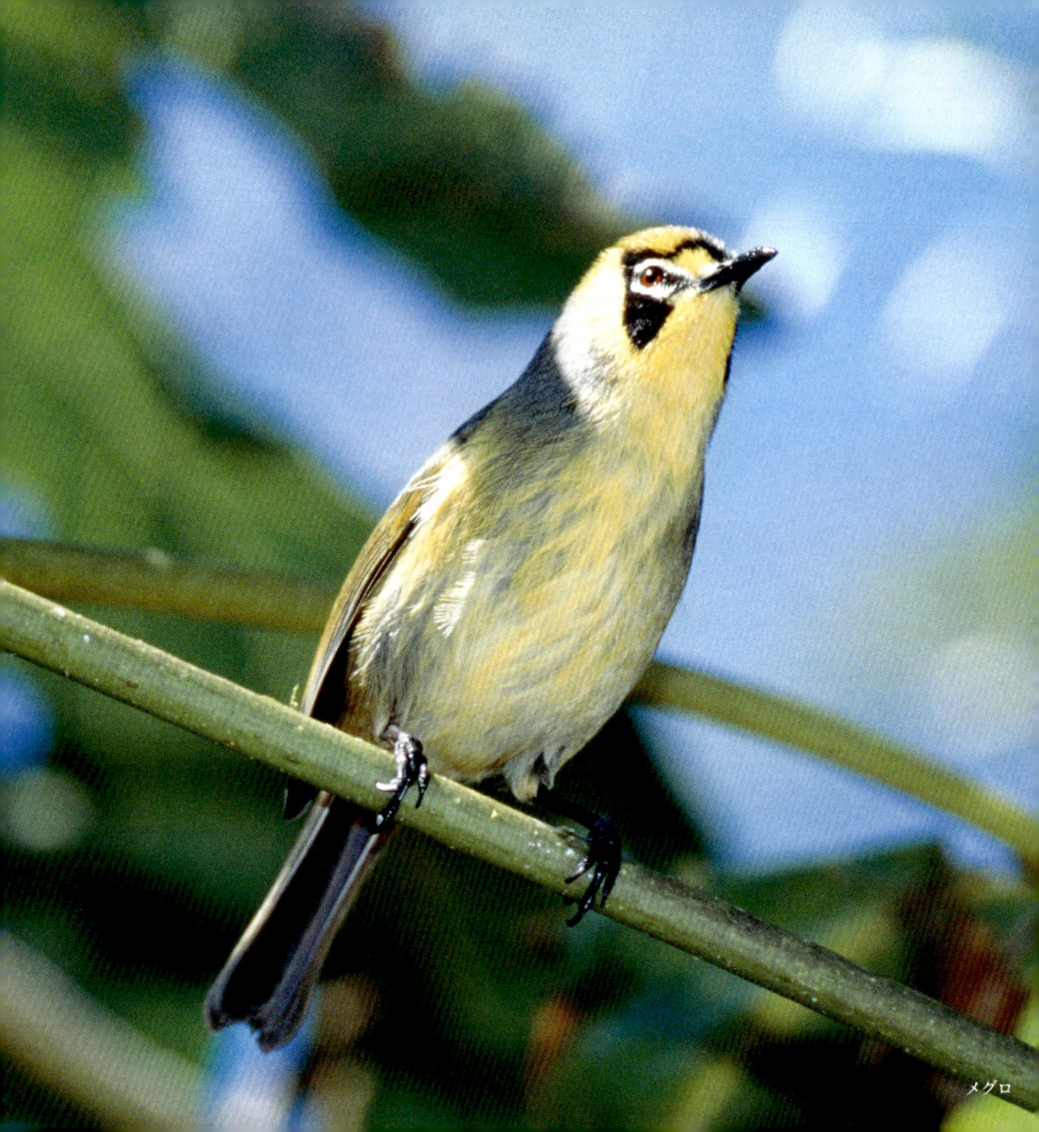

メグロ

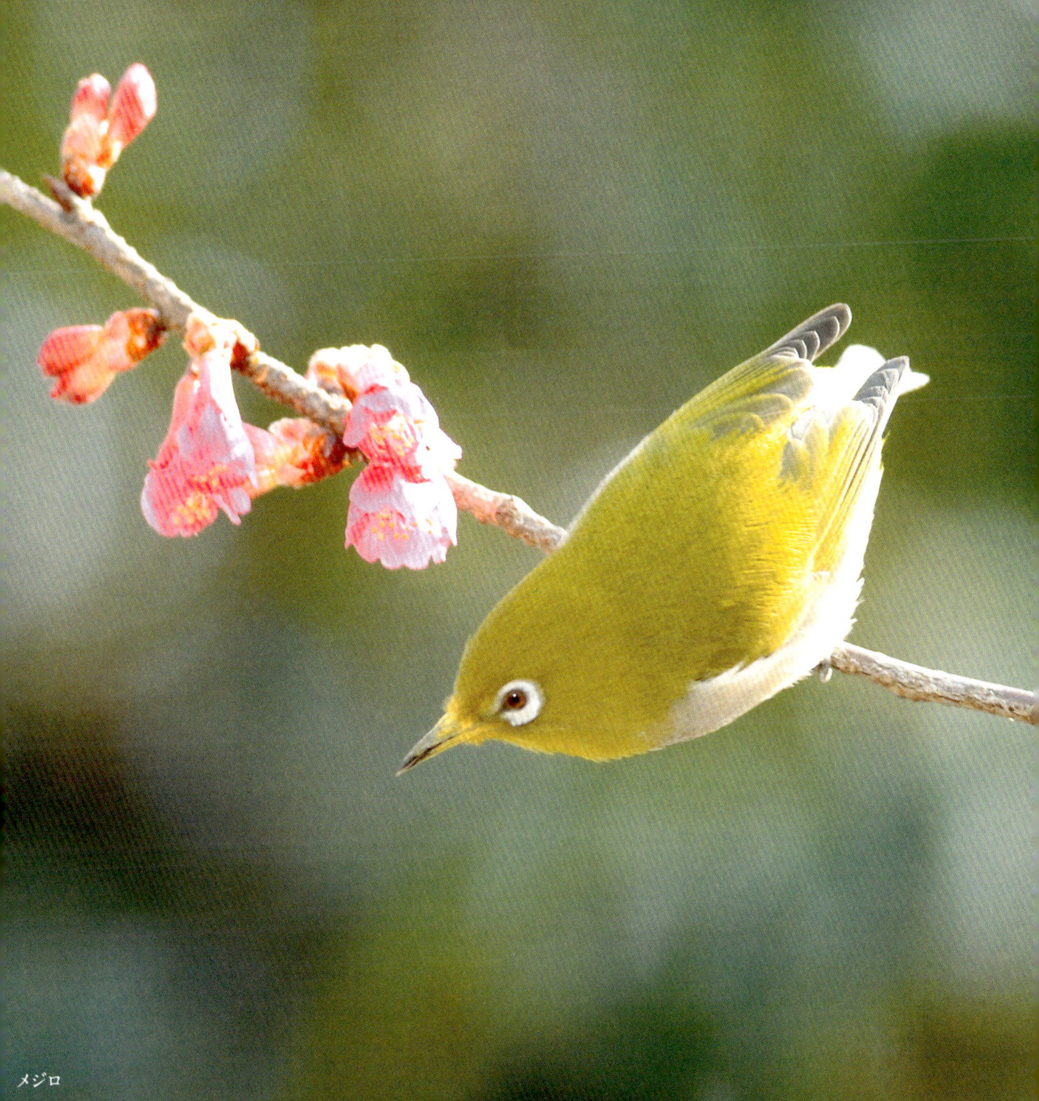

メジロ

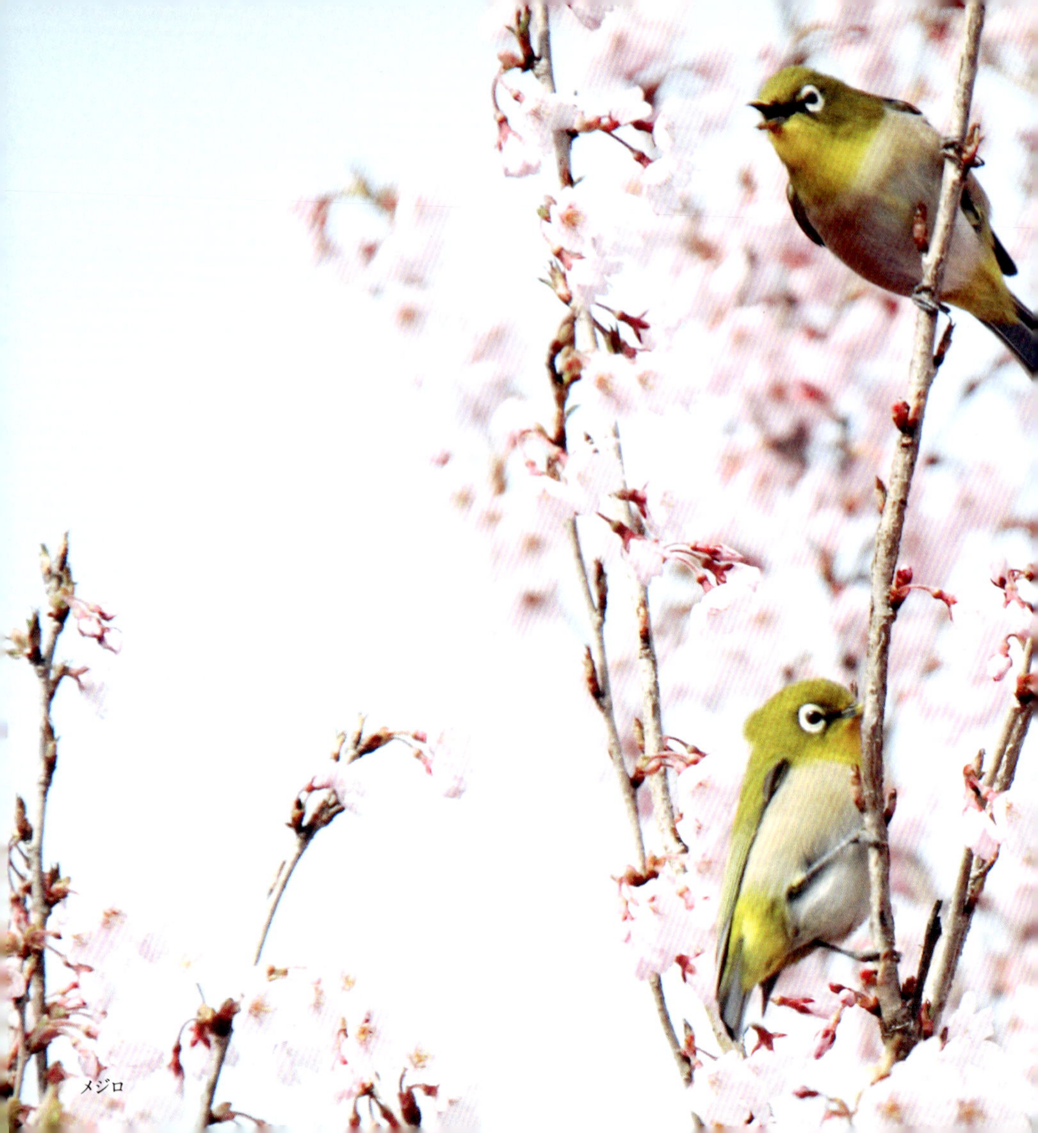

メジロ

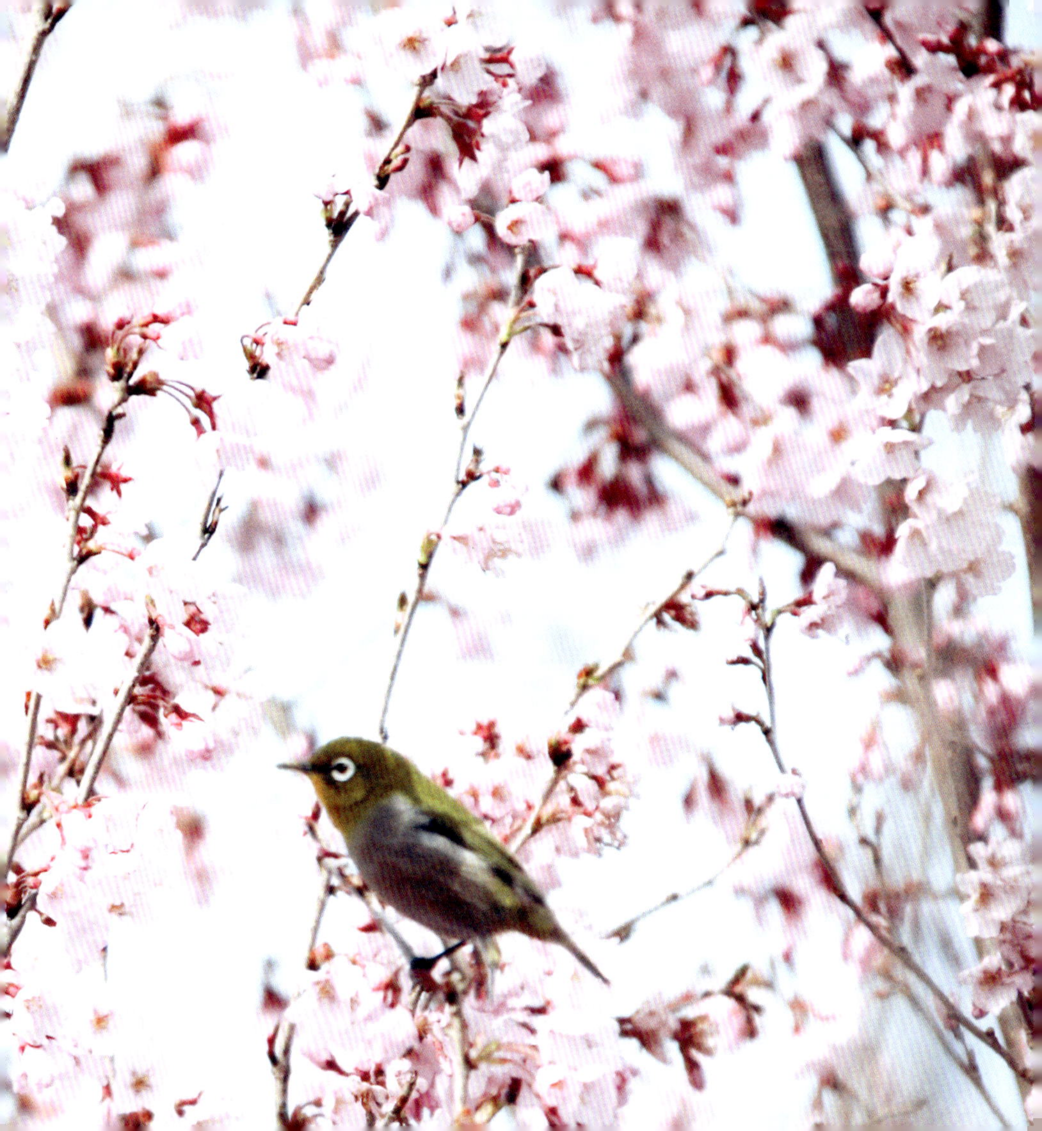

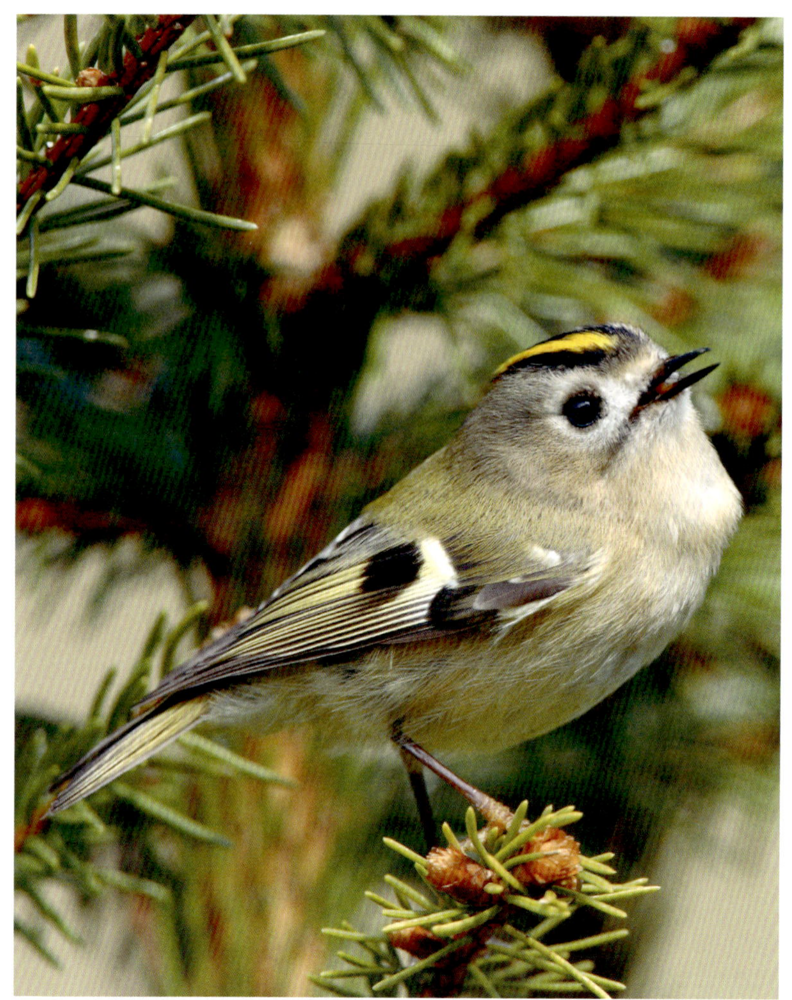

キクイタダキ

アオ

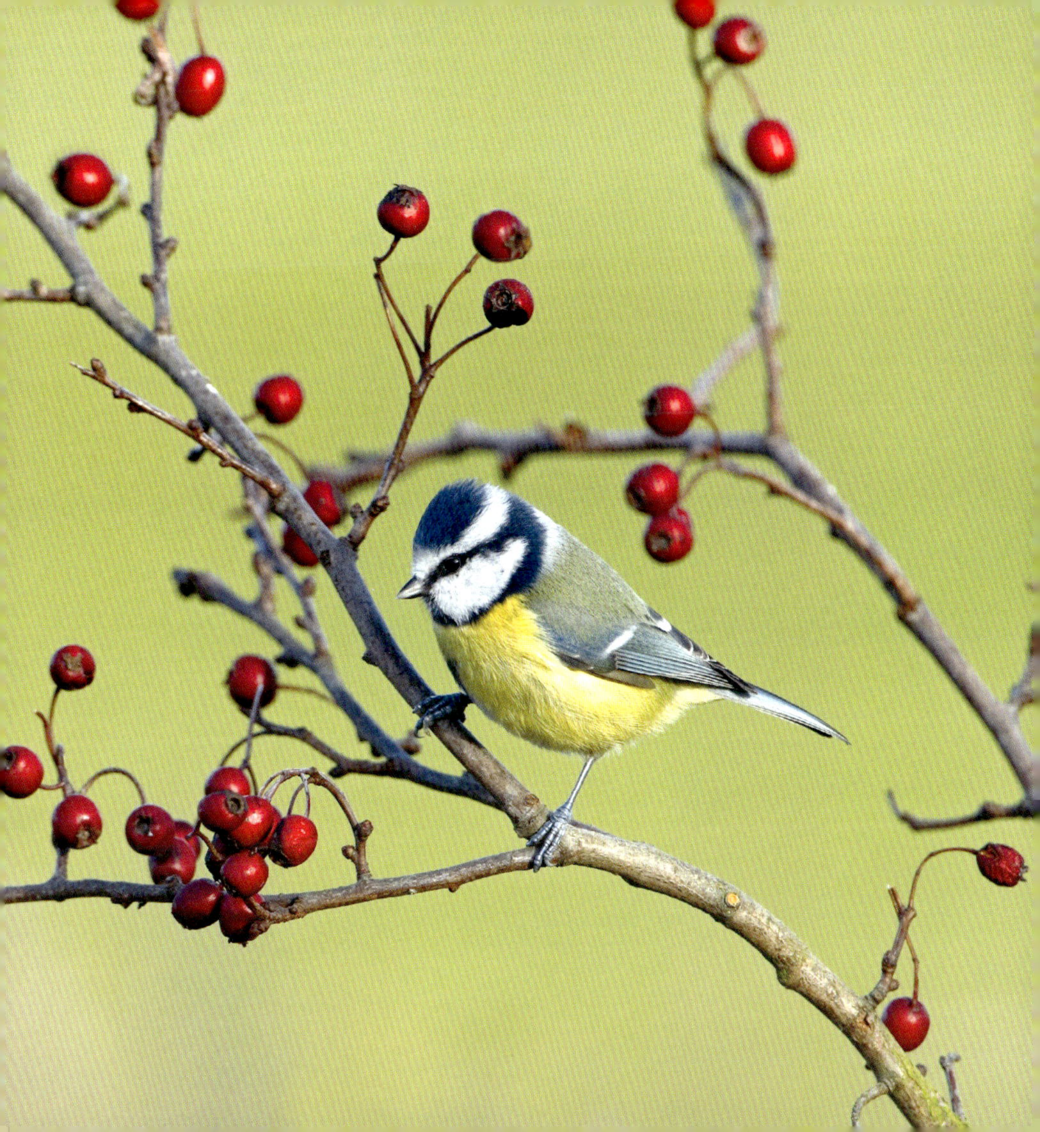

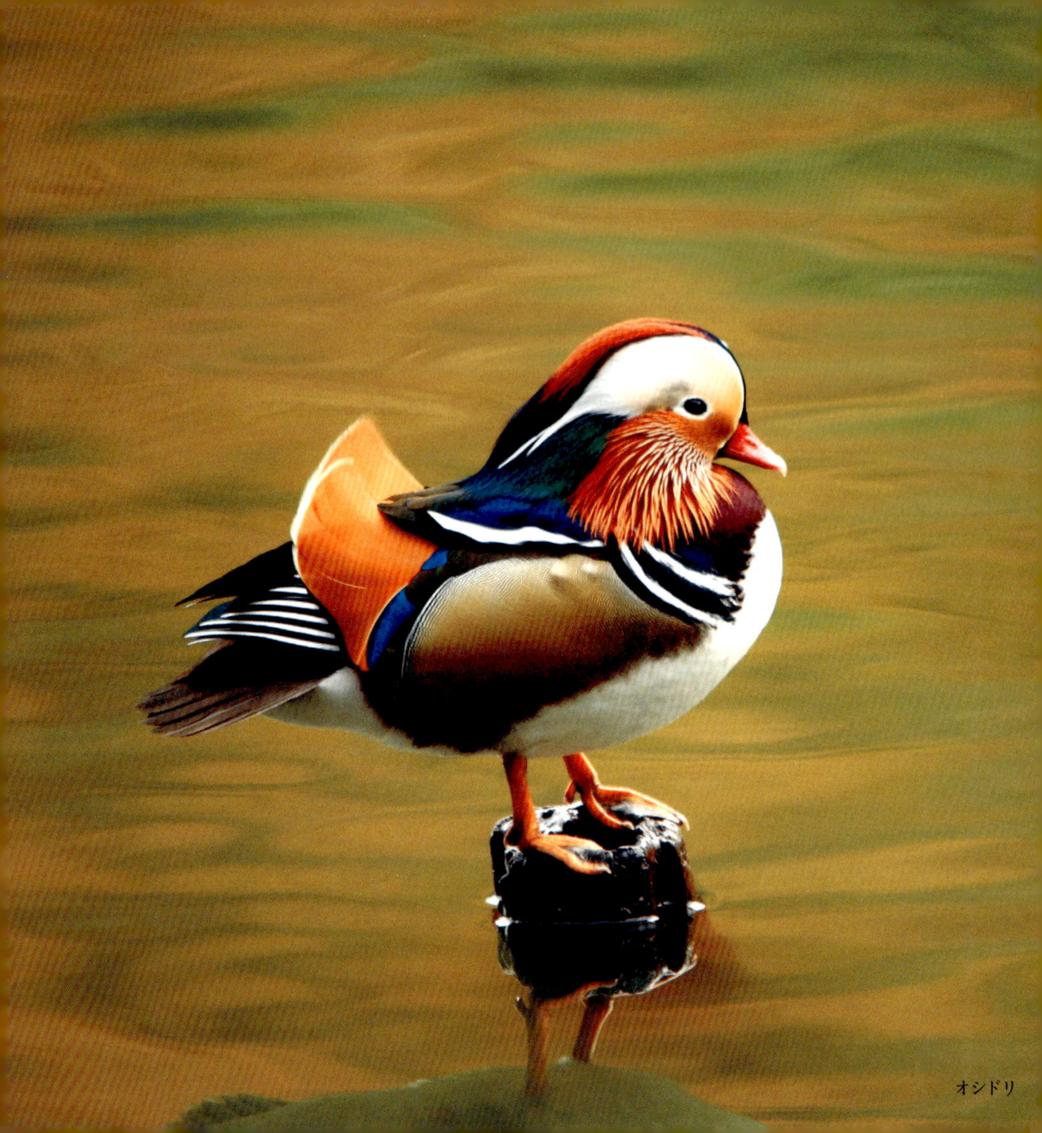

オシドリ

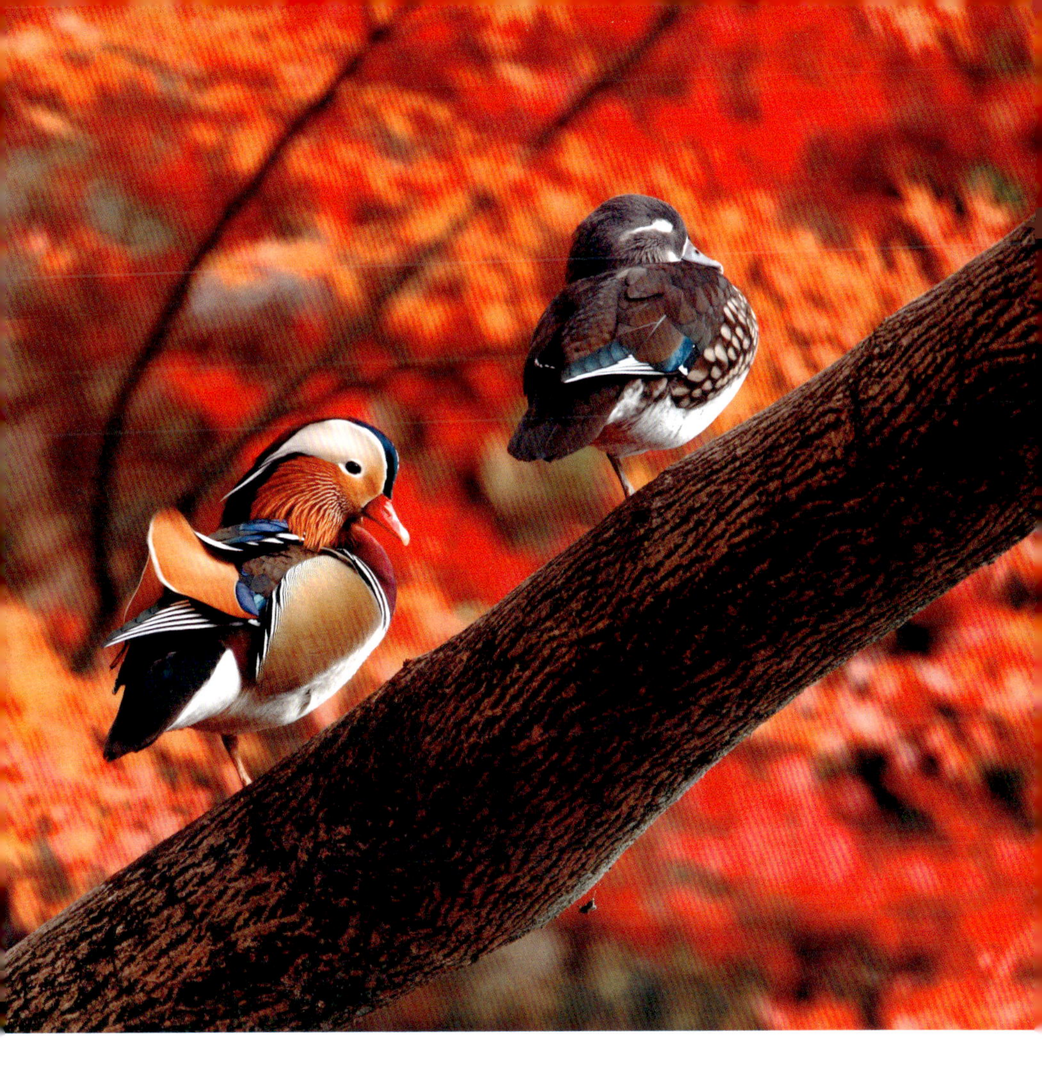

オシドリ

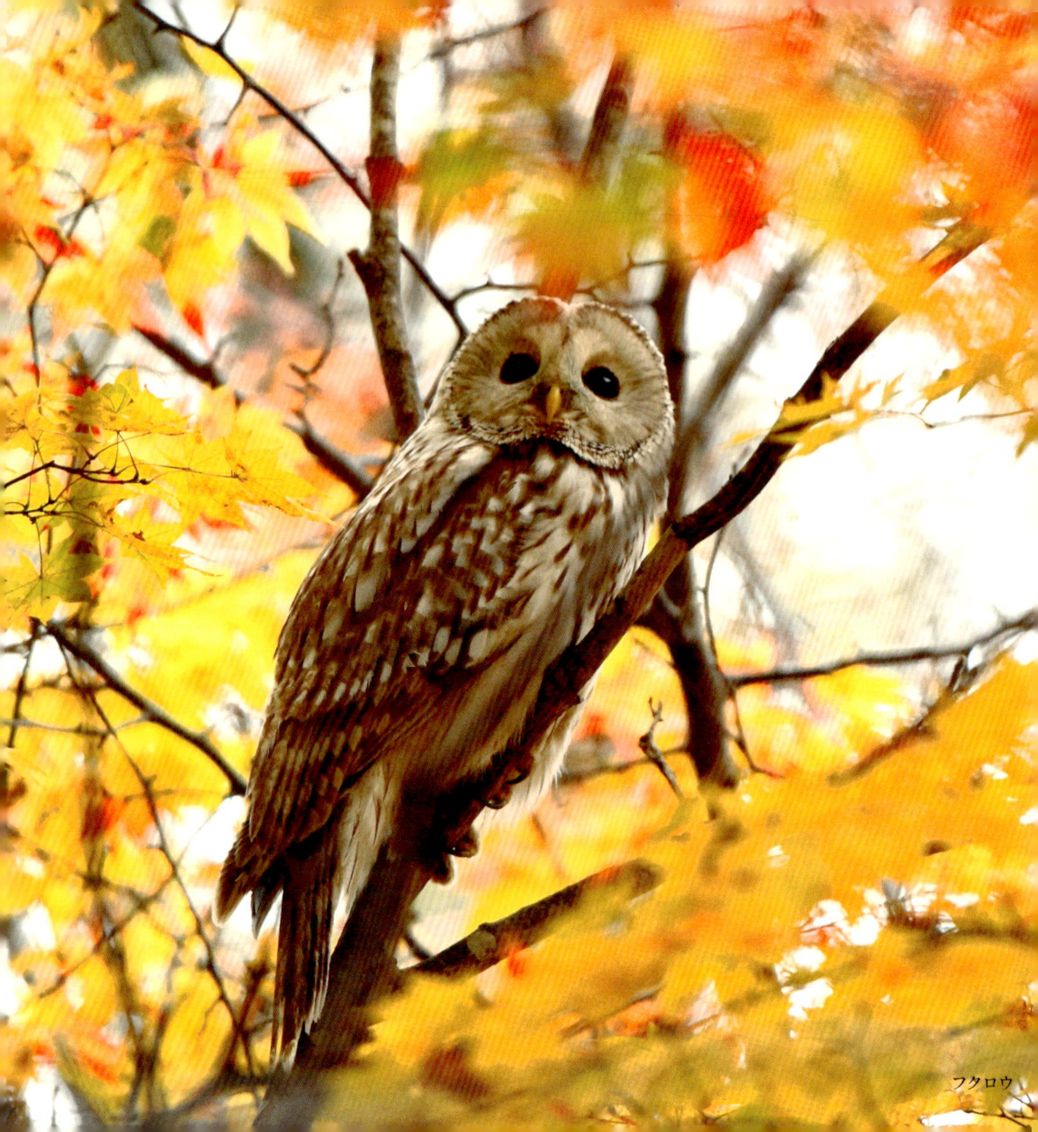

フクロウ

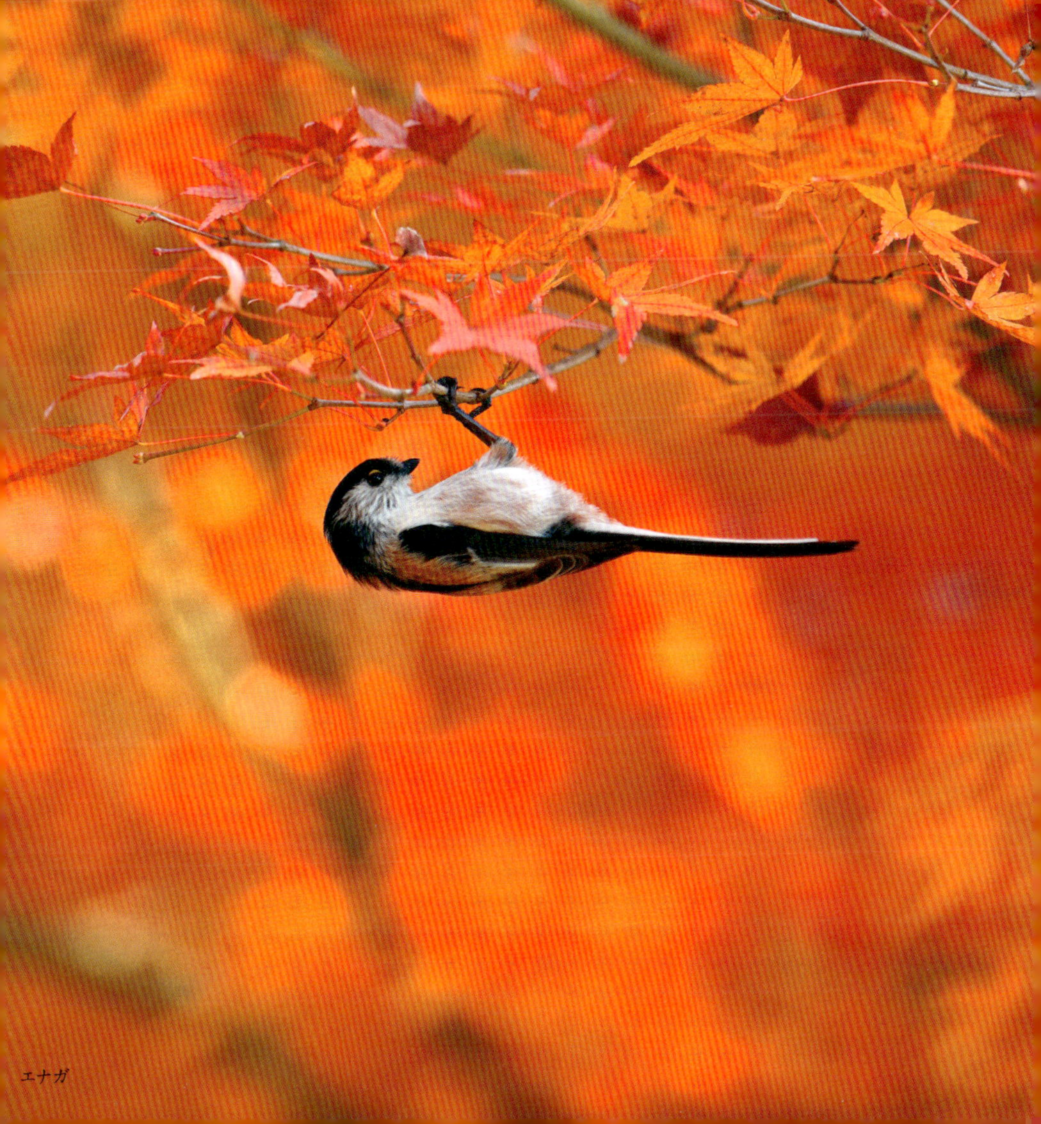

エナガ

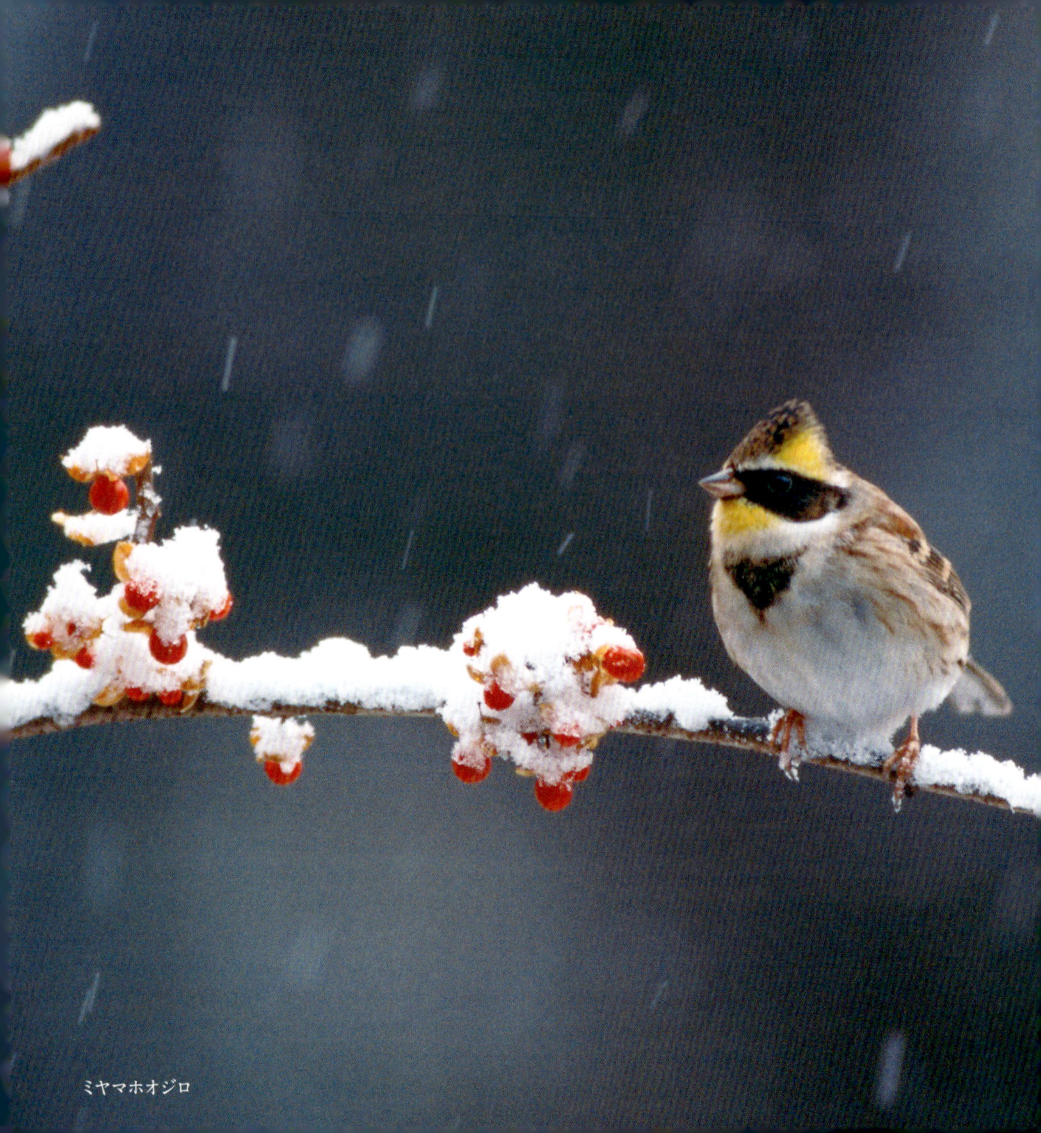

ミヤマホオジロ

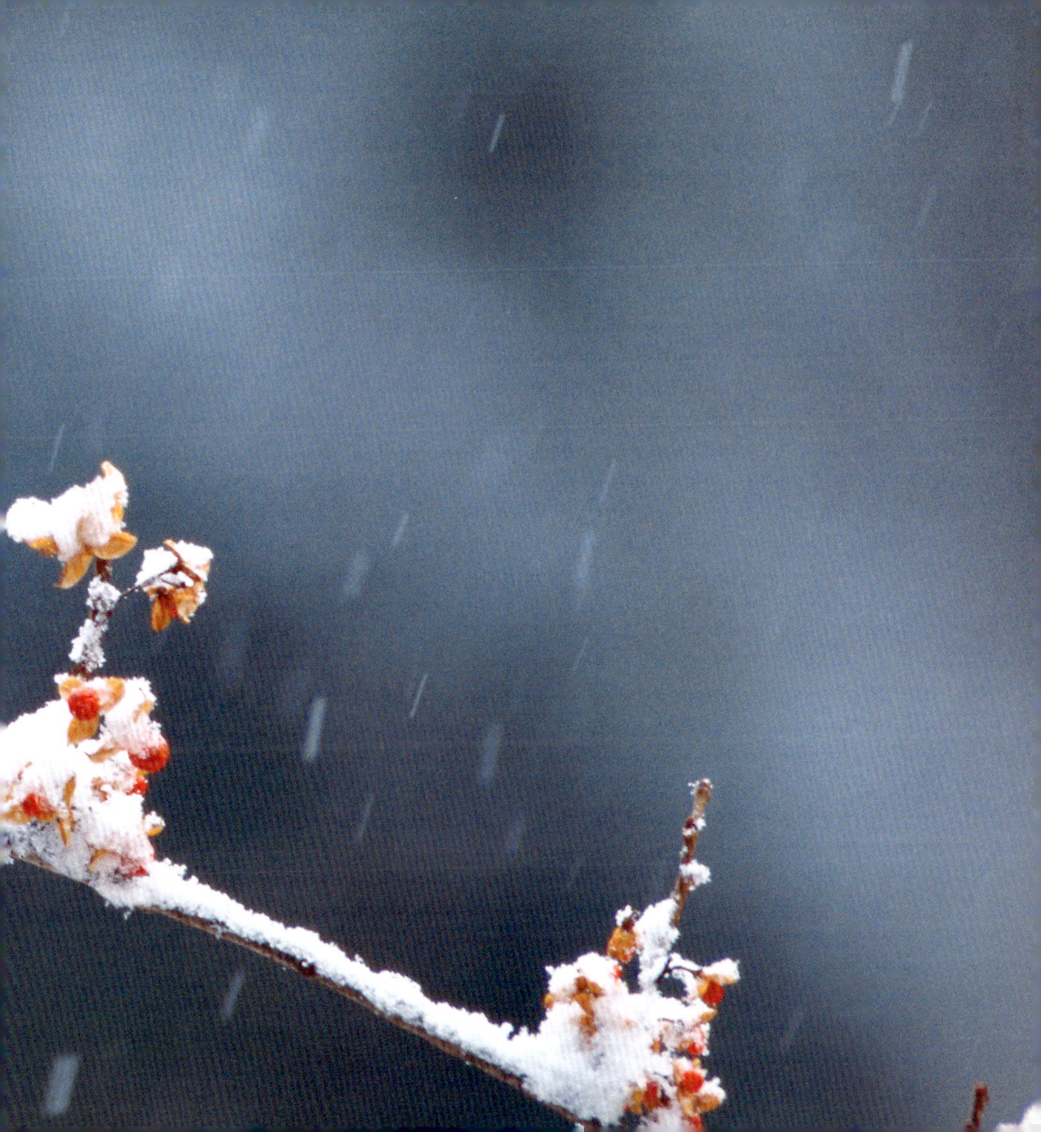

“鳥”とは何か　—美しさと多様性の秘密

立教大学教授
上田恵介

たくましき恐竜の子孫たち

鳥とはどんな生き物だろう。鳥類はせきつい動物の鳥綱（Aves）を構成するグループで、前足が翼に変化しており、後足で二足歩行をするとともに、ダチョウやキウイなどの走鳥類や島に棲む一部の無飛翔性のクイナ等をのぞくと、大半の種が飛翔能力を持つ。全身が羽毛に覆われているのも特徴の一つである。卵生であり、炭酸カルシウムを主成分とする硬い殻のある卵を生む。胎生や卵胎生のものは知られていない。中生代の祖先種をのぞくと、現生の種はすべて歯がなく、クチバシを持つ。尾羽はあるが、いわゆる骨のあるしっぽは持たず、ごく短い尾骨を持つ。尾の付け根、背中側に尾脂線があり、くちばしで全身の羽に防水のために脂をぬる。飛べる鳥は、飛翔することに高度に適応していて、体重に占める筋肉の割合が恒温動物中一番大きく、骨は中空になっており軽くて丈夫である。外呼吸は気嚢(きのう)システムを用いるため、他の脊椎動物より極めてガス交換効率がよい。視覚については、ヒトの目の3原色色覚に対して、鳥は紫外線の領域も含む4原色色覚を持っている。

繁殖するときに巣を作るのも多くの鳥類の特徴である。巣作りをしない鳥類は、他の鳥類に託卵するカッコウ類、また自分自身の足の上で卵を孵(かえ)すコウテイペンギンなどである。自分で卵を孵さないツカツクリ類は、いわゆる巣ではないが落ち葉などを集めて巨大なマウンドを作る。

大きさも様々である。最少体重数ｇのマメハチドリ（P 91）から、最大150kｇのダチョウなど大型種まで、様々な大きさの種が存在する。ほとんどの種は恒温性であるが、カッコウ（P 114-115）やハチドリ（P 90-93）のように体温の日周変動幅が大きい種もある。

現生種ではプアウィルヨタカ以外には冬眠・夏眠する種は知られていない。また、低気温時や食料欠乏時には半休眠状態になり活動が鈍るオオハシカッコウ類のような種も存在する。一般に昼行性が多いが、フクロウ（P 112-113, 133, 176）、ゴイサギなど夜行性または薄明活動型（夕方に活動）

の鳥類も少なくない。鳥類はすべて鳥目(とりめ)と誤解されることが多いが、夜間も視力を持つものが多い。

鳥は恐竜の竜盤(りゅうばん)目から進化した恐竜の直接の子孫であり、系統的には恐竜そのものである。羽毛を持つことは鳥類の固有の特徴と見られてきたが、少なくとも一部の恐竜が羽毛を生やしていたこと(あるいは羽毛の原型となる体毛を持っていたこと)は化石記録から確実視されている。この羽毛を持った恐竜のグループから空を飛ぶ鳥類が進化したことはほぼ明らかになってきた。

鳥類の分類は、長らく形態学的研究に留まっていたが、1980年代に入るとＤＮＡの塩基配列から、ハヤブサは他のワシタカ類の仲間ではなく、スズメ目に近いとか、カッコウ類はツル目に近いとか、様々な面白い事実が明らかになってきた。また現在、鳥類の種類は約1万種と言われているが、これまで同じ種と思われてきた鳥が、実は複数の種類から構成されていたという事例も多くあり(たとえばメボソムシクイ)、世界の鳥の種類は今後、どんどん増えていくと思われる。

華麗な色彩は警告のメッセージ

鳥は様々な色を持っている。地味な鳥もいるにはいるが、私たちの目を引くのは、美しい色彩を持った鳥たちである。マシコ類(P137,140)のように赤い鳥、オオルリ(P164)・コルリ・ルリビタキ(P167)のような青い鳥、マヒワ(P141)のように黄色い鳥もいる。クジャク(P54-55)やオシドリ(P174-175)、フウチョウ類(P24-25,32-33,48,52-53,68-73)などの華麗な美しさは、洋の東西を問わず、人々の目を引きつけ、描かれてきた。鳥の世界は色にあふれている。鳥たちはなぜ、このように目立つ色彩を持っているのだろう。

鳥の色彩には大きく分けて、色素で発色するもの(主にメラニンとカロチノイド)と、羽毛の物理的構造によって特定の波長の光を反射することで生じるもの(構造色)がある。構造色は羽毛の微細な物理的構造が、光の反射、吸収、干渉などをもたらし、その結果、様々な色彩や光沢を羽毛に与える。カロチノイドの黄色に青い構造色を組み合わせれば緑が発現するというように、色素と構造色を組み合わせれば、さらに多様な色彩を作り出すことができる。

鳥の持つ赤系の色素は基本的にはメラニンとカロチノイドである。メラニンはくすんだ黄色から赤褐色、暗褐色、黒までの広い範囲の色彩を発色する。カロチノイドは赤や黄色の色彩を発色させるが、鳥は体内でカロチノイドを合成できないので、食物から取り入れている。これはカナリアにニンジンや赤ピーマンを擂って食べさせてやると、赤色が濃くなることからもわかる。動物園では飼育しているフラミンゴの赤色を鮮やかにするために、このやり方を用いている。実際に野外の鳥でもこの仕組みは同じである。北米にすむヒメレンジャクという小鳥は、赤い木の実をたくさん食べると、羽の赤色が鮮やかになるという実験結果もある。北原白秋の童謡、「赤い鳥」に歌われているように「赤い鳥、小鳥」は本当に「赤い実を食べた」から赤くなっているのである。

ところでクジャクやオシドリが美しいと書いたが、実はかれらのうちで美しいのはオスだけで、メスは褐色で地味である。性によって形態や色彩の異なる現象を性的二型という。クジャクの属するキジ科や、オシドリが属するガンカモ科では、特にこの傾向が著しく、ほとんどの種でメスは褐色で地味な色なのに対し、オスはきらびやかな美しい羽を持っている。夏になると日本へやってくるオオルリやサンコウチョウ（P162-163 オスの尾が非常に長い）などのヒタキ類、コルリやルリビタキ（オスはルリ色）、クロツグミやマミジロ（オスは黒色）といったツグミの仲間も、メスはたいてい褐色で地味な色彩をしており、雌雄差の甚だしい鳥である。

カワセミ類（P42-43,142-143）やインコ類（P14-15,26-28,36-37）の多くはほぼ雌雄同色であり、しかもかなり派手な色彩を持っている。カワセミの青い背中が上から見たときには水面が背景になるため、あまり目立たないとか、オウム類の赤と緑の派手な色彩は赤い果実のなっている葉陰では、天敵に対して隠ぺい的な効果を持っているという説もある。しかし昆虫類の派手な色彩の多くが、まずさや捕まえにくさを鳥に知らせて捕食を免れる警告色としての機能を持っていることを考えると、これらの鳥の美しさは、捕食者に対する警告の信号として進化してきたと考えられている。

うえだ・けいすけ

立教大学 理学部生命理学科教授。主要研究テーマは鳥の行動生態学、進化生物学。著書に『花・鳥・虫のしがらみ進化論―「共進化」を考える』『擬態―だましあいの進化論 1 昆虫の擬態』（築地書館）、監修書に『鳥（小学館の図鑑ＮＥＯ）』（小学館）など多数。

描かれた鳥たち

立教大学 大学院 理学研究科 上田恵介研究室
高橋雅雄

地上を飾る数々の美しい鳥たち。紅、橙、浅葱、瑠璃、紺といった原色を纏(まと)い、光を浴びて輝く姿は、昔から人間の心を魅了してきた。中でも特に華麗な鳥たち、たとえばフウチョウ（P24-25,32-33,48,52-53,68-73）、インコ（P14-15,26-28,36-37）、ハチドリ（P90-93）、カワセミ（P42-43,142-143）の仲間は人気があり、バードウォッチャーたちの憧れの存在である。残念ながら、彼らの多くはアフリカや南米、東南アジアやオーストラリアなどの熱帯域に生息しており、身近な存在であるとはいえない。日本やヨーロッパを含む温帯域には、派手な色調の鳥類は少なく、そのほとんどが地味な姿をしている。それでも日本や西欧の画家たちは鳥に魅了され、その姿を描き続けてきた。

特に日本の絵師たちは、その風景の中に必ずといえるほど鳥を描いている。木々の梢にはメジロ（P169-171）やシジュウカラ（P150）などの小鳥たちが、水辺にはサギやカモが、空にはガンの群れやツバメが、人里にはスズメがさりげなく登場する。また、日本美術の伝統的な表現のひとつである花鳥画においては、鳥は絵の主役である。ツルやワシを大きく描いた掛け軸や屏風絵は、色彩に派手さはなくても、圧倒的な存在感のある鳥たちの姿を、絶妙な構図と確かな筆致で表現している。

日本と比較すると、西欧の絵画に鳥はあまり登場しない。豊かな自然を描いた風景画においても、森の中にも水辺にも鳥の姿はなく、画面は静寂に包まれている。クロード・モネ（Claude Monet, 1840-1926年）やピエール＝オーギュスト・ルノワール（Pierre-Auguste Renoir, 1841-1919年）といった印象派の画家が描く華やかな風景画にも、鳥たちの姿はほとんど見られない。

西欧の絵画で例外的に鳥がよく描かれるジャンルは宗教画である。たとえば白いハトは神や精霊の象徴として登場し、イエスや聖母マリアの頭上に輝きながら飛翔する姿がよく描かれている。ヨーロッパでは身近に見られる顔の赤い模様が特徴的なゴシキヒワ（P111）も、キリスト教との関係が深い。ゴシキヒワは磔刑時にイエスの頭に刺さった茨の冠の棘を抜いたため、その血を浴びて顔に赤い模様がついたとの伝説から、キリスト教では受難の象徴とされている。そのため、幼子イエスや聖母マリアの傍らに描かれることが多い。

ゴシキヒワが登場する代表的な作品のひとつに、ルネサンス期のフランドルの画家であるヒエロニムス・ボス（Hieronymus Bosch, 1450頃-1516年）が描いた『快楽の園』（1480-1500年頃）がある。この絵は西洋絵画の中では例外的に多数の鳥たちが登場し、ゴシキヒワはカワセミなどと共に画面の左側に、華やかに描かれている。また、レンブラント・ファン・レイン（Rembrandt Harmensz. van Rijn, 1606-1669年）の弟子でもあったオランダの画家カレル・ファブリティウス（Carel Fabritius, 1622-1654年）が描いた『ゴシキヒワ』（1654年）は極めて写実的だ。控えめな光の中に浮かぶその姿は、スナップショットのように一瞬の表情を写し取っている。また、当時流行していた「トロンプ=ルイユ（だまし絵）」の手法が使われており、まるで本物の鳥がそこにいるかのような錯覚を覚える。32歳の若さで不慮の事故により世を去ったファブリティウス。その真作は十数点しか残されていないと言われているが、中でもこの『ゴシキヒワ』は、彼の芸術性を如実に伝える作品として、近年注目されている。

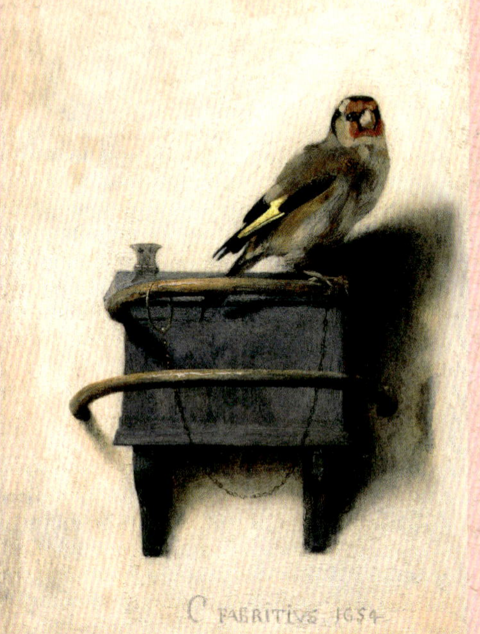

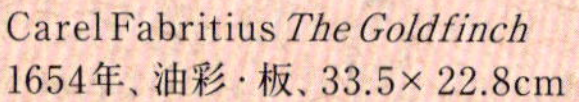
Carel Fabritius *The Goldfinch*
1654年、油彩・板、33.5× 22.8cm

※掲載ページ数、名称、平均的な体長、主な生息地を記しています。

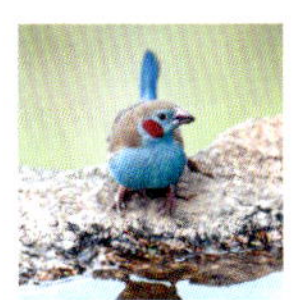
P2
セイキチョウ
12.5-13cm
アフリカ

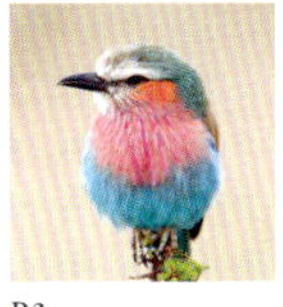
P3
ライラックニシブッポウソウ
40cm
アフリカ南部

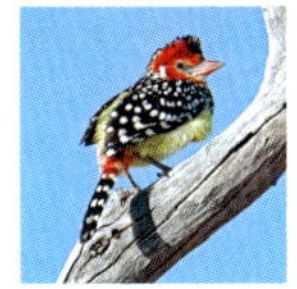
P4
ホオアカオナガゴシキドリ
23cm
アフリカ

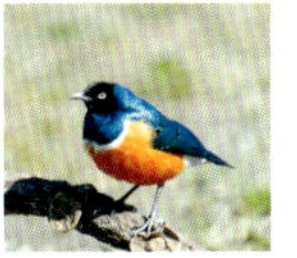
P5
ツキノワテリムク
20cm
中央アフリカ

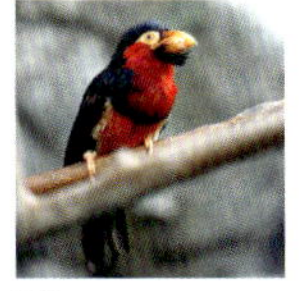
P6
ヒゲゴシキドリ
23-25cm
西アフリカ・
サハラ砂漠南部

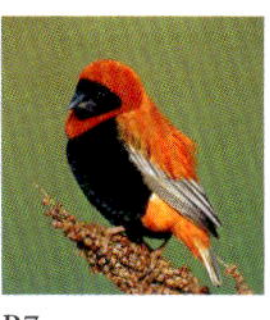
P7
キンランチョウ
14cm
中央～南アフリカ

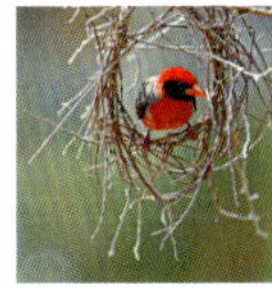
P8
アカガシラモリハタオリ
15cm
中央アフリカ

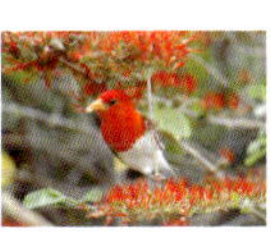
P9
アカガシラモリハタオリ
15cm
中央アフリカ

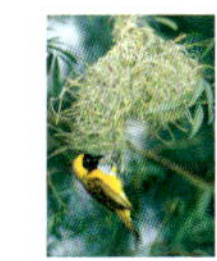
P10
メンハタオリドリ
(コメンガタハタオリ)
15cm
中央～南アフリカ

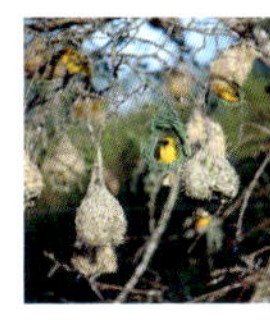
P11
ミナミメンガタハタオリ
15cm
中央～南アフリカ

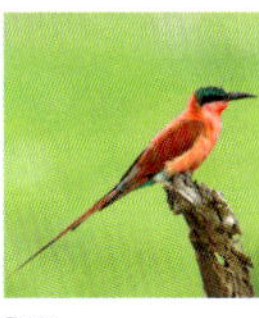
P12
ベニハチクイ
35cm
アフリカ

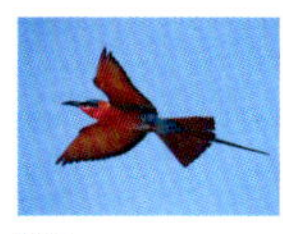
P13
ベニハチクイ
35cm
アフリカ

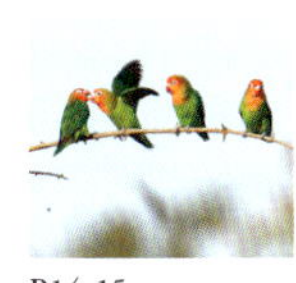
P14-15
ボタンインコ
14cm
中央～南アフリカ

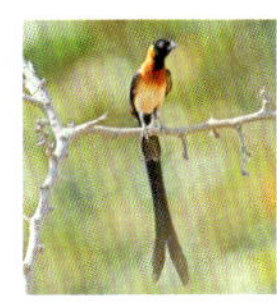
P16
ホウオウジャク
38cm
中央～南アフリカ

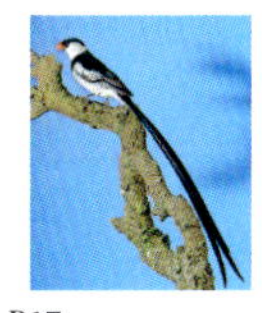
P17
テンニンチョウ
34cm
中央～南アフリカ

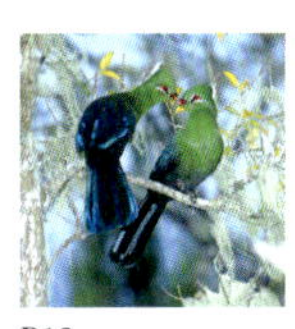
P18
エボシドリ
45cm
中央～南アフリカ

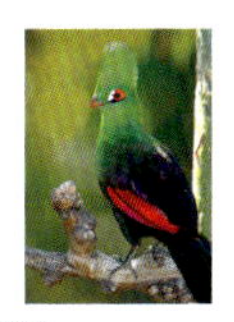
P19
エボシドリ
45cm
中央～南アフリカ

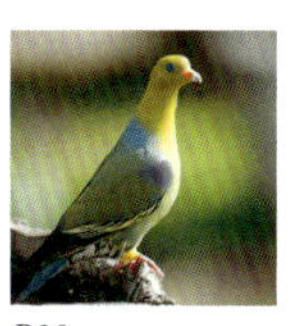
P20
アフリカアオバト
28cm
アフリカ大陸南部

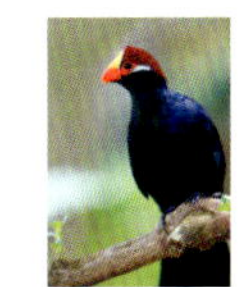
P21
ニシムラサキエボシドリ
45cm
アフリカ

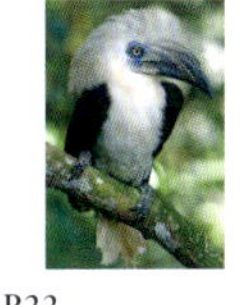
P22
シロクロサイチョウ
83-102cm
東南アジア

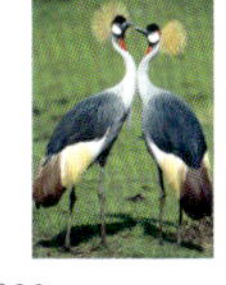
P23
ホオジロカンムリヅル
100cm
アフリカ南部

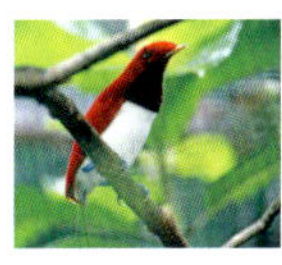
P24
ヒヨクドリ
16cm
ニューギニア

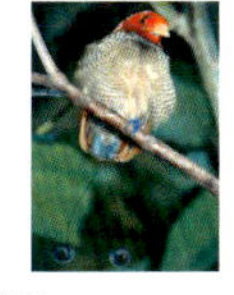
P25
ヒヨクドリ
16cm
ニューギニア

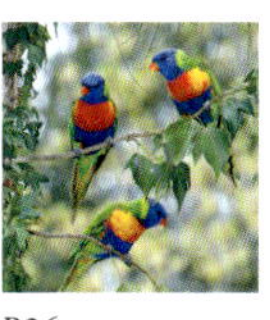
P26
ゴシキセイガイインコ
25-30cm
オーストリア

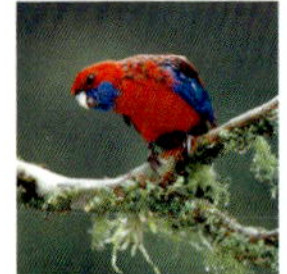
P27
アカクサインコ
32-37cm
ニューギニア

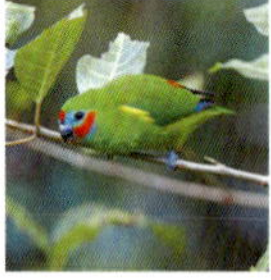
P28
イチジクインコ
13-16cm
オーストラリア／
ニューギニア

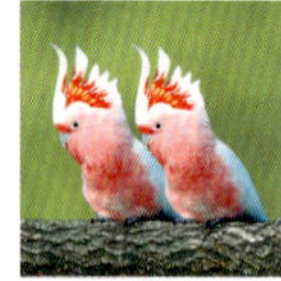
P29
クルマサカオウム
40cm
オーストラリア

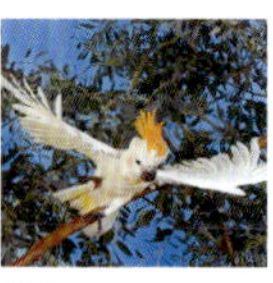
P30
キバタン
48cm
オーストラリア／
ニューギニア

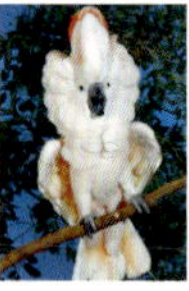
P31
オオバタン
40-50cm
オーストラリア

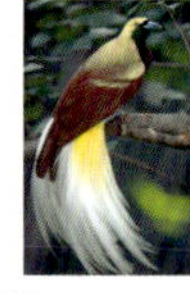
P32
コフウチョウ
32cm
オーストラリア

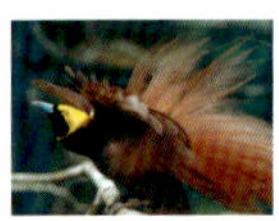
P33
アカカザリフウチョウ
33cm
ニューギニア

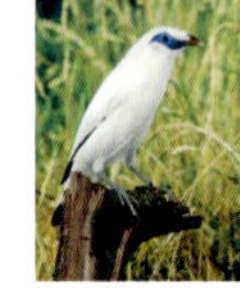
P34
カンムリシロムク
25cm
インドネシア

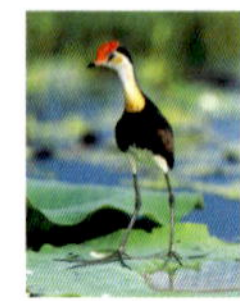
P35
トサカレンカク
21cm
オーストラリア

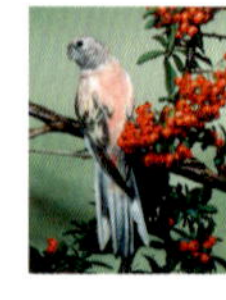
P36
アキクサインコ
19cm
オーストラリア

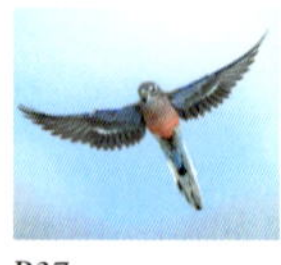
P37
アキクサインコ
19cm
オーストラリア

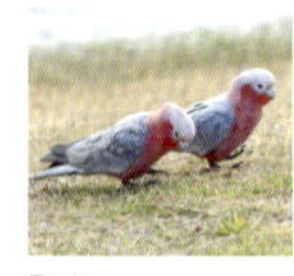
P38
モモイロインコ
35cm
オーストラリア

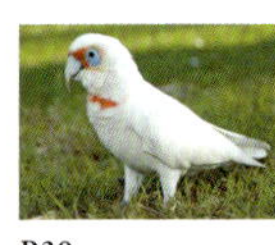
P39
テンジクバタン
30cm
オーストラリア

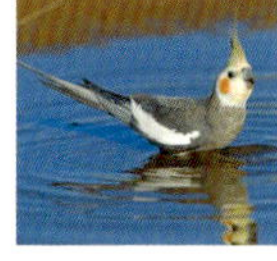
P40
オカメインコ
32-35cm
オーストラリア

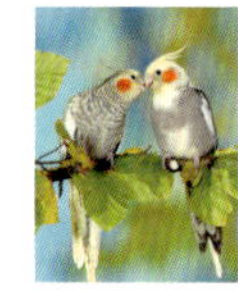
P41
オカメインコ
32-35cm
オーストラリア

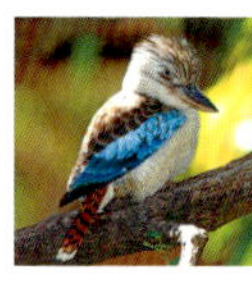
P42
アオバネワライカワセミ
45cm
オーストラリア

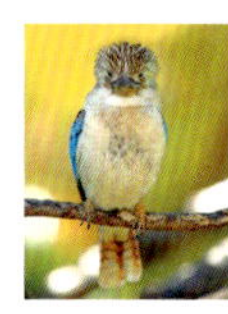
P43
アオバネワライカワセミ
45cm
オーストラリア

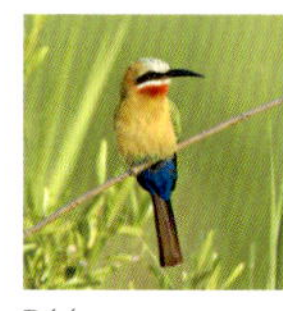
P44
シロビタイハチクイ
26cm
オーストラリア

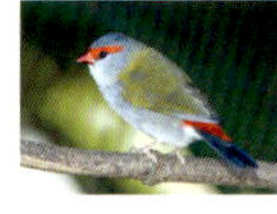
P45
フヨウチョウ
12cm
オーストラリア

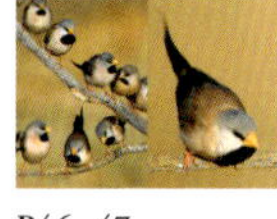
P46、47
オナガキンセイチョウ
15cm
オーストラリア

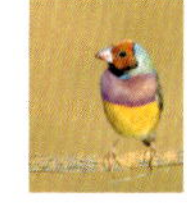
P47
コキンチョウ
12.5-14cm
オーストラリア

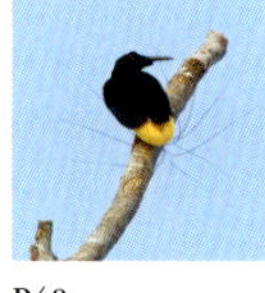
P48
ジュウニセンフウチョウ
33-35cm
ニューギニア

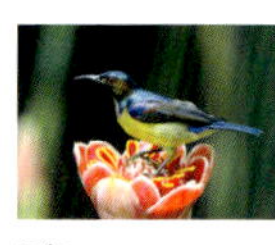
P49
チャノドコバシタイヨウチョウ
10cm
東南アジア

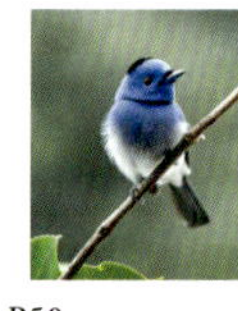
P50
クロエリヒタキ
16cm
東南アジア

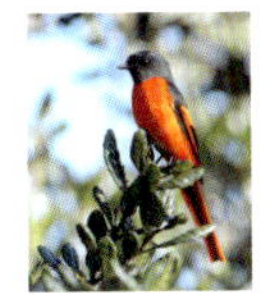
P51
ベニサンショウクイ
17cm
東南アジア

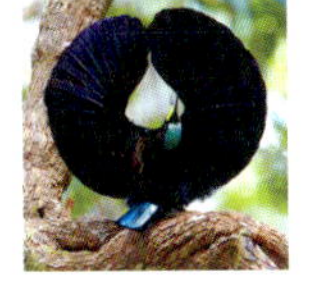
P52
コウロコフウチョウ
24cm
オーストラリア

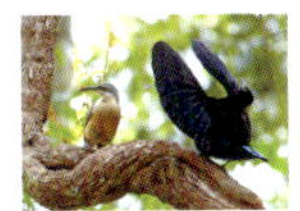
P53
コウロコフウチョウ
24cm
オーストラリア

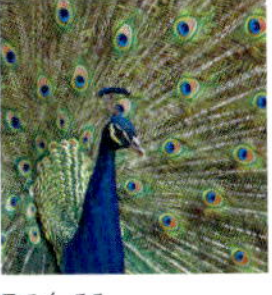
P54-55
インドクジャク
220cm
南アジア

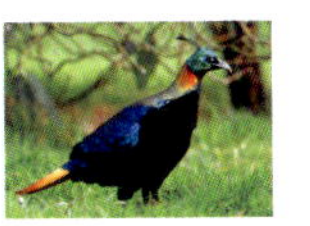
P56
ニジキジ
70cm
ヒマラヤ

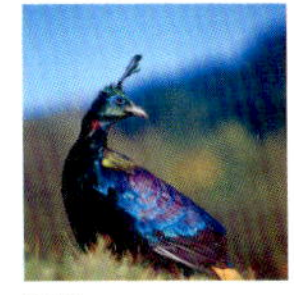
P57
ニジキジ
70cm
ヒマラヤ

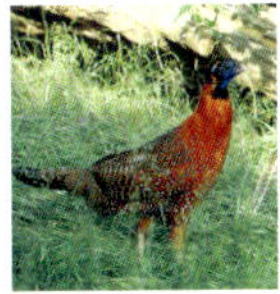
P58
ベニジュケイ
50cm
ヒマラヤ

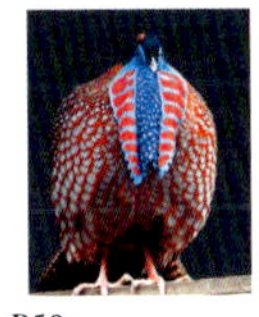
P59
ベニジュケイ
50cm
ヒマラヤ

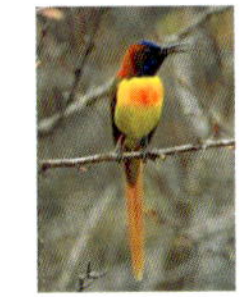
P60
アカオタイヨウチョウ
12cm
ヒマラヤ

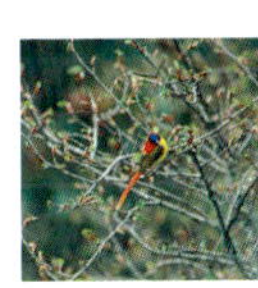
P61
アカオタイヨウチョウ
12cm
ヒマラヤ

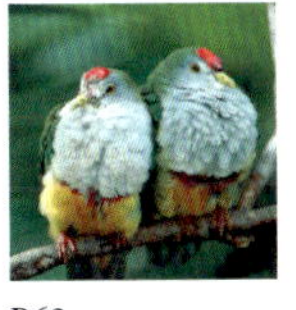
P62
フジボウシヒメアオバト
20-25cm
東南アジア

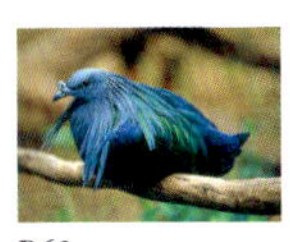
P63
ミノバト
40cm
太平洋諸島

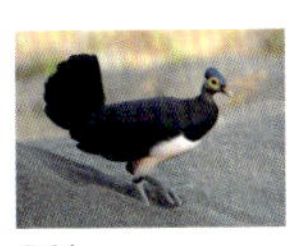
P64
セレベスツカツクリ
55-60cm
インドネシア

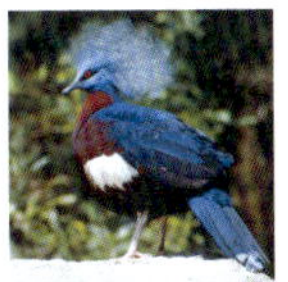
P65
ムネアカカンムリバト
66cm
インドネシア／
パプアニューギニア

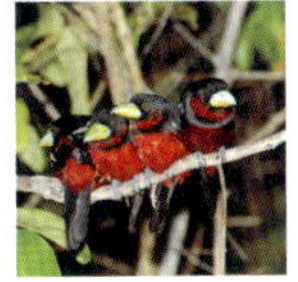
P66
クロアカヒロハシ
21-24cm
東南アジア

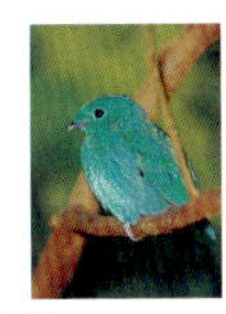
P67
ミドリヒロハシ
18cm
マレーシア

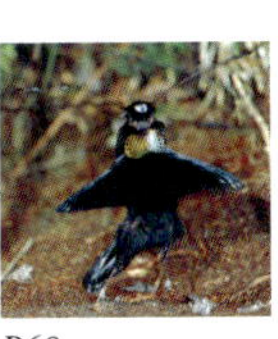
P68
カンザシフウチョウ
26cm
インドネシア

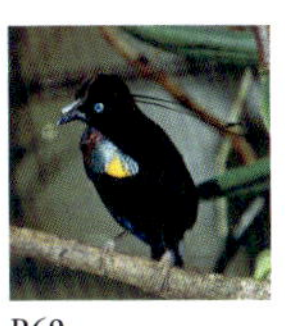
P69
カンザシフウチョウ
26cm
インドネシア

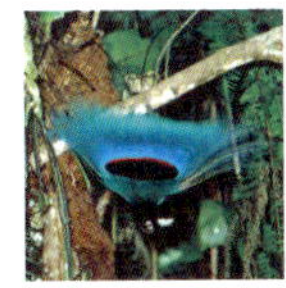
P70
アオフウチョウ
30cm
ニューギニア

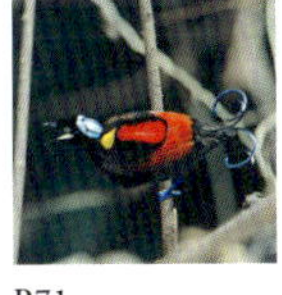
P71
アカミノフウチョウ
21cm
インドネシア

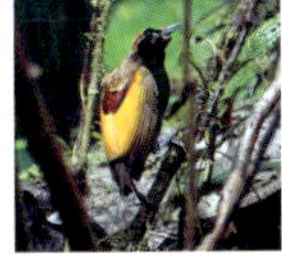
P72
キンミノフウチョウ
24cm
ニューギニア

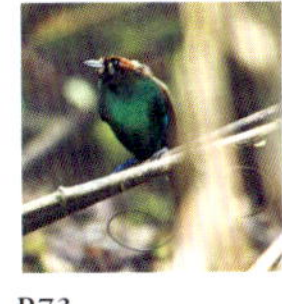
P73
キンミノフウチョウ
24cm
ニューギニア

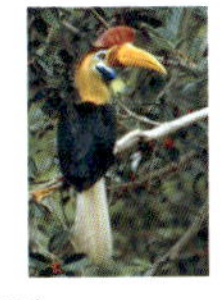
P74
アカコブサイチョウ
100cm
南〜東南アジア

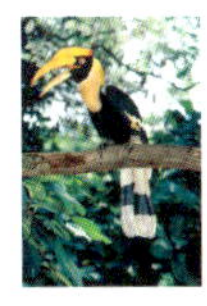
P75
オオサイチョウ
120cm
南〜東南アジア

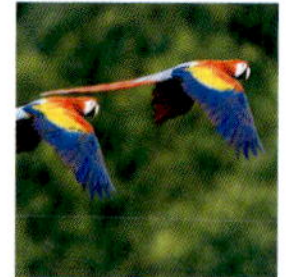
P76
コンゴウインコ
84cm
中央～南アメリカ北部

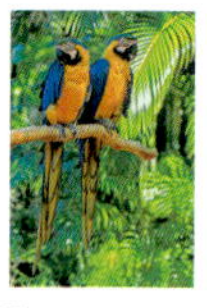
P77
ルリコンゴウインコ
76-86cm
中央～南アメリカ

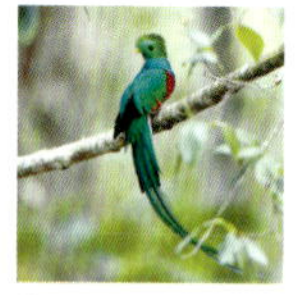
P78
ケツァール
38cm（尾のかざり羽はのぞく）
中央アメリカ

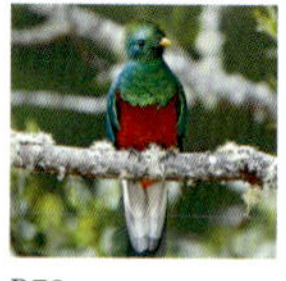
P79
ケツァール
38cm（尾のかざり羽はのぞく）
中央アメリカ

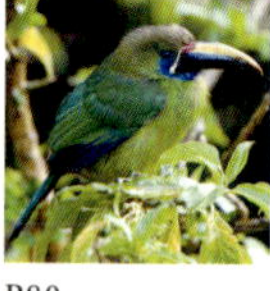
P80
ミドリチュウハシ
29cm
中央～南アメリカ

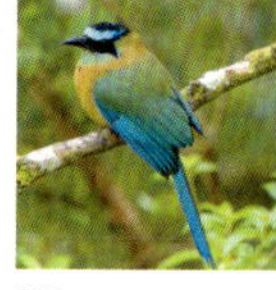
P81
ハチクイモドキ
41cm
中央～南アメリカ

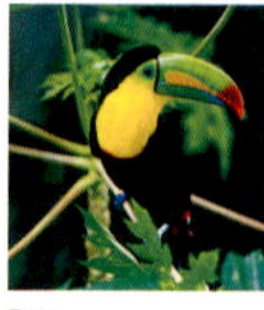
P82
サンショクキムネオオハシ
47 cm
中央～南アメリカ

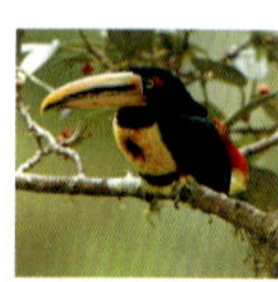
P83
ムナフチュウハシ
41cm
南アメリカ

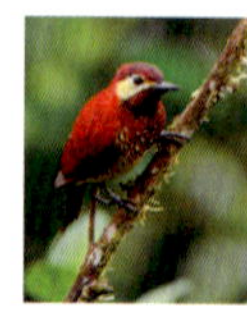
P84
アカバネモリゲラ
30cm
南アメリカ

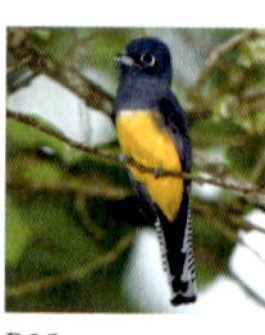
P85
ハグロキヌバネドリ
40cm
中央アメリカ

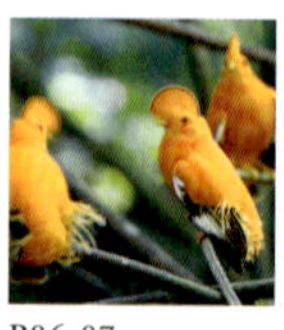
P86-87
イワドリ
32cm
南アメリカ

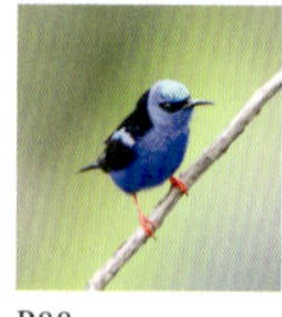
P88
ルリミツドリ
12cm
中央～南アメリカ

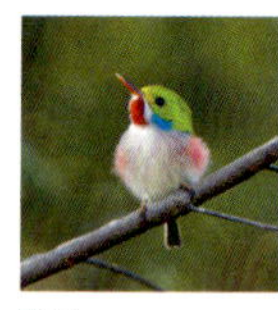
P89
キューバコビトドリ
11cm
キューバ島

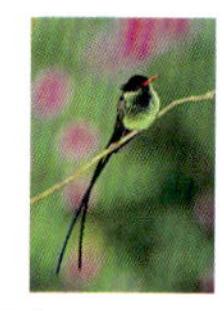
P90
フキナガシハチドリ
27 cm
ジャマイカ島

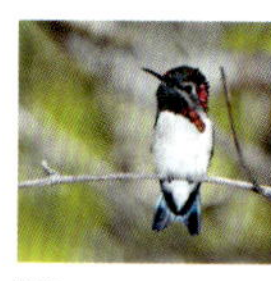
P91
マメハチドリ
6cm
キューバ島

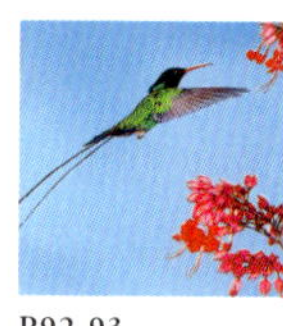
P92-93
フキナガシハチドリ
27 cm
ジャマイカ島

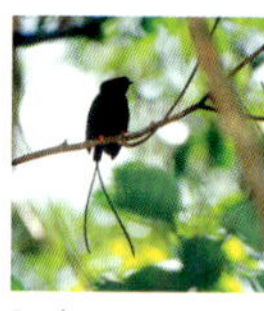
P94
オナガセアオマイコドリ
22cm
中央アメリカ

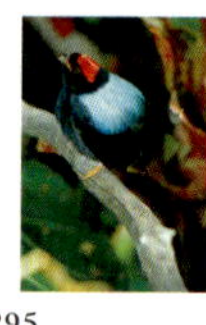
P95
オナガセアオマイコドリ
22cm
中央アメリカ

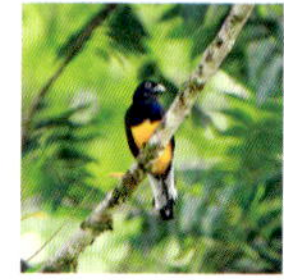
P96
パナマハグロキヌバネドリ
40cm
中央アメリカ

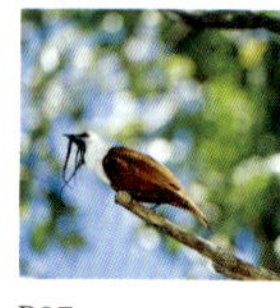
P97
ヒゲドリ
30cm
中央アメリカ

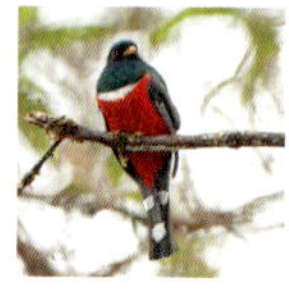
P98
カオグロキヌバネドリ
40cm
中央～南アメリカ

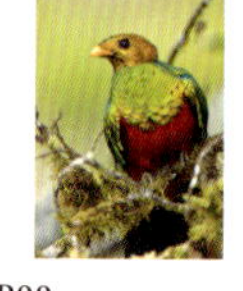
P99
キンガシラカザリキヌバネドリ
40cm
中央～南アメリカ

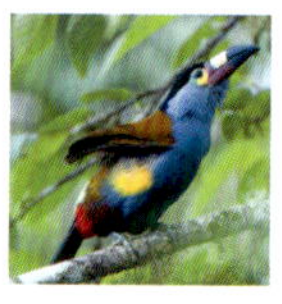
P100
イタハシヤマオオハシ
40cm
中央～南アメリカ

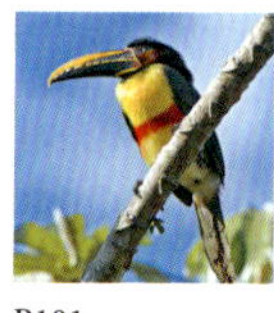
P101
チャミミチュウハシ
43-47cm
中央アメリカ

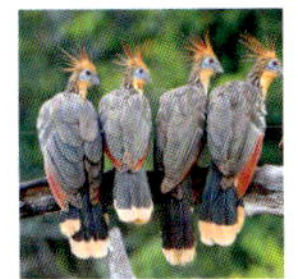
P102
ツメバケイ
60cm
中央〜南アメリカ

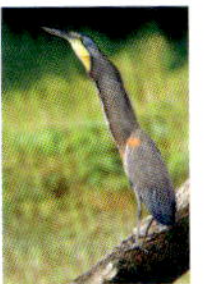
P103
ハゲノドトラフサギ
76cm
中央〜南アメリカ

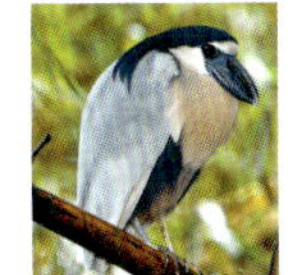
P104
ヒロハシサギ
50cm
中央〜南アメリカ

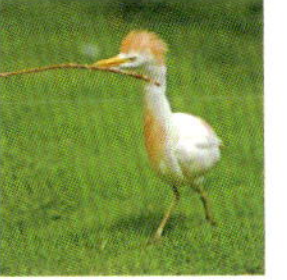
P105
アマサギ
46-56cm
ユーラシア〜アフリカ

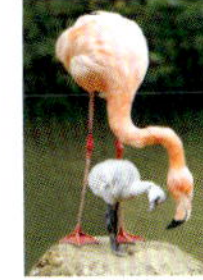
P106
ベニイロフラミンゴ
120-140cm
中央〜南アメリカ

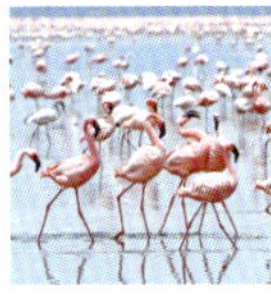
P107
コフラミンゴ
80-90cm
中央〜南アメリカ

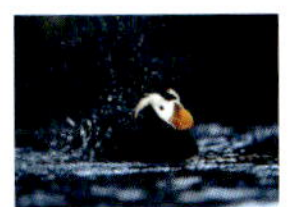
P108
エトピリカ
40cm
北太平洋沿岸

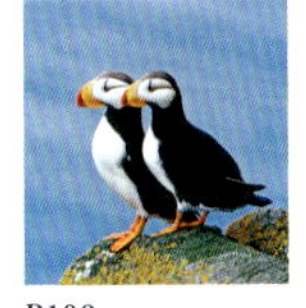
P109
ニシツノメドリ
35-41cm
北大西洋〜北太平洋

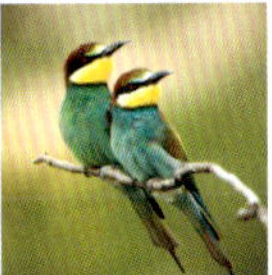
P110
ヨーロッパハチクイ
30cm
南ヨーロッパ／アフリカ

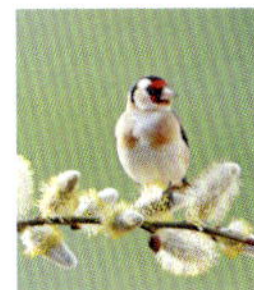
P111
ゴシキヒワ
12cm
ヨーロッパ／中近東／アフリカ西部

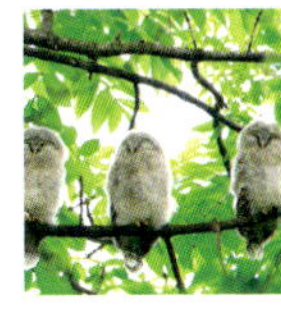
P112-113
モリフクロウ
37-43cm
ヨーロッパ〜東アジア

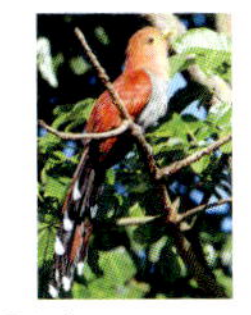
P114
リスカッコウ
30cm
北〜南アメリカ

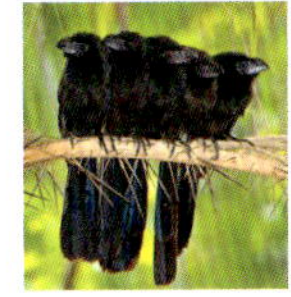
P115
ミゾハシカッコウ
45cm
中央〜南アメリカ

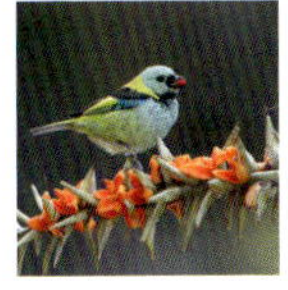
P116
ミドリズキンフウキンチョウ
15cm
北〜南アメリカ

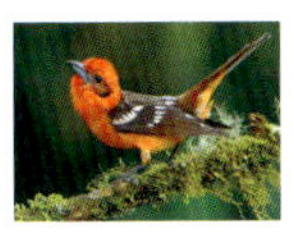
P117
ホノオフウキンチョウ
15cm
北〜南アメリカ

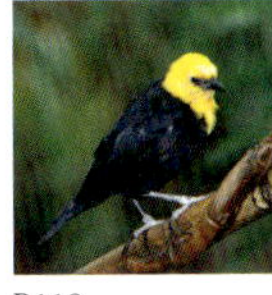
P118
キガシラハゴロモガラス
25cm
北〜南アメリカ

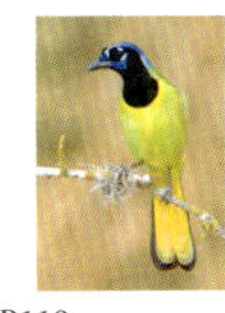
P119
インカサンジャク
40cm
北〜南アメリカ

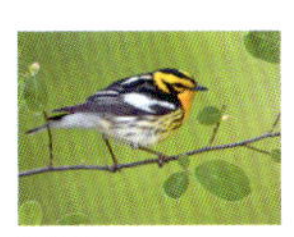
P120
キマユアメリカムシクイ
15cm
北〜南アメリカ

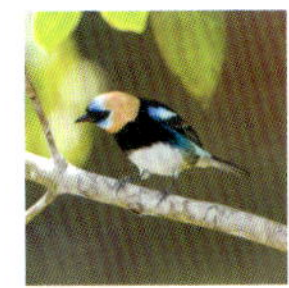
P121
キンズキンフウキンチョウ
12cm
北〜南アメリカ

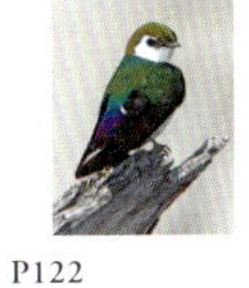
P122
スミレミドリツバメ
13cm
北アメリカ

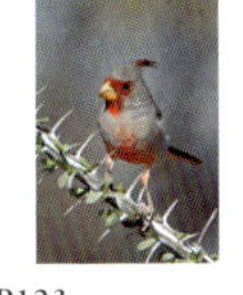
P123
ムネアカコウカンチョウ
20cm
北アメリカ

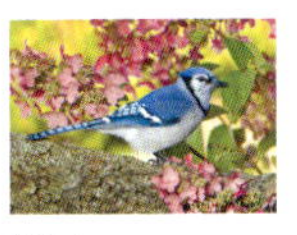
P124
アオカケス
30cm
北アメリカ

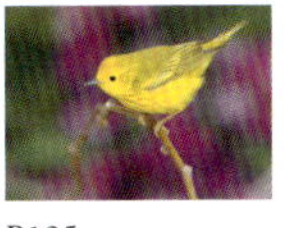
P125
キイロアメリカムシクイ
12cm
北アメリカ

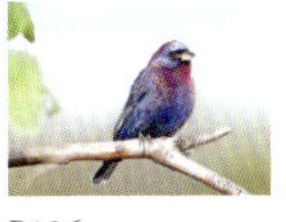
P126
ムラサキノジコ
15cm
北アメリカ

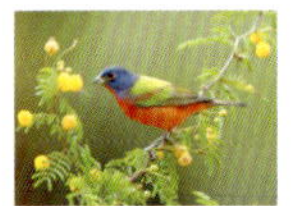

P127
ゴシキノジコ
15cm
北アメリカ

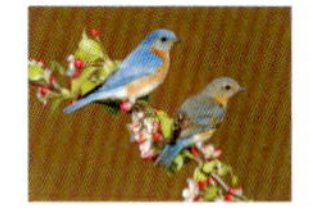

P128
ルリツグミ
20cm
北アメリカ

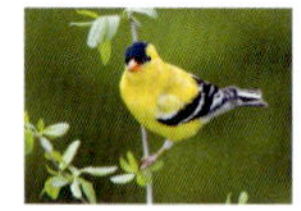

P129
オウゴンヒワ
14cm
北アメリカ

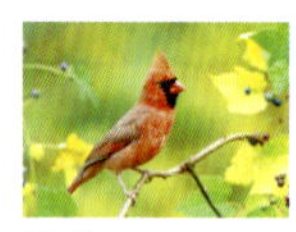

P130
ショウジョウコウカンチョウ
22cm
北アメリカ

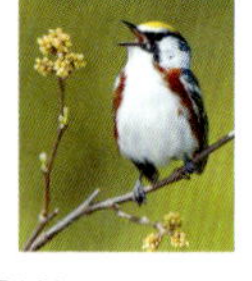

P131
ワキチャアメリカムシクイ
15cm
北アメリカ

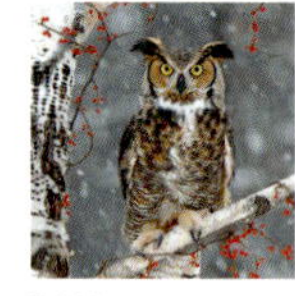

P132
アメリカワシミミズク
56cm
北アメリカ

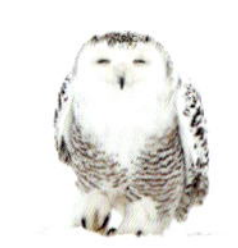

P133
シロフクロウ
60cm
北極圏

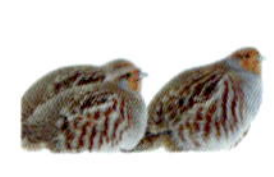

P134-135
ヨーロッパヤマウズラ
27cm
東アジア

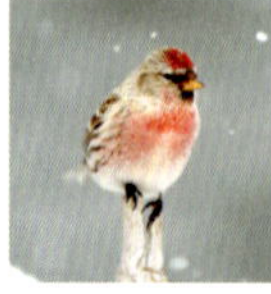

P136
ベニヒワ
15cm
北半球亜寒帯

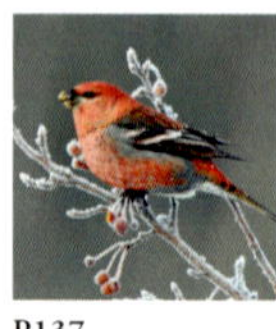

P137
ギンザンマシコ
20cm
北半球亜寒帯

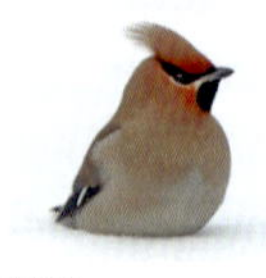

P138
キレンジャク
19.5cm
北半球亜寒帯

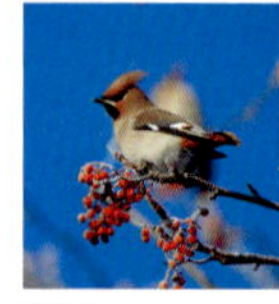

P139
キレンジャク
19.5cm
北半球亜寒帯

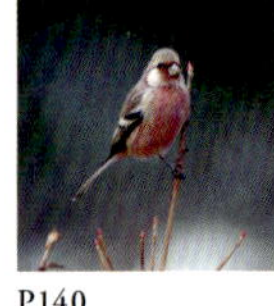

P140
ベニマシコ
15cm
東アジア～ロシア

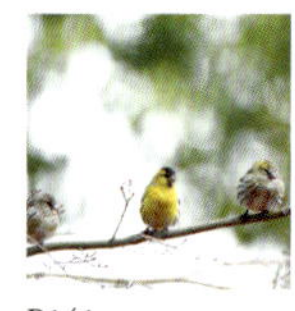

P141
マヒワ
12.5cm
北半球亜寒帯

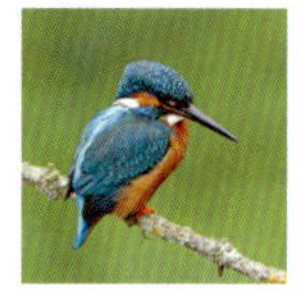

P142
カワセミ
17cm
ヨーロッパ～
東南アジア

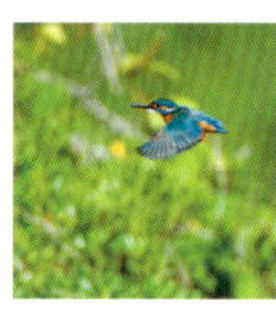

P143
カワセミ
17cm
ヨーロッパ～
東南アジア

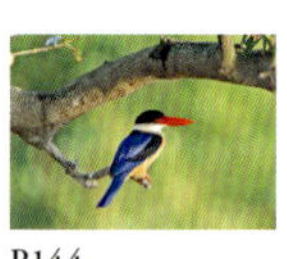

P144
ヤマショウビン
30cm
東南アジア

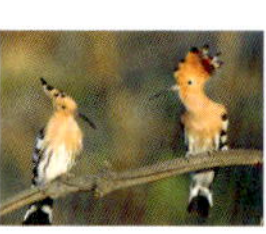

P145
ヤツガシラ
26cm
ヨーロッパ～
東南アジア

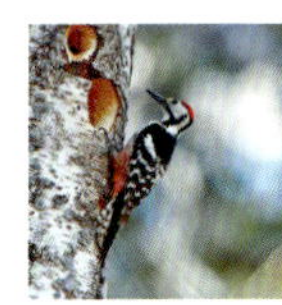

P146
オオアカゲラ
28cm
ヨーロッパ～東アジア

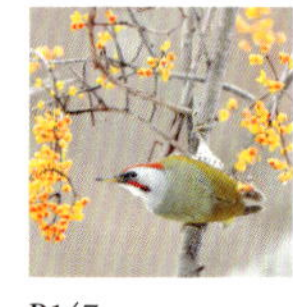

P147
アオゲラ
29cm
日本

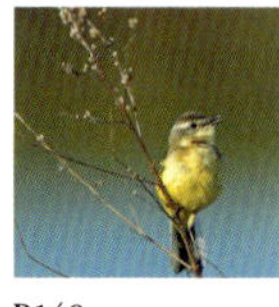

P148
ツメナガセキレイ
16.5cm
ユーラシア

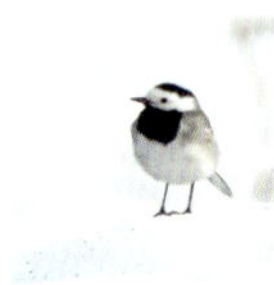

P149
ハクセキレイ
18cm
ユーラシア

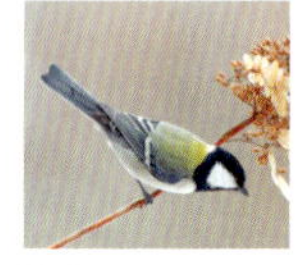

P150
シジュウカラ
14.5cm
ユーラシア

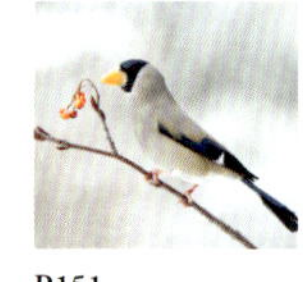

P151
イカル
23cm
ロシア東部～日本

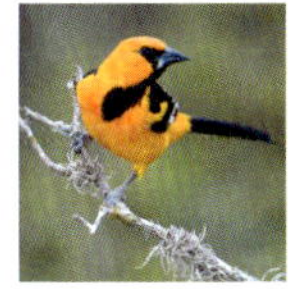

P152
オレンジムクドリモドキ
26cm
中～北米

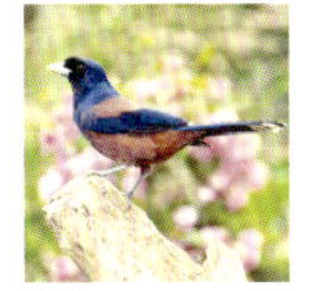

P153
ルリカケス
38cm
日本（奄美大島）

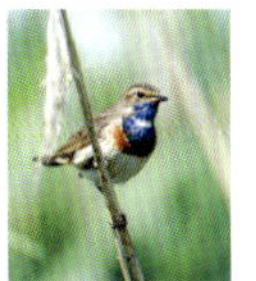

P154
オガワコマドリ
15cm
ユーラシア北部

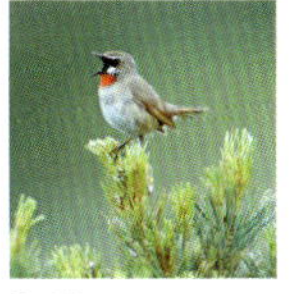

P155
ノゴマ
15.5cm
ユーラシア北部

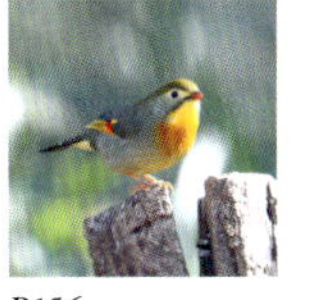

P156
ソウシチョウ
14cm
東南アジア～中国

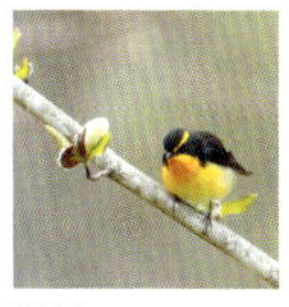

P157
キビタキ
13.5cm
日本～東南アジア

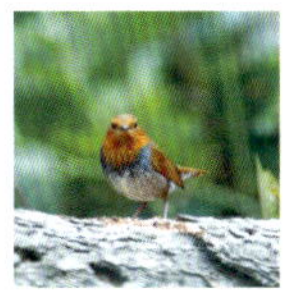

P158
コマドリ
14cm
東アジア

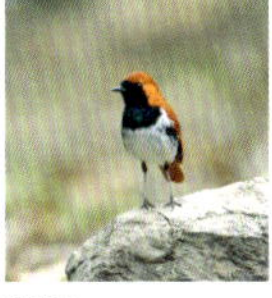

P159
アカヒゲ
14cm
琉球諸島／台湾

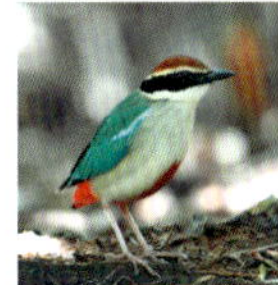

P160
ヤイロチョウ
18cm
東南アジア

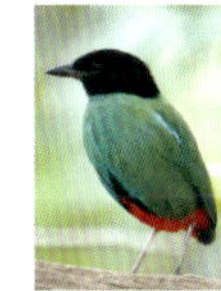

P161
ズグロヤイロチョウ
18cm
東南アジア～
ニューギニア

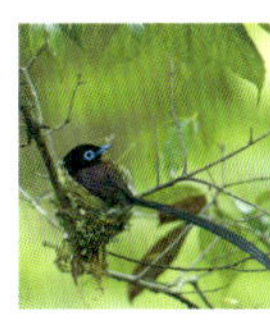

P162-163
サンコウチョウ
17.5cm
日本／東南アジア

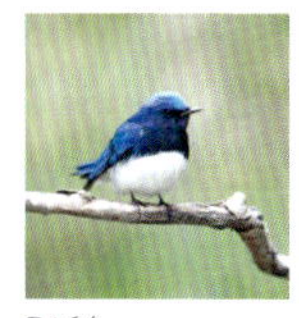

P164
オオルリ
16cm
中国東北部～日本、
フィリピン

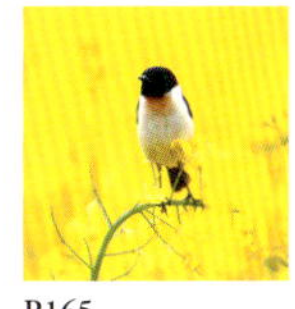

P165
ノビタキ
13cm
ユーラシア大陸

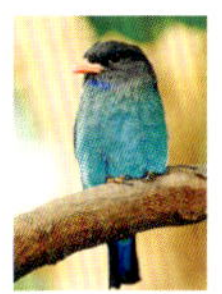

P166
ブッポウソウ
29.5cm
ユーラシア大陸～
オセアニア～東アジア

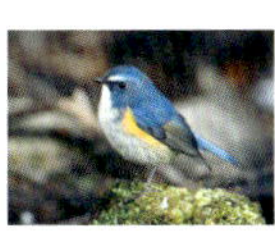

P167
ルリビタキ
14cm
東アジア～東南アジア

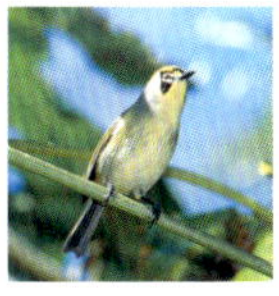

P168
メグロ
14cm
日本（小笠原諸島、
母島）

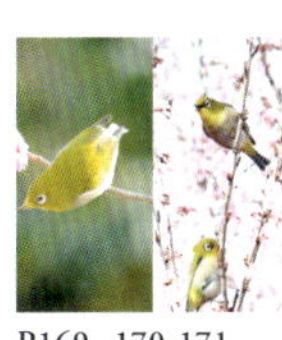

P169、170-171
メジロ
12cm
東～東南アジア

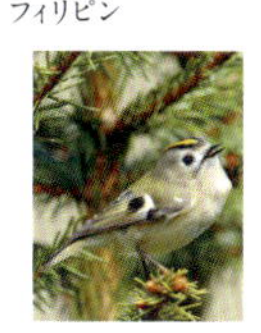

P172
キクイタダキ
10cm
ユーラシア北部

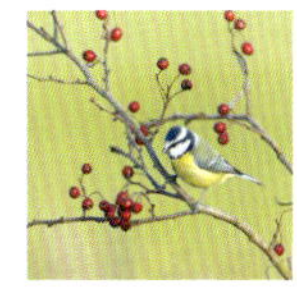

P173
アオガラ
11cm
ヨーロッパ

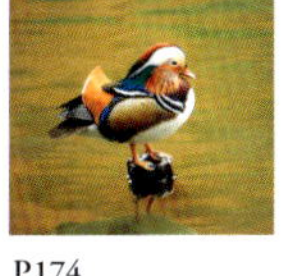

P174
オシドリ
48cm
東アジア

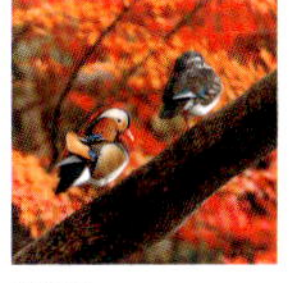

P175
オシドリ
48cm（オス）41cm（メス）
東アジア

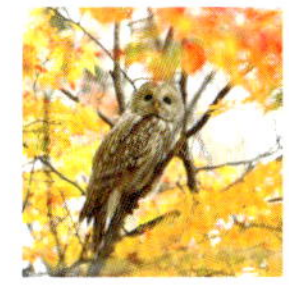

P176
フクロウ
48-52cm
東アジア

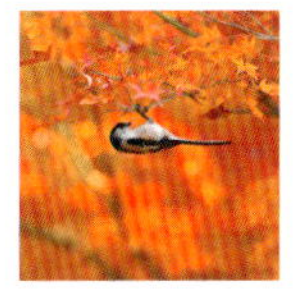

P177
エナガ
13.5cm
東アジア

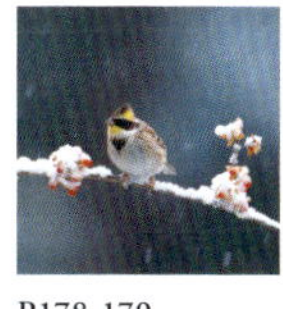

P178-179
ミヤマホオジロ
15.5cm
東アジア

P2Minden Pictures/AFLO P3Robert Harding/AFLO P4John Warburton-Lee/AFLO P5 土岐光 /AFLO P6Juniors Bildarchiv/AFLO P7AfriPics/AFLOP8John Warburton-Lee/AFLO P9Alamy/AFLO P10JUNKO TAKAHASHI/a.collectionRF/amanaimages P11Jurgen & Christine Sohns / amanaimages P12Minden Pictures/AFLO P13corbis/amanaimages P14-15Minden Pictures/AFLO P16Minden Pictures/AFLO P17Alamy/AFLO P18NATURE'S PLANET MUSEUM /amanaimages P19Juniors Bildarchiv/AFLO P20Minden Pictures/AFLO P21Juniors Bildarchiv/AFLO P22Minden Pictures/AFLO P23Ardea/AFLO P24Blickwinkel/AFLO P25corbis/amanaimages P26Juergen & Christine Sohns/AFLO P27Photoshot/AFLO P28Minden Pictures/AFLO P29Juniors Bildarchiv/AFLO P30Juniors Bildarchiv/AFLO P31Juniors Bildarchiv/AFLO P32Cyril Ruoso/ amanaimages P33corbis/amanaimages P34Ardea/AFLO P35Ardea/AFLO P36 Juniors Bildarchiv/AFLO P37Ardea/AFLO P38TOSHIKO/AFLO P39Ardea/AFLO P40Ardea/AFLO P41Juniors Bildarchiv/AFLO P42Juniors Bildarchiv/AFLO P43Juniors Bildarchiv/AFLO P44Robert Harding/AFLO P45Ardea/AFLO P46Ardea/AFLO P47Ardea/AFLO P48Otto Plantema /Minden Pictures/amanaimages P49 Minden Pictures/AFLO P50 Minden Pictures/AFLO P51John Holmes /Minden Pictures/amanaimages P52Minden Pictures/AFLO P53Minden Pictures/AFLO P54-55Minden Pictures/AFLO P56Juniors Bildarchiv/AFLO P57Alamy/AFLO P58Photoshot/AFLO P59Minden Pictures/AFLO P60Minden Pictures/AFLO P61Ardea/AFLO P62Juniors Bildarchiv/AFLO P63Alamy/AFLO P64Minden Pictures/AFLO P65Ardea/AFLO P66Minden Pictures/AFLO P67Alamy/AFLO P68 Minden Pictures/AFLO P69Ardea/AFLO P70Photoshot/AFLO P71Minden Pictures/AFLO P72Otto Plantema/ Minden Pictures/amanaimages P73Otto Plantema / Minden Pictures/amanaimages P74Minden Pictures/AFLO P75Lee F. Snyder /amanaimages P76Photoshot/AFLO P77Juergen & Christine Sohns/AFLO P78Konrad Wothe/Minden Pictures/amanaimages P79Minden Pictures/AFLO P80Steve Gettle/Minden Pictures/amanaimages P81Steve Gettle/Minden Pictures/amanaimages P82SIME Srl. /AFLO P83Juniors Bildarchiv/AFLO P84Alamy/AFLO P85Alamy/AFLO P86-87Ardea/AFLO P88Minden Pictures/AFLO P89Photoshot/AFLO P90Rolf Nussbaumer/AFLO P91Photoshot/AFLO P92-93Alamy/AFLO P94Alamy/AFLO P95Photoshot/AFLO P96Minden Pictures/AFLO P97Alamy/AFLO P98Minden Pictures/AFLO P99Juniors Bildarchiv/AFLO P100Minden Pictures/AFLO P101Juniors Bildarchiv/AFLO P102Alamy/AFLO P103Alamy/AFLO P104Minden Pictures/AFLO P105Alamy/AFLO P106Juniors Bildarchiv/AFLO P107F1online/AFLO P108Konard Wothe/Minden Pictures/AFLO P109Picture Press/AFLO P110AGE FOTOSTOCK/AFLO P111Ardea/AFLO P112-113 福田幸広 /AFLO P114Alamy/AFLO P115Alamy/AFLO P116Photoshot/AFLO P117Alamy/AFLO P118Juniors Bildarchiv/AFLO P119All Canada Photos/AFLO P120All Canada Photos/AFLO P121Minden Pictures/AFLO P122Ardea/AFLO P123Robert Harding/AFLO P124corbis/amanaimages P125TOM VEZO/MINDEN PICTURES/amanaimages P126Ardea/AFLO P127Ardea/AFLO P128Ardea/AFLO P129All Canada Photos / AFLO P130corbis/amanaimages P131All Canada Photos/AFLO P132Minden Pictures/AFLO P133Alaska Stock/AFLO P134-135Ardea/AFLO P136AGE FOTOSTOCK/AFLO P137Jim Zipp/Science Source/amanaimages P138Alamy/AFLO P139 神田博 /AFLO P140Yasuki Nakajima/AFLO P141MANABU TOTSUKA/SEBUN PHOTO/amanaimages P142Photoshot/AFLO P143 河野志郎 /AFLO P144Minden Pictures/AFLO P145Juniors Bildarchiv/AFLO P146 高橋充 /AFLO P147 安藤寛 /AFLO P148Juniors Bildarchiv/AFLO P149Juniors Bildarchiv/AFLO P150 小野里隆夫 /AFLO P151 小野里隆夫 /AFLO P152All Canada Photos/AFLO P153ART SPACE /amanaimages P154BERNDT FISCHER /amanaimages P155YUTAKA ONO /amanaimages P156 高橋喜代治 /AFLO P157MASAYUKI MIYAMOTO/amanaimages P158KIYOJI TAKAHASHI/amanaimages P159YOSHITERU EGUCHI/amanaimages P160 高橋喜代治 /AFLO P161Minden Pictures/AFLO P162-163MASAHIRO NOGUCHI/amanaimages P164KIYOJI TAKAHASHI/amanaimages P165BIRRRD/amanaimages P166Alamy/AFLO P167 高橋充 /AFLO P168TOSHIAKI IDA/amanaimages P169 諸角寿一 /AFLO P170-171Mitsushi Okada/orion/amanaimages P172Lesley van Loo/ Minden Pictures/amanaimages P173AGE FOTOSTOCK/AFLO P174 首藤光一 /AFLO P175 高橋照子 /AFLO P176 矢部志朗 /AFLO P177 山口進 /AFLO P178-179 山口進 /AFLO

世界の美しい鳥

Beautiful Birds

2012年12月19日 初版第1刷発行
2013年 4 月24日 第4刷発行

監修 上田恵介（立教大学教授）
装丁・本文デザイン 公平恵美
写真 アフロ／アマナイメージズ
編集 関田理恵

編集・制作：PIE BOOKS
印刷・製本：株式会社東京印書館

ISBN978-4-7562-4311-9 C0072
Printed in Japan

発行元：パイ インターナショナル

〒170-0005 東京都豊島区南大塚 2-32-4
TEL 03-3944-3981 FAX 03-5395-4830
sales@pie.co.jp